Analyse der Wissenskommunikation in einer Matrixorganisation

Alexander Wohlwender

Analyse der Wissens-
kommunikation in einer
Matrixorganisation

 Springer VS

Alexander Wohlwender
München, Deutschland

Dissertation Ludwig-Maximilians-Universität München, 2014

ISBN 978-3-658-07517-0 ISBN 978-3-658-07518-7 (eBook)
DOI 10.1007/978-3-658-07518-7

Die Deutsche Nationalbibliothek verzeichnet diese Publikation in der Deutschen Natio-
nalbibliografie; detaillierte bibliografische Daten sind im Internet über http://dnb.d-nb.de
abrufbar.

Springer VS
© Springer Fachmedien Wiesbaden 2015

Gedruckt auf säurefreiem und chlorfrei gebleichtem Papier

Springer VS ist eine Marke von Springer DE. Springer DE ist Teil der Fachverlagsgruppe
Springer Science+Business Media.
www.springer-vs.de

Danksagung

Als Erstes möchte ich meinem Doktorvater, Herrn Prof. Dr. Heinz Mandl, für seine Bereitschaft, meine Dissertation zu betreuen, danken. Durch seinen Rat, seine Hilfestellung, manch kritische Anmerkung und vor allem auch seine Geduld hat er wesentlich zum Gelingen der Arbeit beigetragen. Herrn Prof. Dr. Rudolf Tippelt danke ich für das große Interesse an meiner Arbeit und die Bereitschaft das Zweitgutachten zu erstellen.

Für die Möglichkeit, mein Thema im Rahmen eines Doktorandenvertrages zu bearbeiten, danke ich AIRBUS Helicopters. Mein besonderer Dank gilt dabei Herrn Dr. Hans Bartosch, der sich für das Thema begeisterte und die Rahmenbedingungen für die Umsetzung des Forschungsprojekts schuf. Ebenso danken möchte ich Herrn Dr. Dirk Petry, der mich ebenso in jeder Situation vorbehaltlos unterstützte.

Herrn Professor Dr. Jan Hense möchte ich ebenso wie Frau Dr. Melanie Germ für die vielen konstruktiven und kritischen Diskussionen danken, die wesentlich den Charakter dieser Arbeit geprägt und mich vor vielen "Fallgruben" bewahrt haben. Dr. Matthias Ganninger hat mir bei methodischen und statistischen Fragen immer wieder geduldig geholfen. Dr. Laura Gunkel und Dr. Sandra Niedermeier haben mir durch inhaltliche Diskussionen neue Impulse und Ideen vermittelt, danke dafür. Frau Sabine Schöller danke ich für die zahlreichen Hilfestellungen bei der Erstellung der Druckvorlage.

Inhaltsverzeichnis

Abbildungsverzeichnis

Tabellenverzeichnis

1 Problemstellung

Organisationen[1] stehen heutzutage vor vielfältigen Herausforderungen und komplexen Problemstellungen, wie beispielsweise (Osterloh & Frost, 2006, 17):

- der *"Globalisierung[2] der Märkte bei einer gleichzeitig immer differenzierter werdenden Segmentierung der Kundengruppen,*
- *der Deregulierung des Wettbewerbs,*
- *schnell wechselnden Präferenzen der Kunden und kürzeren Produktionszyklen,*
- *vielfältigen Vernetzungsmöglichkeiten aufgrund neuer Informationstechnologien".*

Die Organisationen versuchen, sich durch die Änderung ihrer formalen Struktur an diese Bedingungen anzupassen, da das unternehmerische Umfeld heutzutage stark von den oben genannten Faktoren abhängig ist (Osterloh & Frost, 2006, siehe dazu auch Brandstätter & Frey, 2004, Lehner, 2012, Nonaka, Toyama & Byosière, 2001, Rehäuser & Krcmar, 1996, Reinmann-Rothmeier, Mandl, Erlach & Neubauer, 2001). Insbesondere einer Organisationsform, der Matrixorganisation, werden durch ihre duale Führungsstruktur positive Eigenschaften in Bezug auf die genannten Probleme zugeschrieben (vgl. dazu beispielsweise Davis & Lawrence, 1977, Galbraith, 1971, Schreyögg, 2008).

Der mit obigen Faktoren einhergehende Zwang zur, oftmals internationalen, Zusammenarbeit in Zeiten schnellen, technischen Wandels und schnellerer Produktzyklen sowie der Trend zur informationalen Vernetzung und gleichzeitigen *Informationsüberflutung* (Reinmann-Rothmeier & Mandl, 1998a), zwingen Unternehmen, dem Aspekt des Wissens ihrer Mitarbeiter mehr Beachtung zu schenken (North, 2011).

Der *"Rohstoff Geist"* (Frey & von Rosenstiel, 2007, S. X) muss für ständige Innovation der Produkte, Prozesse und Dienstleistungen sorgen. Rehäuser und Kre-

---

[1]In dieser Arbeit wird, in Übereinstimmung mit der Literatur im Bereich Organisation (vgl. bspw. Kieser, 2001; Osterloh & Frost, 2006; Schreyögg & Noss, 1997; Schreyögg, 2008), der Begriff der *Organisation* verwendet, auch wenn genau genommen eine Teilmenge dieses Begriffs im Fokus steht: Es handelt sich um Organisationen, die im Wettbewerb stehen und Produkte bzw. Dienstleistungen herstellen. Ein mögliches Synonym wäre "Unternehmen".

[2]Hier nach North (2011) als Prozess fortschreitender weltwirtschaftlicher Integration verstanden, die durch internationale Ressourcenströme und einen großen technischen Wandel charakterisiert ist

mar (1996) betonen im Zusammenhang mit Wertschöpfungsprozessen in Unternehmen, *"dass das richtige Wissen, zum richtigen Zeitpunkt, in der richtigen Menge, am richtigen Ort, in der erforderlichen Qualität bereitstehen muß"* (Rehäuser & Krcmar, 1996, S. 10). Die Herausforderung ist dabei, die einzelnen Arbeitsschritte und Teilergebnisse über die organisatorische Programmierung von verschiedenen Einzeltätigkeiten in hochkomplexen Arbeitsprozessen wieder zu einem effektiven Gesamtergebnis zusammenzufügen (Osterloh & Frost, 2006). Ein Beispiel für einen komplexen Arbeitsprozess stellt im Produktentstehungsprozess der Konstruktions- und Entwicklungsprozess dar, in dem in mehreren Teilschritten die technischen Eigenschaften eines Produkts definiert werden (Engeln, 2006).

Um Fehler und Doppelarbeiten zu vermeiden, ist Austausch, Weitergabe und Nutzung von Wissen in allen Phasen und Situationen des Produktentstehungsprozesses essentiell wichtig (Stieler-Lorenz, Paarmann, Keindl & Jacob, 2004). Auch in Prozessen des Lernens und der Weiterentwicklung von Organisationen spielen der Austausch und die Weitergabe von Wissen eine zentrale Rolle (Schüppel, 1996).

In Konzepten des Wissensmanagements wird der Austausch, die Weitergabe und die Verteilung von Wissen als Wissenskommunikation bezeichnet, welche als wesentlicher Faktor des systematischen Umgangs mit Wissen in Organisationen diskutiert wird (vgl. Reinmann-Rothmeier et al., 2001, Probst, Raub & Romhardt, 2010).

Seit Mitte der 1990er Jahre nimmt der Begriff "Wissensmanagement" an Bedeutung in der Literatur und der Praxis zu. Aufbauend auf Beiträgen des Organisationalen Lernens und Autoren wie beispielsweise Nonaka (1994) oder Davenport und Prusak (1998) entwickelte sich diese neue Forschungsrichtung.

Auffällig bei den Beiträgen zum Wissensmanagement und als Teilbereich davon der Wissenskommunikation ist, dass in den Rahmenmodellen von beispielsweise Probst et al. (2010) oder Reinmann-Rothmeier et al. (2001) zwar stets der organisationale Kontext des Wissensmanagements genannt und als bedeutsam herausgestellt wird, eine differenzierte Betrachtung dieses organisationalen Kontextes in Bezug auf die Ausgestaltung von Wissensmanagementprozessen und -Aktivitäten aber selten erfolgt. Selbst in Übersichtswerken wird oft wenig mehr als das Schlagwort "organisationaler Kontext" genannt (dazu beispielsweise Heisig, 2005; Lehner, 2012; North, 2011; Schreyögg, 2008).

Gerade Organisationsstrukturen wirken aber beispielsweise als Filter für Kommunikation und Austausch in Organisationen über Abteilungsgrenzen hinweg (vgl. dazu beispielsweise Probst et al., 2010). Es genügt nicht, irgendwo in der Organisation potentiell nützliches Wissen zu besitzen, es ist notwendig, das Wissen in die Bereiche der Organisation zu transferieren, in denen es gebraucht wird (Szulanski,

2000). Organisationsstrukturen müssen dabei also gewährleisten, dass relevante Probleme wahrgenommen und ausgetauscht werden, um passende Lösungsansätze zu entwickeln (Osterloh & Frost, 2006). Vereinzelte Studien lassen auf die Bedeutsamkeit der organisationsstrukturellen Bedingungen schließen. Ein Beispiel ist der Beitrag von Helm, Meckl und Sodeik (2007), die in einer Metastudie aus großteils qualitativen Studien eine Sammlung aus Erfolgsfaktoren und Barrieren des Wissensmanagements im Allgemeinen erstellen und diese grob kategorisieren. Helm et al. (2007) stellen dabei auch Bedingungsfaktoren auf Ebene der Organisationsstruktur fest, die Wissenskommunikation fördern und beziehungsweise oder hemmen können. Gerade angesichts immer komplexer werdender Unternehmensumwelten und damit einhergehend komplexer werdenden Organisationsstrukturen muss dem Aspekt des Einflußes von organisationalen Rahmenbedingungen mehr Beachtung geschenkt werden.

Der Matrixorganisation werden solche positiven Auswirkungen auf die Wissenskommunikation zugeschrieben (vgl. dazu beispielsweise Davis & Lawrence, 1977, Galbraith, 1971, Schreyögg, 2008). In komplexen Umwelten wie beispielsweise der Luft- und Raumfahrtindustrie bildete sich in den 1950er und 1960er Jahren mit der Matrixorganisation eine Organisationsstruktur, die durch eine duale Führungsstruktur und die Verlagerung der lateralen Kommunikationsprozesse auf Mitarbeiterebene versuchte, diese Sensibilität für diese Probleme herzustellen (Davis & Lawrence, 1977; Galbraith, 1971).

Es lassen sich in der Literatur zur Matrixorganisation empirische und theoretische Annahmen finden (beispielsweise Davis & Lawrence, 1977, Ford & Randolph, 1992, Galbraith, 1971, Joyce, 1986), welche spezifische Vor- und Nachteile der Matrixorganisation in Bezug auf Wissenskommunikation und Austausch hervorheben. Das Forschungsfeld der Matrixorganisation zeichnet sich aber durch wenig aktuelle Beiträge und Forschungsbemühungen aus, wodurch es auch an einer expliziten Verknüpfung mit den (neueren) Forschungsthemen Wissenskommunikation und Wissensmanagement von Matrixorganisationen mangelt.

Zentrale Zielsetzung dieser Arbeit ist es von daher, wesentliche Bedingungsfaktoren der Wissenskommunikation in der Matrixorganisation zu identifizieren und in ihren Zusammenhängen mit der Wissenskommunikation und Wissensnutzung zu analysieren. Ein weiteres Ziel ist, Einblicke in die Einzelzusammenhänge der Bedingungsfaktoren und der Qualität der Wissenskommunikation zu erhalten, um für dieses Thema auf diesem Detaillevel zu sensibilisieren.

Zudem werden die gemeinsamen Zusammenhänge der Bedingungsfaktoren auf die Wissenskommunikation untersucht, um Aussagen über die relative Wichtigkeit der Bedingungsfaktoren treffen zu können. Ausgehend davon, dass Wissen letzt-

endlich ein Erfolgsfaktor für den kompletten Produktentstehungsprozess ist und
Wissensnutzung das Ziel jeglicher Wissenskommunikationsaktivitäten ist (Schnurer
& Mandl, 2004), soll auch der Zusammenhang zwischen der Ausgestaltung von
Wissenskommunikation und Wissensnutzung betrachtet werden.

Diese Zusammenhänge werden in einer Forschungs- und Entwicklungsabteilung einer Organisation in der Luftfahrtindustrie untersucht.

Ausgehend von dieser Problemstellung und Zielsetzung (Kapitel 1) folgt die
Arbeit dem folgenden Aufbau: In Kapitel 2 wird auf Wissenskommunikation in
Organisationen eingegangen, wobei die Begriffe, Charakteristika und Arten des
Wissens (Abschnitt 2.1.1), des organisationalen Wissensmanagements (Abschnitt
2.1.2) und der Wissenskommunikation (Abschnitt 2.1.3) eingeführt werden. Die
Rolle der Wissenskommunikation in Modellen des Wissensmanagements wird in
Abschnitt 2.1.4 dargestellt, gefolgt von der Darstellung des Zusammenhangs der
Qualität der Wissenskommunikation mit der Wissensnutzung (Abschnitt 2.1.5).

Im Anschluss wird die Integration des Wissens in wissensintensiven Produktentwicklungsprozessen dargestellt (Abschnitt 2.2), wobei nach der Klärung des Or-
ganisationsbegriffes (Abschnitt 2.2.1) auf die Integration und den Austausch von
Wissen in Produktentwicklungsprozessen eingegangen wird (Abschnitt 2.2.2), gefolgt von Modellen zur Wissensintegration (Abschnitt 2.2.3) und einer zusammen-
fassenden Darstellung (Abschnitt 2.2.4). Darauf folgend werden Bedingungsfaktoren auf Wissenskommunikation auf Ebene der Organisation (Abschnitt 2.3.1), der
Technik (Abschnitt 2.3.2) und des Individuums (Abschnitt 2.3.3) herausgearbeitet.

In Kapitel 3 wird die Matrixorganisation als eine komplexe Organisationsform
(Abschnitt 3.1.1) vorgestellt und in Beziehung zu den klassischen Organisationsformen gesetzt (Abschnitt 3.1.2, 3.1.3 und 3.1.4). Bedingungen, unter denen die
Einführung einer Matrixorganisation lohnend erscheint (Abschnitt 3.1.5), werden
im Anschluss ebenso wie allgemeine Chancen und Risiken von Matrixorganisationen vorgestellt (Abschnitt 3.1.6). Die spezifischen Bedingungen der Wissenskommunikation, die die Matrixorganisation mit sich bringt, werden anschließend auf
Ebene der Organisation (Abschnitt 3.2.1), der Technik (Abschnitt 3.2.2) und des
Individuums (Abschnitt 3.2.3) analysiert.

In Kapitel 4 wird der Kontext und Gegenstand der Untersuchung näher vorgestellt. In Kapitel 5 wird aufgrund der Inhalte der Kapitel 2 und 3 ein Untersuchungsmodell abgeleitet und die Fragestellungen und Annahmen spezifiziert. In
Kapitel 6 werden nähere Details zur Durchführung der Studie und der verwendeten
Analyseverfahren dargestellt. In Kapitel 7 werden die Ergebnisse dieser Analyse
vorgestellt und analysiert. In Kapitel 8 wird abschließend die Gesamtdiskussion
geführt und dabei Limitationen und Erkenntnisse der Studie detailliert vorgestellt.

2 Wissenskommunikation in Organisationen

Der Wert von Wissen in der Gesellschaft ist stark gestiegen (North, 2011), auch durch die dadurch verbundene Aufmerksamkeit für den Begriff hat dieser in vielen Wissenschaftsdisziplinen weite Verbreitung gefunden (Lehner, 2012). Beispiele sind die Informationswissenschaft (beispielsweise Krcmar, 2009), die Personal- und Organisationswissenschaft (beispielsweise Lehner, 2012, North, 2011, Osterloh & Frey, 2000, Schreyögg & Noss, 1997 und Schreyögg & Geiger, 2003) und die Psychologie (beispielsweise Mandl, Friedrich & Hron, 1986, Gerstenmaier & Mandl, 1995, Reinmann-Rothmeier & Mandl, 1998c, Reinmann-Rothmeier & Mandl, 1999 oder Reinmann-Rothmeier, 2001). Dies drückt sich auch in sowohl der Wissenschaft als auch der Praxis häufig benutzten Termini wie Wissensgesellschaft, Organisationswissen, Professionswissen oder Wissensmanagement aus (Kuper, 2009). Ein Beispiel für die Bedeutung des Wissensbegriffs ist die Verwendung des Anteils der wissensintensiven Arbeitsplätze am Gesamtarbeitsmarkt als Standortfaktor und Indikator für die Zukunftsfähigkeit der Region in der Studie von Teuber und Wedemeier (2013). Der Anteil wissensintensiver Arbeitsplätze beträgt beispielsweise laut der Studie für Stuttgart 48.9 Prozent, für München 48.1 Prozent und für Frankfurt 41.6 Prozent, der Wert liegt für die meisten der untersuchten Städte zwischen 30 und 35 Prozent.

Der strategische Wert des Wissens als der inzwischen wesentliche Produktionsfaktor in Organisationen wird auch in vielen Publikationen des Wissensmanagements betont (z.B. Argote & Ingram, 2000, Argote, Ingram, Levine & Moreland, 2000, Fong, 2005, Hungenberg, 2011, Lehner, 2012, Nonaka, 2008, Reinmann-Rothmeier et al., 2001). Der technologische Fortschritt in Kombination mit der durch fortschreitende Spezialisierung der Mitarbeiter hervorgerufenen Frakturierung der Wissensbasen (Lehner, 2012) zwingt Organisationen, sich mit dem Wissen zu beschäftigen, da es der "Rohstoff" für alle Produkte und Prozesse ist (Brandstätter & Frey, 2004). Bei den komplexen Problemstellungen ist es dabei unbedingt notwendig, die Zusammenarbeit und den Austausch des Wissens unter den Mitarbeitern zu ermöglichen und zu fördern, da nicht Wissen allein Produktions- und Erfolgsfaktor ist, sondern vielmehr die Kommunikation des Wissens entscheidend zum Erfolg von Produktentstehungsprozessen beitragen kann (vgl. Szulanski,

2000).

Während Wissen auf organisationaler und gesellschaftlicher Ebene Produktions- und Standortfaktor ist, determiniert es auf Ebene des Individuums für dieses den persönlichen Lebensweg, den sozialen Status und ermöglicht ihm außerhalb der Organisation, in der Gesellschaft, sogar die Teilhabe an demokratischen Prozessen (Reinmann-Rothmeier et al., 2001).

Ausgehend von dieser sehr hohen Bedeutung des Wissens als Produktionsfaktor widmet sich dieses Kapitel zunächst der Frage, wie die Begriffe des Wissens (Abschnitt 2.1.1), des organisationalen Wissensmanagements (Abschnitt 2.1.2) und der Wissenskommunikation (Abschnitt 2.1.3) bestimmt werden können. Die Rolle der Wissenskommunikation in Wissensmanagementmodellen (2.1.4) wird ebenso wie der Zusammenhang der Qualität der Wissenskommunikation mit der Wissensnutzung (Abschnitt 2.1.5) im Anschluss diskutiert.

Darauf folgend wird die Wissenskommunikation als organisationale Aufgabe dargestellt (Abschnitt 2.2), wobei der Begriff der Organisation (Abschnitt 2.2.1) eingeführt und die Integration und der Austausch von Wissen in Produktentwicklungsprozess (Abschnitt 2.2.2 und 2.2.3) dargestellt wird.

Zusammenfassend wird in Abschnitt 2.2.4 dargestellt, dass Wissenskommunikation als Erfolgsfaktor für Produktentwicklungen wesentlich ist. Darauf folgend werden die Einflußfaktoren auf Wissenskommunikation auf Ebene der Organisation (Abschnitt 2.3.1), der Technik (Abschnitt 2.3.2) und des Individuums (Abschnitt 2.3.3) vorgestellt.

2.1 Wissen, Wissensmanagement und Wissenskommunikation

Angesichts der Vielfältigkeit der komplexen Begriffe "Wissen", "Wissensmanagement" und "Wissenskommunikation" widmen sich die folgenden Abschnitte (2.1.1, 2.1.2 und 2.1.3) einer begrifflichen Klärung und Bestimmung. Dabei soll auch aufgezeigt werden, dass Wissen und Wissenskommunikation eng miteinander verknüpft sind.

2.1.1 Der Wissensbegriff im Wissensmanagement

Der Begriff des Wissens ist divers diskutiert und wird unterschiedlich aufgefasst (Alvesson & Kärreman, 2001), oft auch als "black box" verwendet, was einerseits die Verbreitung des Terminus erleichterte, aber andererseits eine gewisse Ungenauigkeit mit sich bringt (Kuper, 2009). Erstmals wurde der Begriff des Wissens in der klassischen griechischen Philosophie in Zusammenhang mit den Begriffen der Erkenntnis, Wahrnehmung und Wahrheit[1] diskutiert, was die heute noch aktuelle Frage beinhaltet, inwieweit es überhaupt möglich ist, Aussagen über eine real existierende Umwelt zu treffen, ob ein direkter Kausalzusammenhang zwischen der Umwelt und dem Beobachtenden möglich oder dazu ein autonomer kognitiver Prozeß notwendig ist (vgl. dazu Abschnitt 2.2 zum Einfluß der kognitivistischen und konstruktivistischen Paradigmata auf den Wissens- und Wissenskommunikationsbegriff).

Die verschiedenen Klassifikationsversuche des Begriffs "Wissen" sind stark von der spezifischen Sichtweise des Fachgebiets geprägt (Lehner, 2012).

Die Definitionen reichen von einer geschlossenen Interpretation des Begriffs wie bei Bell (1973, S. 173), *"that which is objectively known, an intellectual property, attached to a name or a group of names and certified by copyright or some other form of recognition (e.g. publication)"*, über breitere und weniger formalistische Definitionen wie von McDermott (1999, S. 108) *"Knowledge is always recreated in the present moment. Most of us cannot articulate what we know. It is largely invisible and often comes to mind when we need it to answer a question or solve a problem."* zu Nonaka (1994, S. 15), der sich auf Platon stützend Wissen als *"justified, true belief"* definiert.

Auch wenn Nonaka in seinen Arbeiten teilweise übergeneralisierend vorgeht und insbesondere bei den Bezügen auf Platon Textstellen vernachlässigt, bietet er doch einen *"mächtigen Rahmen"* (Gueldenberg & Helting, 2007, S. 113), welche den Begriff des Wissens noch um eine dynamische und prozessbezogene Komponente erweitert.

Nonaka (1994) weist insbesondere auch darauf hin, dass die Begriffe Wissen und Information häufig synonym verwendet werden. Dass eine Unterscheidung dieser beiden Begriffe im praktischen wie im wissenschaftlichen Kontext sinnvoll erscheint, wird bei North (2011) ersichtlich: North (2011) wählt in seiner in der Praxis populären Darstellung die Metapher einer Treppe, um die Begriffe Daten, Information und Wissen in einer hierarchischen Weise anzuordnen. Dabei nehmen in aufsteigender Reihenfolge der Begriffe von reinen Daten über Informationen zu Wissen das Handlungspotential und die Handlungsorientierung zu. Wissensbildung wird als Prozess der Bedeutungsanreicherung interpretiert (vgl. Probst et al., 2010). Unklarheiten und Überschneidungen zwischen den Begriffen Information

---

[1] in der Theätet entwickelt Platon seine Gedanken von *"Erkenntnis ist Wahrnehmung"* zu *"Erkenntnis ist wahre Meinung"* die Definition, dass Erkenntnis/Wissen *"begründete, wahre Überzeugung"* sei, also eine Person etwas als wahre Meinung akzeptieren muss, und zusätzlich eine Begründung (griechisch lógos) anführen muss, um hinreichende Bedingungen für Wissen zu erhalten (Nonaka, 1994, S. 15)

und Wissen bleiben trotz dieser und ähnlicher Klassifikationsversuche nicht aus. Reinmann und Eppler (2008) kritisieren in diesem Zusammenhang zudem, dass die von North verwendete Metapher einer Treppe die Begriffe Information und Wissen auf unterschiedlichen Ebenen im Sinne eines "höher" und "niedriger" positionieren, was den Autoren bei diesen Begriffen nicht stimmig erscheint. Hilfreicher als eine Abgrenzung verschiedener Begrifflichkeiten erscheint vor diesem Hintergrund vielmehr die Konzentration auf wesentliche Merkmale und verwandte Begriffe, die den Begriff des Wissens zu charakterisieren helfen.

Wesentliche Merkmale Ein wesentliches Merkmal von Wissen ist den Ansätzen von North (2011), Probst et al. (2010) oder Reinmann und Eppler (2008) nach, dass aus Wissen Möglichkeiten zum Handeln und der Nutzung von Wissen resultieren. Das wird beispielsweise anhand von Problemlöseprozessen deutlich: Eine Problemlösung durch einen Fachexperten geschieht durch das Zusammensetzen von Informationsstücken, einer Reflektion über diese aufgrund der gemachten Erfahrungen, und daraus folgend einer Generierung von Einsichten, was in der Problemlösung resultieren kann (McDermott, 1999). Es ist also (Vor-) Wissen notwendig, um eine Informationen, Erfahrungen und Wissen einordnen zu können und diese für den Problemlösungsprozess nutzbar zu machen (Kogut & Zander, 1992; McDermott, 1999).

Das Vorwissen und die Verknüpfung mit neuen Informationen weist auf einen eng mit Wissen verwandten Begriff hin - das Lernen. Lernen kann als ein *"nicht beobachtbarer Vorgang definiert [werden], der zu relativ stabilen Veränderungen im Verhalten und/ oder Verhaltenspotenzial, also auch im Wissen einer Person, führt"* (Reinmann & Eppler, 2008, S. 13). Entwicklungspsychologisch interpretiert ist Wissen *"das Resultat menschlichen Handelns und Erkennens und beruht auf kognitiven Strukturen von Individuen"* (Reinmann & Eppler, 2008, S. 13). Die *"handelnde Auseinandersetzung von Individuen mit der sie umgebenden Umwelt"* (Reinmann & Eppler, 2008, S. 13), oder *Lernen*, ist wiederum Grundlage für die Bildung dieser kognitiven Strukturen, also des Wissens.

Lehner (2012) fasst diese und wesentliche weitere Bestimmungsmerkmale folgendermaßen zusammen: Wissen besitzt einen *Handlungsbezug* - das Individuum erlangt Wissen durch aktive Auseinandersetzung mit seiner Umwelt und die kognitive Verarbeitung der Eindrücke. Wissen ist *subjektbezogen*, es ist auf die spezifische Umwelt des Individuums bezogen. Wissen ist *kontextabhängig*, die spezifischen Umweltsituationen ermöglichen den Erwerb und Aktivierung von Wissen. Es ist *kulturabhängig*, Struktur und Bedeutung des Wissens sind je nach kulturellem Hintergrund unterschiedlich. Wissen weist einen *Sozialbezug* auf, es entsteht in und durch soziale Beziehungen und Modellbezug. Wissen wirkt *schlußfolgernd,*

d. h. mithilfe des vorhandenen Wissens ist es möglich, die notwendigen Inferenz-schritte für die Problemlösung zu erkennen. Ebenso bestehen Unterschiede im *Grad der Bewußtheit*, das Vorhandensein und der bewusste Zugriff auf Wissen ist nicht für alle Wissensbestände gleich.

Ein weiteres Bestimmungsmerkmal von Wissen ist dabei aber, dass es nicht nur subjektbezogen ist, sondern in Teilen auch expliziert werden kann (vgl. Nonaka & Takeuchi, 1997) und sich in organisationalen Routinen verfestigen kann.

2.1.1.1 Wissensarten

Wissen ist also nicht nur individuell, es kann auch organisational betrachtet werden. Ebenso kann Wissen aber auch, aufgrund des unterschiedlichen Grads der Be-wußheit, nach seiner Kommunizierbarkeit unterschieden werden (vgl. Reinmann-Rothmeier & Mandl, 1999; Reinmann-Rothmeier et al., 2001). Je nach Perspekti-ve haben sich verschiedene Ansätze zur Differenzierung des Wissensbegriffs her-ausgebildet (Lehner, 2012; Thiel, 2002):

- Explizites und implizites Wissen

- Individuelles und organisationales Wissen

- Inhaltliche Differenzierung des Wissensbegriffs

Explizites und implizites Wissen   Polanyi (1966) führte die Begriffe des "ex-plicit knowledge" (*explizites Wissen*) und "tacit knowledge" (*implizites Wissen*) ein, populär wurden diese Begriffe durch die Verwendung in den Modellen von Nonaka (1994) und Nonaka und Takeuchi (1997). Aufbauend auf Polanyi (1966) und Nonaka (1994) klassifizieren Reinmann-Rothmeier und Mandl (1999, 2001a) Wissen in zwei Formen, als explizites und implizites Wissen, und unterscheiden dabei nach der Bewusstheit und Kommunizierbarkeit:

Explizites Wissen ist formell und systematisch (Nonaka, 1998). Da der Besit-zer des Wissens sich über seine expliziten Wissensbestände bewusst ist, kann er diese durch logisches Denken erfassen (Lehner, 2012) und kommunizieren (Rein-mann-Rothmeier et al., 2001). Explizites Wissen ist somit leicht verbalisierbar und sprachlich eindeutig zu kommunizieren (Nonaka, 1998; Lehner, 2012).

Implizites Wissen, auch "tacit knowledge" (Polanyi, 1966; Schreyögg & Geiger, 2007) ist nicht vollständig verbalisierbar und bleibt damit dem Besitzer teilweise verborgen - Beispiele sind individuelle Erfahrungen, persönliche Vorstellungen, Glauben, Perspektiven und Weltanschauungen, Können, Handlungsroutinen und

mentale Schemata (Lehner, 2012, S. 54). Das implizite Wissen ist handlungsbe-
zogen und nicht oder sehr schwer vom Träger zu trennen (Reinmann-Rothmeier
et al., 2001).

Individuelles und organisationales Wissen   Gemäß dieser Unterscheidung ist
Wissen auf Ebene des Individuums differenziert von Wissen auf Ebene der Organisation zu betrachten. Während das *individuelle Wissen* in den einzelnen Organisationsmitgliedern existiert, ist *organisationales Wissen* in der Organisation
gespeichert, beispielsweise über Regeln, Normen, Strukturen oder Technologien
(Reinmann-Rothmeier et al., 2001, S. 17). Dabei bestehen durch die Gebunden-
heit des Wissens an Kontext und Personen Unterschiede im Wissensbestand der
Organisation, nicht jedes Mitglied der Organisation hat den selben Wissensstand
(Allen, 1984; Lehner, 2012; Rehäuser & Krcmar, 1996), was *Wissenskommunikation* erst notwendig macht.

Inhaltliche Wissensdifferenzierung - Prozeduales vs. Faktenwissen
     Thiel (2002) unterscheidet nach dem Abstraktionsgrad des Wissens, das auf Gil-
bert Ryle *"knowledge that"* - Wissen, dass etwas der Fall ist und *"knowledge how"*
- Wissen, wie etwas zu tun ist - zurückgeht. Ersteres ist auch als deklaratives Wissen bezeichnet und stellt Faktenwissen dar, ist leicht vermittel- und austauschbar
(Lehner, 2012), während zweiteres als prozeduales Wissen *"automatisiertes und
durch Übung erworbenes Handlungswissen"* (Lehner, 2012) ist.
     Darauf aufbauend unterscheidet Lehner (2012) fünf inhaltliche Kategorien des
Wissens: *Soziales Wissen* betrifft soziale Fertigkeiten und Kompetenzen, also die
Fähigkeit zur Selbst- und Fremdwahrnehmung, Steuerung des Verhaltens, die Fähigkeit zum gemeinsamen Handeln und Kooperation. *Metakognitives Wissen* dient
der Kontrolle und Steuerung von Lern- und Denkvorgängen, also nicht auf den
Inhalt des Problems, sondern auf die Strategien zur Problemlösung. *Strategisches
Wissen* umfasst Problemlösestrategien für Probleme, für die keine allgemeine Lösung existiert, also für neue, unbekannte Probleme. *Prozeduales Wissen* besteht
aus Wissen über Fertigkeiten und Fachkompetenz, *domänenspezifisches Wissen*
umfasst deklaratives Wissen über Sachverhalte und Ereignisse, die aus dem Feld
des zu bearbeitenden Problems stammen.
     Diese Unterscheidung kann helfen, Prozesse der Wissensverarbeitung, Wissens-
kommunikation und Wissensnutzung besser zu verstehen, da oft nicht nur domänenspezifisches Fachwissen, sondern auch strategisches Wissen über den Einsatz
des domänenspezifischen Wissens und den Umgang mit Unsicherheit notwendig
ist (vgl. Osterloh & Frost, 2006, Reinmann-Rothmeier & Mandl, 1998c). Ebenso

ist prozeduales Wissen notwendig, um notwendige Fachkompetenzen zu überblicken und bei bei Bedarf andere Wissensträger in den Lösungsprozess zu integrieren. Hier kann wiederum das soziale Wissen hilfreich beim Austausch sein (vgl. Osterloh & Frost, 2006, Reinmann-Rothmeier & Mandl, 1998c).

Analog zur Unterscheidung verschiedener individueller Wissensarten können auch verschiedene Formen des organisationalen Wissens unterschieden werden (Osterloh & Frost, 2006), die mit den unterschiedlichen Perspektiven auf Wissen die Problemerkennung und -lösung erleichtern können. In Organisationen ist dabei das *gemeinsam geteilte Wissen* die Fähigkeit der Organisation, Wissen einer großen Zahl ihrer Mitglieder zur Verfügung zu stellen und ihnen somit Orientierung in einer turbulenten und komplexen Umwelt zu vermitteln. Das gemeinsam geteilte Wissen ist dabei auch Grundlage für die Verständigung über verschiedene Expertisebereiche hinweg, da dieses Wissen die Basis für die Kommunikation bildet (Osterloh & Frost, 2006). *Verknüpfungswissen* befähigt dazu, unterschiedliches domänenspezifisches Wissen (bei Osterloh *"Komponentenwissen"*) in wechselnden Zusammensetzungen zu integrieren und in den Fertigkeiten der Organisationsmitglieder zu verankern (Osterloh & Frost, 2006).

2.1.1.2 Eine integrative Sichtweise auf Wissen

Seiler und Reinmann (2004) integrieren die genannten heterogenen und vielseitigen Begriffe und Zusammenhänge in einem Modell, indem sie den Begriff des Wissens diskutieren und dabei *idiosynkratisches* (personales) und *objektiviertes* (öffentliches) Wissen unterscheiden.

Idiosynkratisches Wissen besitzt ein Individuum in aktiver, passiver oder impliziter Weise, es beruht auf dynamischen, kognitiven Strukturen (Seiler & Reinmann, 2004). Es kann in Handlungswissen, intuitives Wissen und begriffliches Wissen unterteilt werden (Seiler & Reinmann, 2004). Handlungswissen stellt dabei Systeme von Handlungen und Wahrnehmungen dar, die sich gegenseitig steuern können. Dabei sind implizite Handlungsmuster enthalten, die durch Handeln ausgedrückt werden (Seiler & Reinmann, 2004). Intuitives Wissen kann dagegen unabhängig von einer Handlung in der Vorstellung visuell aktiviert werden, ist aber nicht sprachlich kommunizierbar und vermittelt eine intuitive Vorstellung aus bereits erfahrenen Handlungen (Seiler & Reinmann, 2004). Begriffliches Wissen entsteht durch Transformation aus Handlungs- und intuitivem Wissen und ist bewusstseinsfähig, da es reflexiv rekonstruiert werden und somit explizit artikuliert werden kann (Seiler & Reinmann, 2004).

Objektiviertes Wissen   ist Zeichen und Sprache zugeordnet, dadurch objektiviert und zwischen Individuen teilbar (Seiler & Reinmann, 2004). Es kann in kollektives und formalisiertes Wissen unterschieden werden (Seiler & Reinmann, 2004). Kollektives Wissen wurde durch Diskurse ausgehandelt, verdichtet, vereinheitlicht, normiert und systematisch verbalisiert, der Begriff der *Information* ist hier synonym verwendbar (Seiler & Reinmann, 2004). Das Wissen wird dabei in Zeichen "eingefroren" (Seiler & Reinmann, 2004), kann aber nur durch Individuen aktualisiert werden, die Kenntnis über die Zeichen besitzen (Seiler & Reinmann, 2004). Formalisiertes Wissen wird über Regeln in *Daten* transformiert, die mittels formaler Prozeduren automatisiert verarbeitbar sind (Seiler & Reinmann, 2004).

2.1.1.3 Resümee

Ausgehend von den verschiedenen Ansätzen zur Beschreibung und Bestimmung des Wissensbegriffs scheinen im Kontext dieser Arbeit folgende Bestimmungsmerkmale des Begriffs Wissen zentral:

1. Durch die Möglichkeit der Unterscheidung verschiedener Arten von Wissen kann für jede spezifische Situation die relevante Art des Wissens spezifiziert werden, die für die Lösung des Problems handlungsleitend und notwendig ist: So beispielsweise beim Erkennen eines Problems das Komponenten- und prozeduale Wissen, gefolgt von der logischen Anwendung von Erfahrungswissen zur Lösung dieses Problems, was einen Rückgriff auf Verknüpfungswissen oder strategisches Wissen benötigen kann (vgl. dazu Abschnitt 2.1.1.1).

2. Für die Lösung komplexer Probleme sind insbesondere auch der Diskurs und der Wissensaustausch notwendig, wie insbesondere auch im Ansatz von Seiler und Reinmann (2004) deutlich wird: Es genügt dabei nicht, das Wissen gebunden in einer beliebigen Person in der Organisation zu "besitzen" (Szulanski, 2000). (Idiosynkratisches) Wissen ist nicht einfach zu explizieren und dadurch "von der Person zu lösen", es muss durch einen aufwändigen Diskurs expliziert werden (Seiler & Reinmann, 2004).

3. Zudem ist die Komplexität in der Arbeitsumwelt oft so hoch, dass eine Person allein bei der Problemlösung hilflos ist (Allen, 1984). Generell ist eine Vernetzung von kollektivem Wissen bzw. Informationen mit persönlichen Erfahrungen notwendig, um *Wissen* zu erzeugen, das sinnstiftend wirken und somit der Situationsbewältigung dienen kann (McDermott, 1999, Reinmann-Rothmeier et al., 2001). Eine Möglichkeit dieses Wissen zu erlangen

stellt objektiviertes Wissen dar, das beispielsweise in Büchern niedergelegt ist, meist ist jedoch die Kombination idiosynkratischen Wissens notwendig, das nur durch Austausch mit anderen Personen zu erlangen ist. Somit ist es notwendig, mit anderen Fachexperten zusammenarbeiten zu können, das heisst das eigene Wissen für fachfremde Personen ausdrücken und es in den Gesamtzusammenhang des Problems einordnen zu können, was strategisches und soziales Wissen voraussetzt.

Damit Wissen zur Bewältigung von Problemen und letztendlich zum Handeln führen kann, ist der Austausch von Wissen aufgrund der Komplexität der Probleme und der Spezialisierung der Beteiligten (vgl. dazu bspw. Allen (1984)) eine zentrale Notwendigkeit. Wissen und Wissenskommunikation stehen im Kontext des Handelns und Problemlösens also in direkter Beziehung zueinander.

2.1.2 Organisationales Wissensmanagement

Wissenskommunikation zwischen, aber auch innerhalb verschiedener Abteilungen, ist eine Voraussetzung für erfolgreiche Produktentstehungsprozesse und es gilt sie im Rahmen der Aufbau- und Ablauforganisation bzw. der Prozessorganisation (vgl. Abschnitte 2.2.1.1) zu strukturieren und zu steuern. Für den bewussten Umgang mit Wissen, dessen Austausch, die Generierung und schließlich die Nutzung des Wissens wird der Begriff des "Wissensmanagements" verwendet (vgl. dazu Reinmann-Rothmeier & Mandl, 1999, Reinmann-Rothmeier, 2001).

Grundlagen zum Wissensmanagement in Organisationen Eine der Kernfragen einer funktionierenden Organisation lautet: Wie kann das Wissen effektiv ausgetauscht werden? Davenport und Prusak (1998, S. 88) beantworten diese Frage pointiert: *"[..] hire smart people and let them talk to another"*. Die Autoren sehen spontane Kommunikation als lebenswichtig für Organisationen an, da Wissen auch ohne das aktive Management und eingreifen der Führung transferiert wird (Davenport & Prusak, 1998). Je größer und komplexer die Organisation aber wird, desto schwieriger wird es für die Mitarbeiter, die richtige Expertise zu finden und sich mit der entsprechenden Person auszutauschen (Davenport & Prusak, 1998).

Hier setzt das Wissensmanagement als Werkzeug für den Umgang mit Informationen und Wissen und zur Verbesserung der Effizienz der Geschäftsprozesse an. Wissensmanagement folgt wie Wissenskommunikation keinem reinen Selbstzweck, sondern ist Grundlage zur Optimierung von Geschäftsprozessen (Winkler & Mandl, 2009). Es ist ein Werkzeug, das auch und vor allem die Rahmenbedingungen für erfolgreichen Wissensaustausch, also im Endeffekt Wissensnutzung, ermöglichen soll. Die Nutzung des Wissens kann als die konkrete Anwendung des im Wissensverarbeitungsprozess Gelernten aufgefasst werden (Schnurer & Mandl, 2004). Wie in Abschnitt 2.1.3.2 gezeigt, ist für eine erfolgreiche Nutzung des Erfahrungswissens sowohl eine Transparenz über den Speicherort oder Wissenden, als auch die Möglichkeit der Kommunikation mit diesem notwendig. Diese Zusammenhänge sind in den folgenden Wissensmanagement-Modellen dargestellt. Den Schwerpunkt dieser Arbeit bildet die Wissenskommunikation, doch ist eine Einbettung in ein komplettes Wissensmanagementkonzept notwendig, da diverse Wechselwirkungen mit den anderen Prozessbereichen des Wissensmanagements und der Wissenskommunikation bestehen.

Unter dem Begriff Wissensmanagement ist eine Vielzahl von Ideen und Konzepten zusammengefasst, Alvesson und Kärreman (2001) bezeichnen ihn als Sammelbegriff für alle Versuche auf unterschiedlichsten Wegen mit Wissen umzugehen. Die Verwendung des Worts "Sammelbegriff" lässt eine gewisse Unschärfe vermuten - das Konzept Wissensmanagement ist in sich inhärent - Autoren gleiten oftmals entweder in Richtung des Wissens oder des Managements ab, oder entfernen sich von beiden Begriffen, beispielsweise in Richtung der Community-Forschung (Alvesson & Kärreman, 2001). Zudem wird auf die Gegensätzlichkeit der Begriffe Management und Wissen hingewiesen - je mehr aktives Eingreifen (Management), desto weniger Wissen ist zu managen, und je mehr Wissen, desto weniger Raum besteht für Management im Sinne von Kontrolle (Alvesson & Kärreman, 2001). Die Organisation ist zweckrational und erwartet eine Unterordnung des Einzelnen (von Rosenstiel, 2007), was für Wissensarbeiter und für deren Autonomie, auch aufgrund der Komplexität der Problemstellungen, potentiell hinderlich sein kann. Aufgrund dieses Gegensatzes erfolgt eine genaue Bestimmung des Konzepts Wissensmanagement und eine Einordnung des Begriffs *Management*.

2.1.2.1 Zur Rolle des "Managements"

Wenn Wissensmanagement Teil des Führungsprozesses ist, und, wie der zweite Begriffsbestandteil durch das "Management" ausdrückt, aktiv eingegriffen werden soll, stellt sich nun die Frage, wie *Management* genau aufgefasst und mit Leben gefüllt werden soll. Im Bereich der Wissensmanagementforschung wird Management oft als selbsterklärend und unproblematisch, oder als Black-Box-Prozess angesehen - die Verbindung der Wissensschaffung und der Managementpraktiken wird oft nicht vorgenommen (Alvesson & Kärreman, 2001). Der Begriff des Managements selbst kann zudem je nach Wissenschaftsdisziplin unterschiedliche Bedeutungen haben, weshalb die Verwendung in dieser Arbeit genauer spezifiziert wird.

Eine umfassende Definition stammt von Schreyögg und Koch (2007, S. 8): *"Management ist ein Komplex von Steuerungsaufgaben, die bei der Leistungserstellung und -sicherung in arbeitsteiligen Organisationen erbracht werden müssen. Diese Aufgaben stellen sich in der Praxis als immer wieder neu auftretende Probleme dar, die im Prinzip in jeder Leitungsposition zu lösen sind, und zwar unabhängig davon, in welchem Ressort, auf welcher Hierarchieebene und in welcher Organisation sie anfallen."* Management ist nach dieser Definition eine steuernde Tätigkeit. Hislop (2010, S. 56) fasst den Begriff weiter *"Management as a term can be used as both a noun and a adjective. The term Management, used as a noun, refers to a group of people who have responsibility for managing people and other organizational resources. Used as an adjective, management refers to the process by which people and organizational resources are controlled and coordinated with the intention of achieving particular objectives"*.

In der deutschsprachigen Literatur werden die Begriffe Management, General-Management und Unternehmensführung oft synonym verwendet (von Rosenstiel, 2004; Staehle, 1999; Vahs, 2009). Von Rosenstiel (2004) betont die Komplexität des Konzepts Management, und dass im Gegensatz zur bereits genannten Tendenz, Management und Führung gleichzusetzen, in der Sozial- und Organisationspsychologie eher der Begriff der *Führung* benutzt wird, wenn es um die bewusste Beeinflussung von Menschen durch Menschen oder um die Steuerung von Gruppen in einer Organisation geht. Dieser Aspekt des Managements ist unter Anwendung der Führungsprinzipen von Fayol nur ein Teilaspekt des Managements (von Rosenstiel, 2004).

Staehle (1999) schlägt ob der Vielzahl der in der betriebswirtschaftlichen Literatur dem Management zugeordneten Begriffe wie beispielsweise Führung, Betriebspolitik, Unternehmensführung eine Unterteilung in drei Gruppen vor: Als ersten Teil die *(Personal-)führung* für Individuen und Kleingruppen unter Verwendung verhaltenswissenschaftlicher Ansätze, zu dem die psychologische Forschung viele Forschungsbeiträge lieferte (von Rosenstiel & Wegge, 2004, S. 497), als zweites die *Unternehmensführung* mit dem Fokus auf Institutionen und betriebswirtschaftlichen Hintergründen, und als drittes die *Unternehmensforschung*, in der formalwissenschaftliches Managementwissen über die Verfahren des Managements gesammelt ist.

Nach von Rosenstiel und Wegge (2004) umfasst *Unternehmensführung* alle Entscheidungen und Handlungen einer Organisation bezüglich Ressourcenverwendung vor dem Hintergrund der Erreichung der Unternehmensziele, *Personalmanagement* umfasst alle Interaktionsprozesse im Dienste der Unternehmensführung in Bezug auf humane Ressourcen der Organisationsmitglieder, und *Personale Mit-*

arbeiterführung umfasst alle unmittelbaren Interaktionsprozesse zwischen einem Führenden und ihm unterstellten Organisationsmitgliedern.

In dieser Arbeit wird der Begriff "Management" im Sinne der Unternehmensführung verwendet, wird auf das direkte Führen der Mitarbeiter verwiesen, so wird der Begriff "Führung" verwendet.

Führung kann sich in der Art der Ausübung der Kontrolle unterscheiden, Alvesson und Kärreman (2001) unterscheiden beispielsweise nach Art der *Intervention*- koordinativ oder kontrollierend - und *Einsatz* der Intervention - normativ oder verhaltenssteuernd. Management im Modus ist Koordination schwächer, umfasst minimale Aktivitäten zur Steuerung des kollektiven Verhaltens und stellt eher eine Unterstützungsfunktion, während Management im Kontrollmodus breiter und aktiver angelegt ist, vielfältige Mittel zur Spezifikation, Beobachtung und Auswertung der Handlungen nutzt und einen deutlichen Einfluß ausübt (Alvesson & Kärreman, 2001).

Wissenskommunikation als Teil eines integrativ verstandenen Wissensmanagementprozesses erfordert eher einen koordinativen Managementstil, da Autonomie, Kompetenzerleben und Führung über Visionen und Strategien wichtige Voraussetzungen des Wissensmanagements sind (Reinmann-Rothmeier & Mandl, 1999; Reinmann-Rothmeier et al., 2001). Enge Kontrolle und Führen über direkte Arbeitsanweisungen ist hingegen ein Führungsstil, der weniger mit den Grundsätzen erfolgreichen, nachhaltigen Wissensmanagements übereinstimmt.

Zusammenfassend kann festgehalten werden, dass die Führung durch den Vorgesetzten ein wichtiger Faktor für das Wissensmanagement und damit die Wissenskommunikation ist. Das "Management" wirkt dabei einerseits über das Setzen von organisationsstrukturellen "Leitplanken", andererseits über Koordination und beispielgebendes Verhalten.

2.1.2.2 Taxonomien des Wissensmanagements

Der Begriff Wissensmanagement kann als Sammelbegriff für alle Versuche, das Wissen der Mitglieder einer Organisation zu steuern, verstanden werden, entweder auf direktem, technischen Wege über die Vernetzung von IT-Systemen, oder auf indirektem Weg über Vernetzung von Gemeinschaften, die Steuerung sozialer Prozesse oder das Anpassen der Organisationsstrukturen (Alvesson & Kärreman, 2001, Hislop, 2010).

Das Thema Wissen und Wissensmanagement enthält Beiträge aus vielen wissenschaftlichen Disziplinen, unter anderem aus den Bereichen Informatik und informationsnahe Wissenschaften, Wirtschaftswissenschaften, Humanwissenschaften und Rechts- und Politikwissenschaft (Lehner, 2012, S. 111).

Je nach Wissenschaftsdisziplin differieren die Modelle des Wissensmanagements stark. Gleichzeitig helfen diese unterschiedlichen Modelle, Teilaspekte oder die Gesamtaufgabe des Wissensmanagements in Organisationen zu erfassen und zu strukturieren und bieten eine Orientierung und Hilfe in der Ist-Analyse (Lehner, 2012).

Schüppel unterscheidet dabei drei Ansätze aus verschiedenen Wissenschaftsdisziplinen, die sich gegenseitig ergänzen: den *technologischen Ansatz*, den *humanzentrierten Ansatz* und den *integrativen Ansatz* (Schüppel, 1996, S. 187ff.). Im technologischen Ansatz werden Technologien, beispielsweise Datenbanken oder Expertensysteme, genutzt, um die Wettbewerbsfähigkeit zu sichern, die starke Konzentration auf computergestützte Informationsverarbeitung vernachlässigt aber die Organisationsmitglieder selbst (Schüppel, 1996). Als Beispiele dieses technologischen Ansatzes nennen Alvesson und Kärreman (2001) die folgenden Vorgehensweisen: Die *erweiterte Bibliothek* ist ein stark technikgetriebener und an objektiviertem Wissen orientierter Wissensmanagementansatz (Nutzung von Technologien wie Datenbanken, Such- und Kommunikationssystemen zum Informationsaustausch). Die Vorgehensweise der *Normativen Kontrolle* kontrolliert weniger das objektivierte Wissen, es wird stattdessen versucht, die Art der Interpretation von Problemen vorzuschreiben und zu normieren, und so Wissensweitergabe und -nutzung im Sinne des Managements zu beeinflussen. Die Vorgehensweise der verordneten Blaupausen treibt diese Idee noch weiter, mit *verordneten Blaupausen* wird Kontrolle unter der Anwendung technisch-struktureller Mittel ausgeübt, genauen Arbeitsanweisungen, die Probleminterpretation und -lösung kodifizieren und somit in Datenbanken einpflegbar machen. Diese Vorgehensweise ist dem Scientific Management von Taylor (1947) am Nächsten, das Wissen und somit die Macht wird klar von den Nutzern zu den Administratoren transferiert.

Der *humanzentrierte Ansatz* sieht die Individuen als zentrale Wissensträger, und versucht deren kognitive Fähigkeiten zu unterstützen (Schüppel, 1996). Es wird versucht, einen kulturellen und organisationalen Wandel in der gewünschten Richtung einzuleiten, und die Kommunikation beispielsweise über bessere Kommunikation und soziale Netzwerke zu verbessern (Schüppel, 1996). Der sogenannte *Gemeinschaftsansatz* nach Alvesson und Kärreman (2001) ist hierfür ein Beispiel, in diesem wird (implizites) Wissen unter den Mitarbeitern ausgetauscht und nicht hierarchisch kontrolliert, er ist auch unter dem Stichwort *Communities"* bekannt (vgl. dazu beispielsweise North & Romhardt, 2000, Reinmann-Rothmeier, 2000, Wenger, 1999, E. & Snyder, 2000).

Den technologischen und den humanorientierten Ansatz kombiniert der *integrative Ansatz*. Beispiele für Vorgehensweisen nach einem integrativen Ansatz sind die Modelle von Nonaka (1994), Probst et al. (2010), Reinmann-Rothmeier

et al. (2001) und Schüppel (1996). Das Ziel solches ganzheitlichen Wissensmanagements, also aufeinander abgestimmter und verknüpfter Maßnahmen aus den
Bereichen der Technik und des Menschen, besteht darin, eine effiziente Wissensverarbeitung gemäß der Organisationsziele unter Beachtung der genannten Faktoren zu gewährleisten (Haun, 2002).

2.1.2.3 Der Begriff des Wissensmanagements in dieser Arbeit

Die genannten Klassifikationen zeigen, dass Wissensmanagement auf unterschiedlichste Art und Weise aufgefasst und umgesetzt werden kann - einmal ist der Aufbau von Datenbanken gemeint, ein anderes Mal die Gründung von Communities.
Zugleich zeigen sie aber auch, wie vielgestaltig die mit dem Thema Wissen und
Wissensmanagement verbundenen Problemstellungen sind, und mit wie vielen unterschiedlichen Blickwinkeln diese erklärt werden können. Es kann also für den
Erfolg im Wissensmanagement (sei es praktisch in der Umsetzung oder theoretisch bei der Theorieprüfung) kritisch sein, eine dieser Klassifikationen ganz zu
vernachlässigen.

Aus diesem Grund stützt sich diese Arbeit auf Definitionen aus dem psychologischen Forschungsbereich, welche einen integrativen, ganzheitlichen Ansatz verfolgen: Von Rosenstiel und Wegge (2004, S. 34) fassen den Begriff sehr detailliert
und umfassend zusammen:

> *"Wissensmanagement beinhaltet ein umfassendes Konzept, das die
> gesamte Organisation in ihren Strukturen und Prozessen, die Arbeits
> gruppen und Teams in ihren Zielen und Normen sowie die Individuen
> in ihren Fähigkeiten und Fertigkeiten, in ihren Motiven und Emotio
> nen, in ihren Einstellungen und Kompetenzen sowie in ihrem Handeln
> betreffen."*

Bullinger, Wörner und Prieto (1998) betonen die Notwendigkeit des bewussten
und systematischen Umgang mit der Ressource Wissen. Reinmann-Rothmeier und
Mandl (1997b) sehen, auch auf Bullinger et al. (1998) aufbauend, Wissensmanagement als auf mehreren Ebenen verortet an - als eine gesellschaftliche Herausforderung, als organisatorische Aufgabe, und als individuelle, soziale Kompetenz.
Sie definieren Wissensmanagement folglich als

> *"den bewussten und systematischen Umgang mit der Ressource
> Wissen und den zielgerichteten Einsatz von Wissen in der Organisati
> on. Damit umfasst Wissensmanagement die Gesamtheit aller Konzep
> te, Strategien und Methoden zur Schaffung einer "intelligenten", also*

lernenden Organisation. In diesem Sinne bilden Mensch, Organisa-
tion und Technik die drei zentralen Standbeine des Wissensmanage-
ments." (Reinmann-Rothmeier et al., 2001, S. 18)

Wie in den Definitionen anklingt, sind Ziele für Individuen und Organisationen zentral, diese bilden die Basis für das Lernen und die Wissensmanagement-
Initiative (Reinmann-Rothmeier & Mandl, 1999). Global betrachtet ist eine Förderung der individuellen und organisationalen Lernfähigkeit das Metaziel, spezifischer betrachtet müssen die Ziele aber aus aktuellen oder antizipierten Problemstellungen erarbeitet werden - diese bilden dann den Maßstab für den "Erfolg" von
Wissensmanagementmaßnahmen (Reinmann-Rothmeier & Mandl, 1999). Dies betont auch die ständige Evaluation, d.h. die permanente Überprüfung des Ausmaßes
der Zielerreichung, damit das Wissensmanagement problem- und lösungsorien-
tiert bleibt und nicht zum Selbstzweck verkommt (Reinmann-Rothmeier & Mandl,
1999). Wissensmanagement ist eben kein Selbstzweck, sondern Grundlage zur Optimierung bestehender Geschäftsprozesse (Winkler & Mandl, 2009).

Wissensmanagement ist aber kein reines Werkzeug, es ist auch eine "Philosophie" - die Wertschätzung des "Guts Wissen" - individuell, sozial und kollektiv -
muss sich auch in einer Wertschätzung der Wissensträger und Wissensnetzwerke
ausdrücken - die Wissens- und Lernkultur muss in die Organisationskultur integriert werden (Reinmann-Rothmeier & Mandl, 1999; von Rosenstiel, 2004), da
die Organisationskultur einen wesentlichen Einfluss auf das Verhalten der Organisationsmitglieder ausübt (Schein, 1993).

Zusammenfassend lässt sich feststellen, dass der Begriff des Wissensmanagements sehr unterschiedlich interpretiert wird, nachhaltige Konzepte aber einen
ganzheitlichen Ansatz mit Integration von Mensch, Organisation und Technik (Reinmann-Rothmeier & Mandl, 1998a) vertreten. Der Umgang mit Informationen und
Wissen ist dabei nicht kurzfristig über den Einsatz einzelner Tools zu erreichen,
sondern eine integrierte Aufgabe in Strategieformulierung und Führungsprozess
einer Organisation - das Wissensmanagement muß in die Kultur einer Organisation integriert werden.

2.1.2.4 Zum Forschungsstand des Wissensmanagements

Betrachtet man den aktuellen Stand der empirischen Forschung zum Thema Wissensmanagement, so zeigt sich, dass die Literatur zum Thema zahlreich ist, aber
eher durch Fallstudien und auf einzelne Aspekte konzentriert ist (Helm et al.,
2007).

Untersuchungen zum Wissensmanagement im Allgemeinen beginnen bereits in
den 60er Jahren, die Beschäftigung mit dem Thema intensivierte sich erst in Ver-

bindung mit dem Thema Organisationales Lernen Mitte der 80er Jahre, dann er-
neut Mitte der 90er Jahre unter dem Stichwort "Knowledge Management" als ein
viel diskutiertes Modethema in den US-amerikanischen, später auch den deutschen
Publikationen (Schüppel, 1996). Auslöser waren unter anderem die Beiträge von
Nonaka (1994), die mit der fernöstlich geprägten Sichtweise ganzheitliche Aspekte des Wissensmanagements betonten und den Wissensaustausch zwischen Individuen und den Handlungsebenen der Organisation und des Individuums themati-
sierten (Nonaka, 1994). Triebfeder des Bedarfs nach Klärung des Konstrukts Wissensmanagement ist laut der einschlägigen Literatur (beispielsweise Maier, Prange
& von Rosenstiel, 2004, North, 2011, Osterloh & Frost, 2006, Probst et al., 2010,
Schreyögg, 2008) der gesellschaftliche und technologische Wandel, und damit einhergehend der wachsende Einfluß des Wissens in allen Bereichen von Gesellschaft
und Wirtschaft (Mandl & Krause, 2001). Die Rolle des Wissensmanagements und
generell des Wissens in Organisationen ist inzwischen unbestritten, das Wissen in
den Organisationen wird als wichtigster Produktionsfaktor angesehen (Brandstätter & Frey, 2004; Lehner, 2012; Nonaka et al., 2001; Nonaka, 2008; Rehäuser &
Krcmar, 1996; Reinmann-Rothmeier et al., 2001).

Malik (2001) erklärte das komplette Konzept des "Wissensmanagements" Anfang des Jahrtausends für gescheitert, es sei ein Modethema (*"auch dieser Kaiser
ist nackt"* (Malik, 2001)) und Wissen so wenig zu managen wie die Entstehung
einer Symphonie bei Beethoven. Diese Aussage kann klar empirisch widerlegt
werden. Die Untersuchung von Wallace, Van Fleet und Downs (2011) zeigt, dass
die Anzahl der Artikel in englischsprachigen Top-Journals (unter anderem Harvard Business Review, Academy of Management Journal, Administrative Science
Quarterly) im untersuchten Zeitraum (2006-2008) nicht absinkt, was auf eine kon-
stant hohe Beschäftigung mit dem Thema hinweist. Aufbauend auf dieser Arbeit
und ergänzt um den Zeitraum von 1993 bis einschließlich 2012 zeigt Tabelle 2.1,
dass die Anzahl der Publikationen in der EBSCO in den letzten Jahren relativ stabil
blieb. Zudem existieren eine Vielzahl von englisch- wie deutschsprachigen Sam-
melbänden (bspw. Dierkes, Antal & Nonaka, 2001; Frey, Mandl & von Rosenstiel,
2004; Harvard Business Review, 1998; Mertins, Heisig & Vorbeck, 2003; Mertins
& Seidel, 2009; Reinhardt & Eppler, 2004; Reinmann & Mandl, 2004; Schnauffer, Stieler-Lorenz & Peters, 2004) und Journals (bspw. "International Journal
of Knowledge Management", "Journal of Knowledge Management", "Knowledge Management", "Knowledge and Process Management"), die sich speziell dem
Wissensmanagement widmen und die auf eine lebendige wissenschaftliche Diskussion dieses Begriffs schließen lassen.

Tabelle 2.1: Anzahl wissenschaftlicher Artikel zu Wissensmanagement in der EBSCO 1993-2012

Jahr	Anzahl	Jahr	Anzahl	Jahr	Anzahl	Jahr	Anzahl
1993	8	1998	41	2003	226	2008	475
1994	3	1999	64	2004	308	2009	496
1995	5	2000	105	2005	334	2010	468
1996	17	2001	117	2006	443	2011	439
1997	9	2002	160	2007	528	2012	406

Anmerkungen. Quelle: EBSCO - "academic search complete" - subject "knowledge management" - "peer reviewed journals" - Zeitraum "1993-2012", eigene Erhebung

Die empirische Forschung zu Wissensmanagement ist eher Fallstudien- und Einzelaspektbezogen (Helm et al., 2007), verallgemeinerbare Schlüsse zu Erfolgsfaktoren und eine Zusammenführung der einzelnen Aspekte des Wissensmanagements werden selten vorgenommen (Helm et al., 2007). Ebenso sind Langzeitstudien wenig repräsentiert, was unter anderem an der heterogenen Auffassung der Begrifflichkeiten des Wissensmanagements und seiner Bestandteile liegt (Helm et al., 2007).

2.1.3 Zum Begriff der Wissenskommunikation

Wissen ist wie in Abschnitt 2.1.1 dargestellt von Austausch und Diskurs, und somit Kommunikation, nicht trennbar. Zusammenfassend ist die Ermöglichung von Kommunikation in der Organisation aufgrund der Komplexität der Problemstellungen in wissensintensiven Prozessen essentiell, auch und speziell über die Grenzen organisationaler Einheiten hinweg. Für eine erfolgreiche Lösung jeder Aufgabe im Arbeitsprozess, und somit für Wissensnutzung, ist ein Mindestmaß an Kommunikation, und sei es "nur" zur Koordination, notwendig, jede Interaktion ist dabei als Kommunikation zu interpretieren (von Rosenstiel, 2007). In den folgenden Abschnitten wird der Begriff der Wissenskommunikation erläutert. Dabei soll zum einen Kommunikation in ihrer Vielschichtigkeit als wechselseitiger Prozess näher betrachtet und darauf aufbauend wesentliche Dimensionen zur Gestaltung der Kommunikation in Organisationen herausgestellt werden.

2.1.3.1 Kommunikation als Interaktion

Wissenskommunikation kann als *"(meist) absichtsvolle, interaktive Konstruktion und Vermittlung von Erkenntnis und Fertigkeit auf der verbalen und nonverbalen Ebene"* (Eppler & Reinhardt, 2004, S. 2) verstanden werden, wobei analytisches, Erfahrungs- und prozeduales Wissen unmittelbar (*"face to face"*) oder medienbasiert (*"virtuell"*) über Interaktion kommuniziert werden. Sie hat stattgefunden, wenn "eine *Erkenntnis*, *Erfahrung* oder *Fertigkeit* (Hervorhebung im Original) von einer Person aufgrund von Kommunikation adäquat rekonstruiert werden konnte" (Eppler & Reinhardt, 2004, S. 1).

Die Kommunikation zwischen Mitarbeitern ist generell ein essentieller Bestandteil des Betriebsablaufs, ebenso der Austausch des Wissens zwischen Individuum, Gruppe und Organisation (von Rosenstiel, 2007). Durch die Größe und Komplexität der Organisationen sind dabei sowohl asynchrone als auch synchrone Kommunikation zu beachten (Su, 2012).

In der genannten Definition der Wissenskommunikation von Eppler und Reinhardt (2004) ist von einer Interaktion zwischen mindestens zwei Personen die Rede, die über verschiedene Wege Informationen austauschen. Bereits 1949 haben Shannon und Weaver in ihrem Kommunikationsmodell die Kommunikation ganz ähnlich als "Signalübertragung" interpretiert, die auf verschiedenen Kanälen erfolgen kann. Hier können nur in der Übertragung selbst, auf dem Kommunikationskanal, Störprobleme auftreten, die Botschaft selbst wird als kausal feststehend angesehen (siehe auch Grafik 2.1).

Im Gegensatz zu "einfachen" Kommunikationsmodellen wie dem obigen von Shannon und Weaver (1949) setzen neuere Kommunikationsmodelle auf die Integration von Problemen, die außerhalb des reinen Kausalzusammenhangs liegen. Somit sind auch typisch zwischenmenschliche Probleme der Kommunikation wie Interpretationsprobleme in theoretische Ansätze integriert (vgl. beispielsweise Schulz von Thun, 1994, 2001). Eine Rolle spielt dabei auch die Annahme über die Möglichkeit des Grads der Erfassbarkeit der Welt und somit die Frage, wie Menschen die kommunizierten Inhalte verstehen, einordnen und verarbeiten. Bei dieser Thematik können Ansätze der pädagogischen Psychologie und des Lehren und Lernens hilfreich sein. Kognitivistische und gemäßigt-konstruktivistische Lehr-/ Lernphilosophien nehmen hier unterschiedliche Standpunkte ein.

Wahrnehmung und Lernen werden unter kognitivistischer Perspektive als aktive Prozesse der Informationsverarbeitung des Lernenden verstanden, die regelhaft ablaufen. Wissen wird dabei möglichst systematisch aufbereitet und strukturiert, vom Lehrenden oder Lernmaterialien präsentiert, um vom Lernenden in dieser Form aufgenommen und wiedergegeben zu werden (Reinmann & Mandl, 2006).

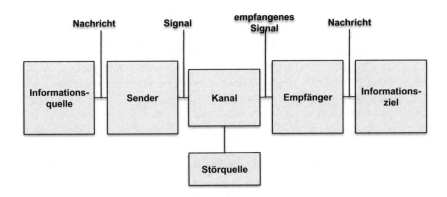

Abbildung 2.1: Kommunikationsmodell in Anlehnung an Shannon und Weaver (1949)

Dagegen wird unter konstruktivistischer Perspektive die Eigenaktivität und Situiertheit des Lernens stärker betont (Gerstenmaier & Mandl, 1995; Reinmann & Mandl, 2006). Lernen ist dabei stets in bestimmte Kontexte und Situationen eingebunden und Wissen vor diesem Hintergrund aktiv konstruiert. Lernen ist hierbei auch eher eine "Verarbeitung" von Erfahrungen (Thiel, 2002).

Da Kommunikation ein Wechselspiel verschiedener Aspekte darstellt (Streich & Brennholt, 2009), scheinen konstruktivistische Modelle realitätsnäher als die klassischen Kommunikationsmodelle, die auf der Annahme fußen, dass Informationen einfacher ohne Beachtung von Situiertheit ausgetauscht werden können. Ausgehend von einer konstruktivistischen Perspektive scheint das Vier-Ohren-Modell nach Schulz von Thun (2001) geeignet, um zu erklären, wie unterschiedlich Informationen je nach individuellem Erfahrungshintergrund aufgefasst werden können. Jede Nachricht enthält nach diesem Modell vier psychologisch bedeutsame Aspekte:

- Darstellung von Sachinhalten: *Sachwissen, Faktenwissen*

- Informationen über die gewollte Selbstdarstellung (Informationen, die ich von mir preisgeben möchte) und die unfreiwillige Selbstenthüllung (Informationen über die Eigenschaften, die ich eigentlich nicht enthüllen möchte): *Selbstoffenbarung*

- Information über den Status des Senders zum Empfänger und über die Beziehung zueinander: *Beziehung*

- Die Nachricht als Mittel um Einfluß auszuüben: *Appell*

Die Nachricht ist in diesem Modell folglich nicht eindeutig, der Empfänger hat prinzipiell die Wahl, mit welchem der "Ohren" er die Botschaft hören will und wie er reagiert (Schulz von Thun, 1994, 2001). Deshalb ist es auch schwierig, eine gelungene Kommunikation zu definieren, beide Personen müssen dafür eine identische Interpretation der kommunizierten Inhalte vornehmen (Henninger & Balk, 2009). Häufig kann der Erfolg der Kommunikation erst im weiteren Zeitverlauf überprüft werden, also nach Abschluss des Gesprächs (Henninger & Balk, 2009). Jedoch können Indikatoren Auskunft über nicht gleichlaufende Interpretationen von Gesprächsäußerungen liefern, beispielsweise überraschte Nachfragen wie *"Ja, aber ich dachte.. "* (Henninger & Balk, 2009, S. 137), die den Gesprächspartnern einen deutlichen Hinweis geben sollten, dass eine weitere Kommunikation zur Ausräumung von Mißverständnissen notwendig sein müsste.

2.1.3.2 Gestaltungsdimensionen der Wissenskommunikation

Eppler und Reinhardt (2004) beschreiben Kommunikation noch differenzierter als Schulz von Thun (1994) unter der Perspektive einer effektiven und effizienten Kommunikation und bilden Wissenskommunikation anhand von acht unterschiedlichen Dimensionen ab: So werden bei der *Raumdimension* Räume benötigt, die kommunikationsfreundlich ausgelegt sind (Eppler & Reinhardt, 2004), also Zufallsbegegnungen, aber zugleich Zonen der Konzentration ermöglichen (vgl. dazu Allen & Henn, 2007). Analog hierzu kann auch der Begriff des *"Ba"* (Nonaka et al., 2001) interpretiert werden. Neben der Raumdimension unterscheiden Eppler und Reinhardt noch die *soziale Dimension*. Hier steht die Gestaltung der Gemeinschaft und die Interaktion in Form von Dialogen im Zentrum. Bei der *kognitiven Dimension* geht es dann um die Bildung und vor allem auch Artikulation mentaler Modelle. Die *sprachliche Dimension* fokussiert auf das Verständnis, Möglichkeiten und Grenzen der Wissenskommunikation zu verstehen, die *visuelle Dimension* versucht mit ihren Ansätzen die Grenzen der Sprache beispielsweise durch Visualisierungstechniken zu überwinden (Eppler & Reinhardt, 2004). Die *narrative / dramaturgische Dimension* versucht über die kontextreiche Vermittlung von Erfahrungen Wissen zu transferieren, und somit über die Vermittlung der Kontextinformationen ein Versändnis beim Zuhörer zu wecken, aus welchen Gründen das Handeln gewählt wurde. Bei der *technischen Dimension* wird der Schwerpunkt auf die Konservierung und die geographische Ausweitung von Wissen gelegt (Eppler & Reinhardt, 2004), wobei hier der Aspekt der Asynchronität der Wissensspeicherung interessant ist - die technische Speicherung erlaubt es, (objektiviertes) Wissen dauerhaft zugänglich zu machen. Bei der *Prozessdimension* liegt der Fokus dann auf der Strukturierung der Wissenskommunikation und wie die daraus resultierende Handlung passend ausgerichtet werden können (Eppler & Reinhardt, 2004). Diese genannten Dimensionen sind jedoch nicht als universelle Gestaltungsdimensionen zu betrachten, je nach Art des zu kommunizierenden Wissens sind unterschiedliche Gestaltungsparameter wichtig, diese beeinflussen die adäquate Art der Kommunikation, explizites und implizites Wissen, Fach-, Methoden- und soziale Kompetenzen, individuelles und organisationes Wissen sind unterschiedlich zu kommunizieren (Eppler & Reinhardt, 2004). Welche Arten dabei zu unterscheiden sind, lässt sich anhand von zwei wesentlichen Merkmalen festmachen: Zum Einen an der *Zeitsynchronität* und damit eng verbunden dem Medium der Kommunikation, und zum Anderen der *Planbarkeit* der Kommunikation.

Zeit, mediale und nicht-mediale Kommunikation: Eine Unterscheidung der Kommunikation kann auf der Zeitdimension beziehungsweise der Gleichzeitigkeit des Austauschs getroffen werden - die direkte *synchrone, also zeitgleiche Kommunikation* steht der *asynchronen, zeitlich versetzten Kommunikation* gegenüber (Eppler & Reinhardt, 2004, S. 2). Eng mit der zeitlichen Synchronität verbunden ist das genutzte *Medium der Kommunikation*, da asynchrone Kommunikation ohne Nutzung von Medien nicht möglich ist.

Je länger die Zeitspanne und je größer der potentielle Abstand zwischen Sender und Empfänger, desto größer ist das Risiko, dass das niedergelegte Wissen falsch oder nicht verstanden wird. Hier sind schriftliche niedergelegte Dokumente sicherlich als kritischer anzusehen als Videokonferenzen oder Chats, in denen noch die Möglichkeit eines Dialogs besteht und Rückfragen möglich sind (vergleiche hierzu beispielsweise Allen, 1984; Allen & Henn, 2007 und zur *Barriere der Verständlichkeit* Bromme, Jucks & Runde, 2005).

Synchrone Kommunikation findet beispielsweise in Form von Dialogen statt (Eppler & Reinhardt, 2004). Die Interaktion erfolgt häufig nichtmedial von Angesicht zu Angesicht ("face-to-face" Kommunikation, Schnotz & Heiss, 2004). Dabei werden Informationen nicht nur über die Sprache, sondern auch über Gestik und Mimik transportiert (Schnotz & Heiss, 2004, Watzlawick, Beavin & Jackson, 2000). Von Rosenstiel (2007) unterscheidet bei direkter Kommunikation verbale (z.B. ein Gespräch), paraverbale (z.B. Mimik) und nonverbale (z.B. Gestik) Kommunikationsanteile, die alle zum Gesamtinformationsgehalt beitragen. Fischer und Ostwald (2005) führt die face-to-face Kommunikation deshalb als Paradebeispiel für *"rich media"* an, bei der auf allen Kommunikationskanälen interaktiv und flexibel kommuniziert wird. Die Unterscheidung verbaler, paraverbaler und nonverbaler Kommunikationsanteile und die Tatsache, dass Kommunikation grundsätzlich für den Menschen als soziales Wesen zentral in seiner Bedeutung ist (Rein-

mann-Rothmeier, 2001), macht deutlich, warum persönlicher Kontakt für inhaltlich schwierige Themen erfolgreicher und notwendig ist. ✸

Asynchrone Kommunikation erfolgt zeitversetzt und stets mittels Medieneinsatz.
Mediale Kommunikation ist auch über Entfernungen und zeitversetzt möglich beispielsweise per Telefon, Brief oder E-Mail (Fischer & Ostwald, 2005; Schnotz
& Heiss, 2004; Schnurer, 2005). Die Verschriftlichung kann beispielsweise über
codierte Verzeichnisse, Arbeitsanweisungen, Bedienungsanleitungen (Su, 2012)
oder Zeichnungen und Modelle (Wright, 1994) erfolgen. Ebenso sind geteilte Datenbanken als Teil der *"computer mediated communication"* (Cress, Barquero,
Buder & Hesse, 2005, S. 145), die bei der Arbeit genutzt werden, unter asynchroner Kommunikation einzuordnen (vgl. Cress et al., 2005).

Da hier Gestik und Mimik nicht oder nur eingeschränkt transportiert werden
können, ist Raum für Mißverständnisse vorhanden (Schnotz & Heiss, 2004), ver-
schriftlichte Dokumente sind nach der Unterscheidung von Fischer und Ostwald
(2005) somit eher *"lean media"*. Die direkte, synchrone Kommunikation unter
Kollegen ist deshalb vor allem für komplexe Arbeits- und Problembereiche die
zu bevorzugende (Allen, 1986; Fischer & Ostwald, 2005), allerdings nicht immer
möglich. In medial niedergelegten Inhalten ist die Vermittlung des Kontextes vor
dem Hintergrund des fehlenden dialogischen Bezugs vor diesem Hintergrund sehr
wichtig (Duerr, Rode & Sprinkart, 2004). Formen der Dokumentation, also asynchroner, schriftlicher Wissenskommunikation, können häufig nur einen Bruchteil
des Wissens erfassen, da das implizite, an den Wissensträger gebundene Wissen
sich der Erfassung entzieht und Erfahrungen nicht Eins zu Eins übertragbar sind,
da Wissensprozesse oftmals nicht-repetitiv sind (Bullinger, 2004).

Es können dabei zwei Arten des Wissens unterschieden werden: Das Wissen,
das direkt von Individuen abgefragt wird, da es zu komplex und kontextorientiert
für eine schriftliche Niederlegung ist (idiosynkratisches Wissen), und das kollek-
tive Wissen (objektiviertes Wissen), das in Systemen geteilt wird (Su, 2012). Eine Übergangsform stellt eine Form der asynchronen Kommunikation mittels Listen dar, die für spezifische Themengebiete Experten identifizierbar machen (Su,
2012), und somit einen Übergang von asynchroner Kommunikation zu synchroner
Kommunikation im direkten Kontakt ermöglichen. Speziell im Hinblick auf die effektive Nutzung des Erfahrungswissens in Organisationen, das durch die Bindung
in den individuellen Erfahrungshintergrund der Mitarbeiter aufwendig zu kommunizieren ist (Mertins & Finke, 2004), sind diese *"who knows who knows what in
the group"* (Su, 2012, S. 620) Übersichten in Form von Listen oder Foren wichtige
Hilfsmittel zur Identifikation und Schaffung einer Kontaktmöglichkeit von Experten (Su, 2012) .

Planbarkeit der Kommunikation: Formelle und informelle Kommunikation:
Als weitere Unterscheidungsmöglichkeit kann die Planbarkeit der Kommunikation angeführt werden, es können die Idealtypen der *formellen, geplanten* und der *spontanen, informellen* Kommunikation unterschieden werden.

Formelle Kommunikation ist dabei in Inhalt und Form zentral festgelegt und gesteuert (Vahs, 2009), ein Beispiel wären offizielle Meetings und Jours-fixed, deren Ablauf geplant ist und eingehalten werden soll, einzelne Beiträge sind in einer festen Agenda niedergeschrieben und vorangekündigt. Voraussetzung für eine geplante, formelle Kommunikation ist, dass die Informations- und Wissensflüsse im Schwerpunkt repetitiv sind, sie sich also regelmäßig wiederholen und bei denen der Zeitpunkt der Notwendigkeit bekannt ist. Formelle Kommunikationsmöglichkeiten sind aber nur bei wenigen Gelegenheiten das geeignete Instrument des Wissensaustauschs, da der Zeitpunkt der Notwendigkeit für spezifische Diskussionen um Problemlösungen oftmals nicht festgelegt werden kann (Schnauffer, Voigt, Staiger & Reinhardt, 2004).

Sind bei nicht-repetitiven Wissensprozessen Wissensinhalt, Wissensquelle und Wissenskontext unbekannt, ist eine direkte, synchrone Kommunikation notwendig (Schnauffer et al., 2004), die Kommunikation findet ungeplant und ohne feste Agenda als *"informelle Kommunikation"* statt. Informelle Kommunikation ist nicht organisatorisch gestaltet, sondern ergibt sich aus informellen Beziehungen, die auf persönlichen Zielen, Wünschen, Einstellungen und Verhaltensmustern der Organisationsmitglieder beruhen (Vahs, 2009). Ein Beispiel für informelle Kommunikation ist der "kleine Dienstweg" (Vahs, 2009, S. 123) außerhalb offizieller Kommunikationswege. Andere Beispiele sind Gespräche am Kaffeeautomaten oder am Wasserspender, welche immer auch fachliche Gespräche einschließen (Davenport & Prusak, 1998). Die Dimensionen der Planbarkeit und der Zeitsynchronität sind nicht streng getrennt voneinander zu betrachten, bestimmte mediale und nicht-mediale Kommunikationswege werden durch die Ausprägung dieser beiden Aspekte aber wahrscheinlicher. Beispielhaft werden verschiedene Kombinationsmöglichkeiten in Tabelle 2.2 aufgezeigt.

Die Planbarkeit wird in die Kategorien formelle und informelle Kommunikation unterteilt, die Zeitdimension über die asynchrone und die synchrone Kommunikation abgebildet. Es sind pro Feld Beispiele genannt, die sich teilweise medialer, teilweise nicht-medialer Mittel bedienen. Während Meetings und persönliche Gespräche ohne Medienuntersützung stattfinden, sind Berichte, E-Mails, Foren, Schwarze Bretter, Telefonate, Chats und Videokonferenzen auf Übertragungsmedien angewiesen.

Da die direkte, persönliche Kommunikation vor allem bei komplexen Themen, bei denen Wissen stark im idiosynkratischen Bereich liegt, vorzuziehen ist, stellt sich bei medialer Kommunikation die Frage, wie bei Verwendung dieser Kommunikationswege möglichst viele Inhalte korrekt zum Empfänger transportiert werden können. Beispielhaft zu nennen sind für formelle und asynchrone Kommunikation Berichte oder Dokumente, für formelle und synchrone Kommunikation Meetings oder Videokonferenzen. Informelle und asynchrone Kommunikation stellen beispielsweise Foren im Intranet oder Schwarze Bretter an zentralen Orten dar, an denen Nachrichten und Hilfegesuche hinterlassen und beantwortet werden können. Bei synchroner und informeller Kommunikation ist das typische Beispiel das face-to-face Gespräch.

Tabelle 2.2: Vier-Felder-Tabelle der Zeit- und Planbarkeitsdimension in der Wissenskommunikation

Planbarkeit/ Zeit	asynchrone Kommunikation	synchrone Kommunikation
formelle Kommunikation	Bericht (m) E-Mail (m)	Meeting Videokonferenz (m)
informelle Kommunikation	(Intranet-)Forum (m) Schwarzes Brett (m)	persönliches Gespräch Telefonat (m) Chat (m)

Anmerkungen. (m) - mediale Kommunikation

Nicht zuletzt der Anlass der Kommunikation beziehungsweise der Gegenstand der Kommunikation bestimmt letztendlich, wie die Kommunikation gestaltet ist, ob formelle oder informelle, synchrone oder asynchrone Kommunikationswege gewählt werden: Im Bereich von Produktentwicklungsprozessen in der Organisation sind zwei Hauptanlässe der Kommunikation zu unterscheiden, einerseits wird kommuniziert, *um sich zu koordinieren*, andererseits werden *technische Fakten ausgetauscht* (Allen, 1986, Allen & Hauptman, 1987). Sowohl bei der Koordination als auch beim Austausch und der gemeinsamen Konstruktion neues Wissens mit komplexen technischen Inhalten ist spontane Kommunikation essentiell wichtig für einen erfolgreichen Abschluss des Entwicklungsprozesses (Davenport & Prusak, 1998). Entwicklungsprojekte sind gekennzeichnet durch einen hohen Anteil an nicht repetitiven, projektspezifischem Wissen (Bullinger, 2004), wodurch in diesen die spontane Kommunikation von Wissen noch wichtiger als in anderen Arbeitsprozessen ist.

Resümee Zusammenfassend lässt sich feststellen, dass sich verschiedenste Formen und Ausgestaltungen von Wissenskommunikation anhand der Dimensionen
Planbarkeit, Zeit und gewähltes Medium unterscheiden lassen. Gerade in komplexen Produktions- und Entwicklungsprozessen erscheint synchrone face-to-face-
Kommunikation als besonders wichtig, ebenso notwendig ist aber asynchrone Kommunikation in Form von Dokumenten und Berichten, um beiden Wissensdimen-
sionen, dem idiosynkratischen wie auch objektivierten Wissen, gerecht werden zu
können und den Diskurs unter den Mitarbeitern anzuregen.

2.1.4 Rolle der Wissenskommunikation in Ansätzen des Wissensmanagements

Die besondere Rolle der Wissenskommunikation wird speziell in integrativen Modellen des Wissensmanagements (vgl. Abschnitt 2.1.2.2) deutlich, wenn man diese
detailliert betrachtet. Einen Überblick zu den Modellen des Wissensmanagements
gibt Heisig (2005), im Folgenden werden die Wissensspirale von Nonaka und Takeuchi (1997) und das Münchener Wissensmanagement-Modell von Reinmann-
Rothmeier und Mandl (1999) verwendet. Diese Ansätze gehen zum Einen sowohl
auf die Handlungsebene des Individuums und der Organisation ein, zweitens sind
sie in Praxis und Forschung weit verbreitet. Nur die Beachtung allen Wissens in
einer Organisation kann ein durch die ganze Organisation reichendes Wissensmanagement möglich und erfolgreich machen (Körbs, 1990; Lehner, 2012), weshalb
Modelle, die dies nicht leisten und nur Teilaspekte wie beispielsweise den technischen Bereich betrachten, in dieser Arbeit unberücksichtigt bleiben. Wie im Folgenden herausgestellt werden wird, ist den hier dargestellten Ansätzen gemein,
dass Wissenskommunikation ein Kernelement des Wissensmanagements ist.

2.1.4.1 Rolle der Wissenskommunikation im Ansatz von Nonaka & Takeuchi

Im Modell von Nonaka und Takeuchi (1997) ist der Austausch und die Kommunikation von Wissen ein zentraler Baustein. Nonaka und Takeuchi beschreiben
mit einer Wissensspirale, wie Wissen zwischen den Zuständen implizit und explizit und den Ebenen "Indivuum" und "Organisation" fluktuieren kann. Dabei
durchläuft das Wissen die Phasen der *Externalisierung*, der*Kombination, Inter-
nalisierung* und *Sozialisierung*. Während die Externalisierung und Kombination
expliziten Wissens durch technische Lösungen wie Netzwerke und Datenbanken
unterstützt werden können, ist beim impliziten Austausch über Sozialisation eine
direkte Kommunikation, auch mit Hilfsmitteln wie Visualisierung notwendig (Nonaka & Takeuchi, 1997). Ontologisch reichert sich das Wissen auf der Stufe des

Mitarbeiters über die Gruppe zur Gesamtorganisation immer weiter an (Nonaka & Takeuchi, 1997). Der Mitarbeiter verarbeitet das Wissen, kommuniziert und dokumentiert es, durch diese Interaktion können andere Mitarbeiter darauf zugreifen, verarbeiten und kombinieren es weiterhin und verbreiten dieses Wissen ihrerseits (Nonaka & Takeuchi, 1997). Durch die zeitliche Verschränkung der beiden Spiralen wird im Unternehmen Wissen geschaffen und verbreitet, das Gesamtunternehmen lernt (Nonaka & Takeuchi, 1997).

Nonaka et al. (2001) betten das SECI-Modell in einer Erweiterung in das Konzept des *"Ba"* ein, wobei *Ba* grob übersetzt "Raum" (Nonaka et al., 2001, S. 498) bedeutet. Es ermöglicht als Kontext Wissensschaffung und Innovation (Nonaka, Toyama & Hirata, 2008), und ist nicht nur physisch als Raum, sondern auch virtuell (beispielsweise als E-Mail oder Telefongespräch) oder mental (als geteilte Erfahrungen) möglich.

Kernbestandteil des *Ba* ist Interaktion, da Wissen nach Auffassung von Nonaka et al. (2001) neben der Existenz in den Personen nur über Interaktion austauschbar ist. Basierend auf der Spirale des SECI-Modells und den vier Kategorien wird jeweils ein Teil des *Ba* zugeordnet.

Kritische Würdigung Im Folgenden wird der Ansatz von Nonaka (1994) aus Sicht dieser Arbeit gewürdigt. Nonaka (1994) haben mit ihrem Ansatz die Wissensmanagementforschung fraglos bereichert (Heisig, 2005), sie lenkten die Wissensmanagement-Diskussion in Richtung eines konstruktivistischen Wissensbegriffs. Zudem integrierten sie in ihr Modell die Begriffe des expliziten und impliziten Wissens und den sozialen Austausch von Wissen auf den Ebenen des Individuums, der Gruppe und der Organisation (Aulinger, Fischer & Pfriem, 2001; Schreyögg & Geiger, 2003), analog zu den Handlungsebenen der Organisation nach von Rosenstiel (2007) (vgl. Abschnitt 2.2.1.1). Dadurch wurden eine Verknüpfung und Bereicherung der pädagogischen, psychologischen und soziologischen Konzepte ermöglicht (Schreyögg & Geiger, 2003).

Die Konzepte der Wissensspirale und des Ba können gut für eine sparsame Erklärung der Kommunikation von Wissen in Organisationen herangezogen werden, da die Handlungsebenen "Individuum" und "Gruppe" ebenso integriert sind wie der Kreislauf des Wissens zwischen mündlichem Austausch, Neueinordnung im Kontext, Anwendung und Kodifizierung, aber die Annahmen im Modell selbst sparsam bleiben. Genau diese Betonung des Austauschs, der Weitergabe und des Interpretierens von Wissen hat speziell für die Wissenskommunikation einen wesentlichen Beitrag geleistet, da der Blickpunkt auf die implizite Natur des Wissens gelenkt wurde. Allerdings bleibt der genaue Prozess der Wissenskommunikation in den Modellen eher unspezifisch. Unter einem theoretischen Standpunkt ist die

Verwendung der Begriffe "implizites" und "explizites" Wissen nicht eindeutig, was auch Auswirkungen auf den eigentlichen Prozess der Wissenskommunikation hat (Schreyögg & Geiger, 2003).

2.1.4.2 Rolle der Wissenskommunikation im Münchener Modell des Wissensmanagements

Wie das Genfer Modell (Probst et al., 2010) will das Münchener Modell des Wissensmanagements theoretischen und praktischen Nutzen verbinden, und stützt sich dabei auf langjährige Arbeiten zum individuellen und sozialen Lernen (Reinmann-Rothmeier & Mandl, 1999; Reinmann-Rothmeier et al., 2001). Es baut dabei auf dem Genfer Modell auf, und erweitert es um die Einordnung von Mensch, Technik und Organisation. Ausgehend vom individuellen Lernzyklus - der Mensch als "Ort des Wandels" (Senge, Kleiner, Smith, Roberts & Ross, 2008), der durch seine Lernfähigkeit überhaupt ein Lernen der Organisation möglich macht -, über den organisationalen Lernzyklus, "Ort des Handelns" (Senge et al., 2008), wo die Bedingungen für das Anwenden geschaffen werden -, stellt Reinmann-Rothmeier et al. (2001) Informations- und Handlungswissen dazu in Beziehung, und entwickelt um diese Begriffe herum das Münchener Modell.

Im Münchener Modell wird Wissen situationsabhängig in einem Kontinuum zwischen Informationswissen (oder objektiviertem Wissen bei Seiler & Reinmann, 2004) und Handlungswissen (oder idiosynkratischen Wissen bei Seiler & Reinmann, 2004) aufgefasst (Reinmann-Rothmeier et al., 2001). Informationswissen ist hier eher als explizites Wissen zu verstehen, während Handlungswissen implizites Wissen darstellt, allerdings mit starkem Bezug zur Handlung (Reinmann-Rothmeier et al., 2001).

Wissen wird im Münchener Modell über *vier Prozessbereiche* erfasst, die sowohl individuelle als auch organisationale Vorgänge einschliessen und psychologische Prozesse beachten (Reinmann-Rothmeier et al., 2001). Die Prozessbereiche des Modells bündeln einerseits wichtige Prozesse des Wissens, andererseits zeigen sie Möglichkeiten der Bewegung des Wissens auf (Reinmann-Rothmeier et al., 2001). Dabei sind alle Prozessbereiche für die in Abschnitt 2.1.3 genannte Definition von Wissenskommunikation (nach Eppler & Reinhardt, 2004) relevant, da zur erfolgreichen Kommunikation Wissen über das Vorhandensein und den Ort des Wissens (Wissensrepräsentation), eine Möglichkeit des Austauschs des Wissens (Wissenskommunikation), das Anpassen des Wissens auf das eigene Problem und Gewinnen von Erkenntnissen (Wissensgenerierung) und die tatsächliche Handlung (Wissensnutzung) notwendig sind.

Globale Zielrichtung des Wissensmanagements ist die Förderung des bewuss-

ten Umgang mit Wissen und der bewusste, steuernde Eingriff in die Wissensprozesse (Reinmann-Rothmeier, 2001), wobei konkrete Ziele aus den spezifischen
Problemstellungen abzuleiten sind. Grundvoraussetzung im Modell ist dabei die
Transparenz über die Verteilung des Wissens und die Wissenskommunikation als
Voraussetzung für die Wissensgenerierung und Wissensnutzung. Sowohl die Fest-
legung von Zielen als auch die Kontrolle der Erreichung dieser Ziele ("Evaluation") ist essentiell, um ein Abgleiten von Wissensmanagement zum Selbstzweck
zu verhindern (Reinmann-Rothmeier & Mandl, 1999; Reinmann-Rothmeier et al.,
2001). Abbildung 2.2 zeigt das Münchener Modell in der Übersicht.

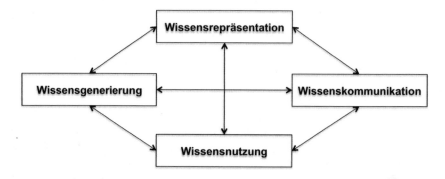

Abbildung 2.2: Prozessbereiche des Münchener Modells des Wissensmanagements, in Anlehnung an Reinmann-Rothmeier et al. (2001, S. 27)

Wissensrepräsentation umfasst alle Prozesse der Kodifizierung, Dokumentation
und Speicherung von Wissen, sie soll Wissen greifbarer und "transportierbar" machen und für Wissenstransparenz und eine Optimierung des Wissenszugriffs sorgen (Reinmann-Rothmeier et al., 2001). Die Wissensrepräsentation kann auf organisationaler und individueller Ebene betrachtet werden. Wissen in der objektivierten Form ist in IT- und Anwendungssystemen als Datum oder Information auf
organisationaler Ebene gespeichert. Auf individueller Ebene ist das Metawissen
über die eigene Wissensbasis und Möglichkeiten der Kommunizierbarkeit dieses
impliziten Wissens anzuordnen (Reinmann-Rothmeier et al., 2001). Wissensrepräsentation ist somit eine wesentliche Voraussetzung für die Wissenskommunikation, da sie die Grundlage für Kommunikation, die Kentnis über den "richtigen"
Ansprechpartner und den Rahmen (Metawissen) für die Kommunikation vorgibt.
    Wissenskommunikation umschreibt alle technischen wie nichttechnischen Ver-
suche, Wissen zu teilen und auszutauschen (Reinmann-Rothmeier et al., 2001).

Dabei sind über die technischen Mittel eher objektivierte Wissensinhalte, über den direkten Kontakt eher idiosynkratische Wissensinhalte zu vermitteln, je intensiver diese Interaktionen in Richtung der Wissensnutzung und Handlung gehen, desto intensiver werden die Interaktionen zwischen Mensch und Organisation (Reinmann-Rothmeier et al., 2001). Wichtig ist hierbei, dass die Wissenskommunikation keinen Selbstzweck darstellt, sondern betrieben wird, um die Nutzung des kommunizierten Wissens zu ermöglichen.

Wissensgenerierung beschreibt die Verarbeitung von Information zu Handlungswissen und die Kombination von vorhandenem Wissen zu neuem Wissen (Reinmann-Rothmeier et al., 2001). Wissensgenerierung sorgt somit dafür, dass Innovationen entstehen können, und der Status Quo im Unternehmen verändert wird und ist direkte Folge einer somit erfolgreichen Wissenskommunikation(Reinmann-Rothmeier et al., 2001).

Wissensnutzung bezeichnet alle Versuche, Wissen in Handeln umzusetzen, es also *anwendbar* in Entscheidungen und Methoden zu machen, und die aus der damit erfolgreichen Wissenskommunikation und Wissensgenerierung neu gewonnenen Erkenntnisse anzuwenden (Reinmann-Rothmeier et al., 2001). Korrektes Handeln, also die korrekte, situationsspezifische Nutzung des Wissens, ist Grundlage für das Überleben jeder Organisation (Reinmann-Rothmeier, 2001), und somit auch ein Erfolgsindikator für "erfolgreiche" Wissenskommunikation.

Das Zusammenwirken aus kollektivem Wissen, das expliziert und in IT-Systemen gespeichert werden kann, und Erfahrungswissen, das zu komplex für eine schriftliche Fixierung ist, wurde bereits beschrieben (Abschnitt 2.1.3.2). Im Münchener Modell entspricht dies die Prozessdimensionen der Wissensrepräsentation und Wissenskommunikation. In schriftlicher Form sind demnach sowohl die in Systemen niedergelegten (Sach-)Informationen und somit expliziertes Wissen, als auch Informationen über Ansprechpartner, die bei einem Problem hilfreich sein könnten (beispielsweise über die Instrumente der Wissensträgerkarten und Wissensbestandskarten (Kilian, Krismer, Loreck & Sagmeister, 2007)), gespeichert. Das explizite Wissen über hilfreiche Ansprechpartner ermöglicht Mitgliedern der Organisation den Zugriff zu komplexen, impliziten Wissensbeständen, da erst durch sie die Möglichkeit Experten für das eigene Problem zu identifizieren, besteht. Somit liegt dieses Wissen auf einem Schnittpunkt zwischen Wissensrepräsentation und Wissenskommunikation. Es kann im folgenden Arbeitsprozess zu einer Wissensgenerierung und dem letztendlichen Ziel der Organisation, der Wissensanwendung bzw. Wissensnutzung, kommen.

Kritische Würdigung Im Blickwinkel der Fragestellung dieser Arbeit sind folgende Punkte des Münchener Modells zu würdigen: Das Münchener Modell integriert die psychologischen Phänomene des Wissensverarbeitungsprozesses, und stellt es in Zusammenhang mit Theoriegebilden aus Personallehre (Kompetenzmanagement), Organisationstheorie (Organisationales Lernen) und Informationstechnik (Informationsmanagement) (Reinmann-Rothmeier, 2001).

Es stellt deutlich dar, dass ohne Austausch von Wissen kein neues Wissen erschaffen und genutzt werden kann, ohne eine Transparenz über bereits vorhandenes Wissen und seine Träger aber schon dieser Austausch nicht stattfinden kann. Es ordnet somit die Wissenskommunikation in seinen Voraussetzungen und Auswirkungen in den Regelkreis des Wissensmanagements ein.

Für eine konkrete Anwendung im Unternehmenskontext ist das Modell allerdings, trotz des Mehrwerts gegenüber dem Genfer Modell, zu unspezifisch, die Prozessbereiche sind - gewollt - nicht trennscharf voneinander definiert, wodurch eine empirische Überprüfung des Gesamtmodells stark erschwert ist (Mühlethaler, 2005; North, 2011).

2.1.5 Wissenskommunikation und Wissensnutzung

Wissenskommunikation ist als der wesentliche Erfolgsfaktor für einen erfolgreichen Produktentwicklungsprozess identifiziert (vgl. Abschnitt 3.1.2.4 und Marshall & Sapsed, 2000, Osterloh & Frost, 2006, Szulanski, 2000). Diese kann in formelle, informelle, synchrone und asynchrone Kommunikation unterschieden werden (vgl. Abschnitt 2.1.1.1). Auch wenn die dabei zugrunde liegende Annahme, dass sich Wissenskommunikation positiv auf die Produktentwicklungsprozesse auswirkt, einleuchtend erscheint, soll im Folgenden eine differenzierte Betrachtung dieser theoretischen Annahme unter zwei Perspektiven erfolgen: Zum Einen soll zunächst genauer expliziert werden, worin der Nutzen der Wissenskommunikation eigentlich besteht, also auf die Wissensnutzung fokussiert werden, und zum Anderen soll das Konstrukt der *"Qualität der Kommunikation"* betrachtet werden, um der Frage nachgehen zu können, wie Wissenskommunikation angemessen gestaltet werden kann, um den angestrebten Nutzen zu erreichen.

2.1.5.1 Qualität der Kommunikation

Der Kommunikationsprozess selbst kann sich je nach Situation, Beteiligten und Rahmenbedingungen unterscheiden, eine Messung der Qualität der Kommunikation ist deshalb schwer umzusetzen, es wären eine Vielzahl von Situationen und Inhalten zu erfassen und zu bewerten. Zudem ist der individuelle Interpretationsspielraum einer "objektiven" Situation groß, da Informationen vom Empfänger der Information konstruiert werden (Bromme, Hesse & Spada, 2005, vgl. dazu auch

Abschnitt 2.2 zum Konstruktivismus). Die Einschätzung in spezifischen Situationen erfolgt durch die Mitarbeiter "automatisch", je nach Situation gleichen sie die Erwartungen an den Kommunikationsprozess mit den tatsächlich eintretenden Ereignissen ab und bilden sich ein Urteil darüber. Sie schätzen folglich die *Qualität der Kommunikation* ein.

Qualität ist ein kontrovers diskutierter und facettenreicher Begriff, der als Beschaffenheit, Eigenschaft oder Güte interpretiert werden kann (Hofmann, 2013). Die Beschaffenheit einer Leistung kann, wie Hofmann (2013) ausführt, auf verschiedene Arten beurteilt werden, die Qualität beurteilt dabei die Eignung zur Erfüllung von Anforderungen. Somit ist Qualität keine objektive Größe, sondern immer in Bezug zu setzen zu einer Vergleichsgröße, die die vollständige Erfüllung der Anforderung darstellt. Vor allem im Marketing wird dabei zwischen dem produktorientierten und dem kundenorientierten Ansatz unterschieden, wobei der produktorientierte Ansatz objektive Meßkriterien zu Grunde legt, während der kundenorientierte Ansatz die Erfüllung der Erwartungen an die Leistungserfüllung als subjektives Kriterium als Maßstab nimmt (Hofmann, 2013). Dementsprechend wird die *Qualität der Kommunikation* im Folgenden in die *empfundene Angemessenheit* der Kommunikation auf Ebene der formell synchronen, formell asynchronen und informellen Kommunikation und den *empfundenen Nutzen der Kommunikation* unterteilt.

Angemessenheit der Kommunikation Individuen wählen beispielsweise für komplexe Problemstellungen bevorzugt einen persönlichen Kommunikationsweg (Allen, 1986; Allen & Henn, 2007; Su, 2012), unter Anderem auch da neben der Komplexität der mitgeteilten Informationen oft auch die Argumentation unterstützende Skizzen und ein direktes Feedback des Gesprächspartners für gegenseitiges Verständnis notwendig sind (Allen & Henn, 2007).

Zusätzlich ist in direkter Kommunikation vom Sender der Nachricht direkt erfahrbar, ob der oder die Zuhörer seinen Gedanken noch folgen (können), was in anderen Kommunikationsformen fehlt (Allen & Henn, 2007). Kommunikation komplexer Sachverhalte im face-to-face-Kontakt ist nach Ergebnissen einer Studie von Allen und Henn (2007) sowohl in räumlicher Nähe (auf einem Stockwerk, in einem Gebäude) als auch weiter entfernt (an einem Standort, zwischen Standorten) deutlich öfter das Mittel der Wahl als bei niedrig komplexen Problemen, bei denen öfter das Telefon genutzt wird. Abbildung 2.3 zeigt in diesem Zusammenhang die Ergebnisse einer Studie zu der Wahl zwischen einem telefonischen oder einem persönlichen Gespräch in Abhängigkeit der Komplexität des Gesprächsthemas.

Wie dargestellt, wird bei komplexen Problemen stets das persönliche Gespräch gesucht, nur schwach beeinflusst durch die Entfernung zum Arbeitsplatz des Gesprächspartners (Allen & Henn, 2007). Fehlt diese Möglichkeit aufgrund einer größeren räumlichen Entfernung (vgl. Abschnitt 2.3.1.4), so greifen die Mitarbeiter auf mediale Hilfsmittel zur Kommunikation zurück, ob das nun bei synchroner Kommunikation ein Telefon oder eine Video-Konferenz sind, oder bei asynchroner Kommunikation Briefe, E-Mails, oder Foreneinträge in Newsgroups.

Folglich ist es notwendig, die Angemessenheit der Kommunikation auf allen drei Ebenen der formell synchronen, formell asynchronen und informellen Kommunikation zu analysieren, da ansonten keine detaillierte Aussage möglich ist, welcher der drei Kommunikationswege beim Austausch und der Anwendung des Wissens wie beteiligt war.

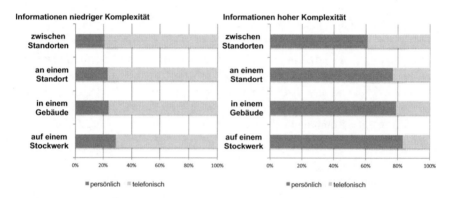

Abbildung 2.3: Kommunikationsmedien in Abhängigkeit des Komplexitätsgrades von Informationen, in Anlehnung an Allen und Henn (2007, S. 61)

Das Individuum schätzt also für jede der drei Ebenen des Kommunikationsprozesses die Angemessenheit der Kommunikation ein. Diese Unterteilung ermöglicht es Erstens, die drei unterschiedlichen Kommunikationsstile und -situationen in ihrer Beurteilung zu unterscheiden, der Anteil der formellen synchronen, formellen asynchronen und informellen Kommunikation kann je nach Situation und Problemstellung variieren (vgl. dazu die Argumentation über die Wichtigkeit informeller Kommunikation bei komplexen Arbeitsaufgaben bei Allen & Henn, 2007 und Fischer & Ostwald, 2005). Die Aufteilung ermöglicht zudem, die Wichtigkeit der drei Kommunikationsebenen für den gesamten empfundenen Nutzen des Kommunikationsprozesses zu analysieren.

Zweitens sind sich, wie in Abschnitt 3.2.1.3 noch vorgestellt wird, die Autoren diverser Studien nicht einig, ob die Zunahme der Kommunikationshäufigkeit in der Matrixorganisation zu einer Zunahme der formellen Kommunikation und Abnahme der nicht mehr notwendigen informellen Kommunikation als "Notlösung" führt (bspw. Joyce, 1986), oder ob die Möglichkeit der lateralen Kommunikation zu einem erhöhten Anteil der informellen Kommunikation zu Lasten der formellen Kommunikation führt (bspw. Allen & Henn, 2007).

Empfundener Nutzen der Kommunikation   Die Zufriedenheit mit den drei genannten Teilbereichen der Wissenskommunikation entscheidet in Summe über die Einschätzung des *empfundenen Nutzens* der Wissenskommunikation. Wenn die formelle synchrone und asynchrone Kommunikation nicht erfolgen, bleiben notwendige Informationen, die den Entwicklungsprozeß steuern sollen, unkommuniziert, was auf Dauer negativ wirkt. Ebenso müssten eine niedrige Einschätzung der Angemessenheit der informellen Kommunikation negative Auswirkungen bei der empfundene Nutzen der Kommunikation zeigen, da Entwicklungsprojekte durch einen hohen Anteil an nicht repetativen, projektspezifischen Wissen geprägt sind (Bullinger, 2004).

2.1.5.2 Wissensnutzung

Das Ziel der Organisation, die erfolgreiche Beendigung des Arbeitsprozesses, ist von einer erfolgreichen Kommunikation abhängig (vgl. Marshall & Sapsed, 2000, Osterloh & Frost, 2006, Szulanski, 2000). Zentral ist dabei allerdings, dass das kommunizierte Wissen auch umgesetzt und angewendet werden muß - erst Prozesse der Wissensnutzung können Wissen in einen nutzbaren - handelnden - Zustand bringen (Reinmann-Rothmeier, 2001). Der pragmatische Zweck jeder Handlung im Wissensprozess ist die Wissensnutzung, die Anwendung des Gelernten auf einen konkreten Problemzusammenhang (Schnurer & Mandl, 2004). Findet die Kommunikation erfolgreich statt, werden Wissen und Erfahrungen sowohl in den Fachbereichen - also über die Projektgrenzen hinweg - als auch im Programm - über Abteilungsgrenzen hinweg - erfolgreich geteilt.

2.2 Wissenskommunikation und -integration als organisationale Aufgabe

Organisationen bestehen, wie in den folgenden Abschnitten detaillierter ausgeführt wird, aus Sicht der Organisationstheorie um ein gemeinsames Ziel verfolgen

zu können und die Leistungen der Mitglieder der Organisation zu koordinieren
(vgl. Kieser & Walgenbach, 2010; Vahs, 2009). Diese Koordination und Interaktion der Organisationsmitglieder untereinander beinhaltet immer Kommunikation
(vgl. von Rosenstiel, 2007). Für funktionierende Kommunikationsprozesse ist also insbesondere auch eine passende organisationsstrukturelle Umgebung notwendig (vgl. von Rosenstiel, 2007). Im Folgenden werden unter besonderer Beachtung der Kommunikation Sichtweisen auf die Organisation vorgestellt (Abschnitt
2.2.1) und das Prinzip der Aufteilung und Integration der Aufgaben und somit
der Kommunikation unter den einzelnen Produktentstehungsprozessen dargestellt
(Abschnitt 2.2.2 und 2.2.3).

2.2.1 Merkmale einer Organisation

Warum nun überhaupt Organisationen existieren, was Organisationen kennzeichnet, und weshalb und wie diese Einfluß auf die Wissenskommunikation haben,
wird in diesem Abschnitt vorgestellt. Organisationen sind Bestandteil unseres Le-
bens, im Privaten wie im Beruflichen. Heute sind wir von sozialen und gemeinnüt-
zigen Organisationen, Wirtschaftsorganisationen, staatlichen und nichtsstaatlichen
Organisationen umgeben, jeder hat ein intuitives Verständnis, was diese Institutionen ausmacht (Walgenbach, 2004).

Nicht erst seit Max Weber und seinen Überlegungen zur Bürokratietheorie (Weber, 2002) beschäftigt sich der Mensch mit dem Sinn und Funktionieren von Organisationen, warum sie existieren und wie sie möglichst effizient ihren spezifischen
Zielen dienen können. Etymologisch ist der Begriff *"Organisation"* vom Verb
"Organisieren" abgeleitet, dem planmäßigen Ordnen, Gestalten, Einrichten und
Aufbauen (Duden, 2007). Der Hauptgrund des Existierens von Organisationen ist
die zielgerichtete Koordination ihrer Mitglieder und der ihnen zugewiesenen Aufgaben (Scherer, 2001; Walgenbach, 2004), erst durch den Vorgang des Organisie-
rens, durch Arbeitsteilung und Abstimmung der einzelnen Arbeitsschritte, werden
komplexe Problemstellungen bearbeitbar (Vahs, 2009).

2.2.1.1 Instrumentelle und institutionelle Sicht

Es haben sich in der theoretischen Betrachtung des Begriffs zwei *(instrumentelle* und *institutionelle*, Schreyögg, 2008) beziehungsweise drei (mit der zentralen
Perspektive nach von Rosenstiel, 2007) Schwerpunkte in der Untersuchung von
Organisationen und ihren Zweck herausgebildet. Bereits mit der Art der Benut-
zung des Begriffs "Organisation" und der verwendeten Definition zeigt sich in
wissenschaftlichen Beiträgen, welcher dieser Paradigmen der Autor folgt, und auf

welchen Teilaspekt des Begriffs er sich konzentriert (von Rosenstiel, 2007).

Instrumentelle Sicht   Die "instrumentelle Sicht" fokussiert auf das *"Organisiert sein"* und betont die Koordinations- und Steuerungsmechanismen einer Organisation (Kluge & Schilling, 2004). Sie stellt ein Werkzeug zur effizienten Führung dar (Vahs, 2009), die Definition von Schein (1988, S. 15) ist hierfür beispielhaft: Eine Organisation ist *"planned coordination of the activities of a number of people for the achievement of some common, explicit purpose or goal, through division of labor and function, and through a hierarchy of authority and responsibility"*. Diese Sicht ist für die klassische Betriebswirtschaft Standard, das Individuum ist in diesem Ansatz nur als Objekt der Einschränkungen durch Regeln und Verbote existent (Vahs, 2009), ein Symbolbild für das Funktionieren der Organisation ist beispielsweise das "Scientific Management" von Taylor (1947) und der klassische Managementansatz von Fayol (1959).

Institutionelle Sicht   Das *"Organisation sein"*, oder auch institutionelle Sicht (Kluge & Schilling, 2004; von Rosenstiel, 2007), sieht Organisationen als zielgerichtete, soziale Systeme, in denen Individuen mit eigenen Wertvorstellungen und Zielen arbeiten (Vahs, 2009). Beispielhaft kann hier die Definition von Kieser und Walgenbach (2010) verwendet werden: "[Organisationen sind] *soziale Gebilde, die dauerhaft ein Ziel verfolgen und eine formelle Struktur aufweisen, mit deren Hilfe Aktivitäten der Mitglieder auf das verfolgte Ziel ausgerichtet werden sollen"*. Dieser Ansatz fokussiert stärker als der instrumentelle Ansatz auf Individuen als Handlungsträger, sie werden durch die Organisation und ihre Regeln und Kultur auch reglementiert, haben aber weiterhin Partikularinteressen, und müssen sich in diesem sozialen System orientieren und anpassen.

Beiden Ansätzen ist trotz dieser differierenden Sicht über den Organisationszweck und die Rolle der Individuen - "fremdbestimmt" versus "selbstbestimmt" - gemein, dass Organisationen als

- dauerhaft angelegt
- aus mehreren Organisationsmitgliedern bestehend
- und als zielverfolgend

angesehen werden (Kieser & Walgenbach, 2010; Vahs, 2009; Walgenbach, 2004). Von Rosenstiel (2007, S. 6) erweitert diese Liste der Bestimmungspunkte noch, für ihn ist eine Organisation ein System, das

- gegenüber der Umwelt offen ist

- zeitlich überdauernd existiert
- spezifische Ziele verfolgt
- ein soziales Gebilde ist, also aus Individuen oder Gruppen besteht
- eine Struktur aufweist, meist durch Arbeitsteilung und Hierarchie von Verantwortung gekennzeichnet

Gemeinsam ist beiden Definitionen, dass eine Organisation als ein dauerhafter Zusammenschluß von Individuen, die ein Ziel gemeinsam verfolgen, gesehen wird.

Zentrale Perspektive   Von Rosenstiel verweist auf das Spannungsfeld, das bei der Interaktion zwischen Individuum und Organisation entsteht: Einerseits ist die Organisation nach dem Prinzip der Zweckrationalität aufgebaut, der Einzelne hat sich somit unterzuordnen und individuelle Ziele, die nicht den Organisationszielen entsprechen, werden frustriert (Argyris, 1975; von Rosenstiel, 2007). Andererseits ist eine berufliche Tätigkeit eine Möglichkeit der Selbstverwirklichung und sozialen Integration (von Rosenstiel, 2007). Basierend auf diesen Gedanken nennt von Rosenstiel (2007, S. 14) mehrere Teilaspekte, die in einer Organisation zueinander in Beziehung treten:

- Aufgabe (Arbeitsprozess)
- Individuum
- Gruppe
- Organisation

Die Begriffe dürfen aber *"keinesfalls als voneinander unabhängige Aspekte betrachtet werden"* (von Rosenstiel, 2007, S. 15). Nach von Rosenstiel (2007) lässt sich das Zusammenspiel aus Aufgabe, Individuum, Gruppe und Organisation folgendermaßen beschreiben: Durch die Komplexität der Aufgabenstellung einer Organisation ist ein Bedarf nach Arbeitsteilung bedingt, wodurch sich Aufgaben ergeben, die auf Individuen verteilt werden. Da Aufgaben meist immer noch quantitativ oder qualitativ nicht von einer Person erledigt werden können, werden Arbeitsgruppen gebildet, die arbeitsteilig tätig sind.

Aus einer koordinierten Zusammenarbeit der Arbeitsgruppen soll das übergeordnete Ziel der Organisation erreicht werden, wofür eine Aufbau- und Ablauforganisation notwendig sind. Da jede Interaktion Kommunikation beinhaltet, ist diese und ihre Beachtung von wesentlicher Bedeutung für Aufbau- und Ablauforganisation.

Abbildung 2.4 stellt diese Teilaspekte im Zusammenhang dar. Von Rosenstiel (2007) betont, dass dies nicht die einzige Kategorisierungsmöglichkeit ist, aber trotzdem dem besseren Verständnis dienen kann - nach dieser Darstellung gäbe es sonst nur "Dienst nach Vorschrift", Konzepte wie *Extra-Role-Behaviour* (Organ, 1990) beziehungsweise *Organizational Citizenship Behaviour* (Organ, 1988, 1990) und entsprechende Untersuchungen (beispielsweise Podsakoff & MacKenzie, 1994; Podsakoff, Ahearne & MacKenzie, 1997; Smith, Organ & Near, 1983) bestätigen Rosenstiel in dieser Einschätzung. In Anlehnung an Osterloh und Frost (2006) wird in dieser Arbeit der Begriff Aufgabe durch Arbeitsprozess ausgetauscht, da dieser den Ablauf der Transformation von Informationen und Operationen besser darstellt als der geschlossene Begriff Aufgabe. Die Organisation wird, in Anlehnung an Davis und Lawrence (1977), in Organisationsstruktur und Organisationskultur aufgetrennt (ausführlicher hierzu Abschnitt 3.1.3).

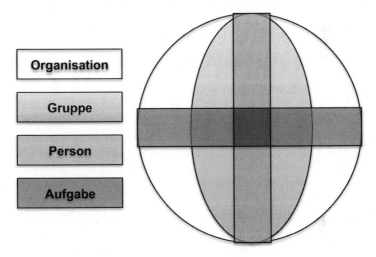

Abbildung 2.4: Aufgabe, Individuum, Gruppe, Organisation, nach von Rosenstiel (2007, S. 15)

Die Organisationsstruktur soll dabei, wie schon dargestellt, das Handeln und Verhalten der Organisationsmitglieder auf die Ziele der Organisation dauerhaft ausrichten (Walgenbach, 2004), die formelle Struktur ist dabei *"die Gesamtheit aller formeller Regeln einer Organisation zur Arbeitsteilung und Koordination"* (Walgenbach, 2004, S. 614). Da jede Interaktion der Organisationsmitglieder Kommunikation beinhaltet (von Rosenstiel, 2007), geht es hier auch um die Strukturierung der Kommunikation durch die Organisationsstruktur - diese determiniert die *formellen Kommunikationswege*.

Eine Organisation besteht allerdings nicht isoliert von Umwelteinflüssen, die Umwelt übt diverse Einflüsse aus, was die Organisationsführung durch strategische Weichenstellungen zu beantworten sucht, sie setzt, wie oben angesprochen, Ziele. Die Umwelt determiniert damit die Strategie einer (erfolgreichen) Organisation und somit die Struktur der Organisation (vgl. dazu Chandler (1962) *"structure follows strategy"* und darauf aufbauend den Umwelt-Strategie-Struktur-Ansatz von Ansoff (1987)).

Unternehmen bilden also eine Organisation, um die Ausgangsfrage jeder Organisation, wer und wie die anstehenden Aufgaben erledigt, in Regeln festzuschreiben (Benser, 2010; Schreyögg, 2008) und somit in diesen Regeln die Aufteilung der Aufgaben (*Differenzierung*) und die Zusammenführung (*Integration*) der Teilleistungsprozesse festzulegen (Schreyögg, 2008). Mit dieser Differenzierung und Integration der Arbeitsprozesse beschäftigen sich erstmal in der betriebswirtschaftlichen Literatur Kosiol (1962) und Nordsieck (1962, zuerst 1932) unter den Begriffen Aufbau- und Ablauforganisation, auf die im nächsten Abschnitt näher eingegangen wird.

2.2.1.2 Aufgaben- und Kommunikationsstrukturierung

Aufbau- und Ablauforganisation   Gleichgültig, welche Organisationsform ein Unternehmen wählt - die Frage, wie die Organisationsstrukturen gewährleisten, dass relevante Probleme wahrgenommen und daraus folgend strategisch denkend Handlungsalternativen entwickelt werden - ist zentral (Osterloh & Frost, 2006).

Die hierarchische Strukturierung und Rahmengebung für alle Arbeitsprozesse definiert die *Aufbauorganisation*, die die Aufgabe unterteilt (Aufgabenanalyse) und Mitarbeiter und Arbeitsmittel den Teilaufgaben zuweist (Aufgabensynthese) (Osterloh & Frost, 2006; Schreyögg, 2008).

Die Aufteilung der Aufgaben in der *Aufgabenanalyse* auf einzelne Bearbeitungsschritte kann in die Phasen (Kosiol, 1962)

- der Verrichtungsanalyse, die die Frage, was getan werden soll, beschreibt,
- der Objektanalyse, die die Frage, woran etwas getan werden soll, beschreibt,
- die Ranganalyse, die regelt, wer wann etwas zu tun hat,
- die Phasenanalyse, die den Zeitpunkt des Tuns bestimmt, und
- die Zweckanalyse, die die Zusammenhang der Aufgabe zur Gesamtaufgabe definiert, unterteilt werden .

Die in der Aufgabenanalyse gewonnenen Teilaufgaben werden nun in der *Aufgabensynthese* zu koordinationsfähigen Aufgabenkomplexen gebündelt, und einzelnen Stellen und Organisationseinheiten zur Bearbeitung zugewiesen, je nach Problemstellung wird beispielsweise nach Funktionen (Funktionalorganisation) oder Projekten (Projektorganisation) gebündelt (Osterloh & Frost, 2006; Schreyögg, 2008).

Die *Ablauforganisation* definiert unter Berücksichtigung von Raum, Zeit, Mitteln und Personen die Arbeitsprozesse und kann in die Arbeitsanalyse und Arbeitssynthese unterteilt werden (Kosiol, 1962):

* Die *Arbeitsanalyse* definiert alle zu verteilenden Arbeitsteile auf Stellenebene
* In der *Arbeitssynthese* werden die in der Vorstufe gewonnenen Erkenntnisse nach Funktions- oder Objektmerkmalen zusammengefasst.

Eben jene gedankliche Aufteilung in Aufbau- und Ablauforganisation, die in der Wissenschaft zum besseren Verständnis geschaffen wurde, behindert aber dadurch, dass sie in Wissenschaft wie Praxis nun so verfestigt behandelt wird, die ganzheitliche Sicht auf den Betrieb und seine Prozesse (Osterloh & Frost, 2006), sie behindert die *"Rationalisierung von Struktur und Prozess"* (Luhmann, 1973, S. 66).

Die Prozessorganisation als integrierte Sicht des Produktentstehungsprozesses   Schon Nordsieck (1962, zuerst 1932) stellte einen Betrieb als fortwährenden Prozess und als Leistungskette dar und verglich diesen mit einem Strom. Diese Sicht auf Organisationen übernimmt die Prozessorganisation, die den Schwerpunkt weg von rein funktionaler Organisation und vertikaler, hierarchischer Kommunikation hin zu abteilungsübergreifenden Prozessen, Kommunikation und Verantwortung legt (Osterloh & Frost, 2006).

Im Gegensatz zur klassischen Organisation, die die Aufgaben auf einzelne Abteilungen verteilt und sich ganz auf diese Fragmentierung nach Abteilungen ausrichtet, ist der Prozess selbst das primäre Organisationsmerkmal in der Prozessorganisation (Osterloh & Frost, 2006). Ein Prozess *"beschreibt einen Ablauf, das heißt den Fluss und die Transformation von Material, Informationen, Operationen und Entscheidungen. Geschäftsprozesse sind durch die Bündelung die die strukturierte Reihenfolge von funktionsübergreifenden Aktivitäten mit einem Anfang und einem Ende sowie klar definierten Inputs und Outputs gekennzeichnet"* (Osterloh & Frost, 2006, S. 33).

Für die Prozessorganisation ist somit die Ermöglichung einer reibungslosen Kommunikation ein wesentlicher Erfolgsfaktor, der Austausch von Wissen auch über organisationale Abteilungsgrenzen hinweg bildet einen Schwerpunkt dieses

Ansatzes. Prozesse sind "structure for action"" (Osterloh & Frost, 2006, S. 33) - Prozesse helfen also, die einzelnen Arbeitsschritte zu integrieren und lenken die Aufmerksamkeit weg von Hierarchien auf das Endprodukt. Die Prozessorganisation ändert die Aussage *"process follows structure"* um in *"structure follows process"* (Osterloh & Frost, 2006, S. 33). Als Kernproblem der Organisation und des effizienten Zusammenarbeitens wird die Existenz von *Schnittstellen* gesehen - Spezialisierung bedeutet die Aufteilung einer Gesamtaufgabe in Einzelaufgaben (Differenzierung), bedingt aber auch das Entstehen von Übergabe- und Schnittstellen zwischen allen Teilaufgaben (Osterloh & Frost, 2006). Schnittstellen können im negativen Sinne interpretiert werden als (Osterloh & Frost, 2006, S. 22):

*   *Liegestellen* durch zeitliche Abstimmungsprobleme bei der Übergabe
*   *Irrtumsquellen* durch Informationsverluste bei der Übergabe
*   *Quellen der organisatorischen Unverantwortlichkeit* durch mangelnde Zurechenbarkeit von Fehlern
*   *Wissensbarrieren* durch implizite Wissensbestandteile, die nicht explizit kommuniziert werden können.

Somit sind die Organisationsstrukturen einerseits notwendig für die Organisation, andererseits wirken sie aber auch als Filter für Kommunikation und Austausch (Osterloh & Frost, 2006), das richtige Wissen muss am richtigen Ort des Produktentstehungsprozesses zum richtigen Zeitpunkt zur Verfügung stehen (Rehäuser & Krcmar, 1996). Die Wahrnehmung von Problemen und der Austausch von Wissen, um passende Problemlösungsansätze auszutauschen und zu entwickeln, ist somit von den Organisationsstrukturen zu gewährleisten.

2.2.1.3 Resümee

Die Organisation kann als zweckrationales Gebilde verstanden (Argyris, 1975), aber auch unter instrumenteller und institutioneller Perspektive interpretiert werden (Schreyögg, 2008). Man kann unterschiedliche Perspektiven in der Sicht auf Organisationen einnehmen, und auf die Teilaspekte der Organisation Gruppe, Individuum und Arbeitsprozess fokussieren (von Rosenstiel, 2007).

Betrachtet man dabei insbesondere auch die Prozesse, die in Organisationen für die Aufgabenerledigung notwendig sind, zeigt sich eine grundsätzliche Herausforderung - Wissen und Informationen müssen an Schnittstellen übergeben werden, dadurch drohen Liegestellen und Informationsverluste (Osterloh & Frost, 2006). Organisationen benötigen Wissen zur richtigen Zeit am richtigen Ort, um Probleme lösen und den Produktentstehungsprozess fortsetzen zu können, dies erfordert insbesondere auch den Austausch des Wissens unter den Mitgliedern der Organisation, also Wissenskommunikation (Osterloh & Frost, 2006). Die Kommunikation von Information und Wissen ist also ein kritischer Erfolgsfaktor für Organisationen, sie müssen versuchen, diese Kommunikationsprozesse möglichst effektiv ablaufen zu lassen und das Wissen zu *integrieren*. Dies gilt insbesondere für Tätigkeiten und Prozesse, die als *"wissensintensiv"* (Heisig, 2005, 81) beschrieben werden können, da diese einerseits durch ihre Komplexität fehleranfälliger als Prozesse mit niedriger Wissensintensität sind, andererseits diese Prozesse durch ihre Komplexität auch das hergestellte Produkt in seiner Eigenschaft wesentlich bestimmen.

2.2.2 Integration und Austausch von Wissen in Produktentwicklungsprozessen

Die Zusammenarbeit verschiedener Fachfunktionen kann als ein Kennzeichen für Arbeitsprozesse, die nach Heisig (2005, S. 81) als *wissensintensiv* bezeichnet werden, betrachtet werden. Kennzeichen für wissensintensive Prozesse sind nach Heisig (2005) die Höhe der Anzahl der zu lösenden Probleme, die Halbwertszeit des Wissens, also wie schnell erlangtes Wissen veraltet, die Kreativität des Wissens, die Prägung des Problemlösungsprozesses durch Zufälle, die Anzahl der zu treffenden Entscheidungen, die Anzahl der Verantwortlichkeiten innerhalb des Problemlösungsprozesses und der Kommunikationsbedarf. Je höher die Ausprägung auf den einzelnen Indikatoren ist und je mehr dieser Indikatoren hohe Ausprägungen haben, desto wissensintensiver ist der Arbeitsprozess einzuschätzen (Heisig, 2005).

Kurz zusammengefasst sind Prozesse wissensintensiv, wenn sie variabel und wenig vorhersehbar sind, und zur Bearbeitung verschiedene hochqualitative Experten benötigt werden (Davenport & Jarvenpaa, 1996). Konstruktions- und Entwicklungsprozesse sind somit ein Paradebeispiel für wissensintensive Prozesse (Fong, 2005).

2.2.2.1 Produktentwicklungsprozesse als wissensintensive Problemlöse- und Austauschprozesse

Die Komplexität der Arbeitsumwelt und die Notwendigkeit, dabei Wissen permanent in Problemlöseprozessen zu kommunizieren, wird anhand von Konstruktions- und Entwicklungsprozessen deutlich: Zum Einen wird im Folgenden aufgezeigt, dass Produktentwicklungsprozesse komplexe und wissensintensive Problemlöseprozesse darstellen, die eine Zusammenarbeit verschiedenster Fachexperten erfor-

dern, zum Anderen, dass diese durch zahlreiche Informationsflüsse und -Wege gekennzeichnet sind. Im Konstruktions- und Entwicklungsprozess werden in mehreren Teilschritten die Eigenschaften des Produkts definiert und, daraus abgeleitet, das Gesamtprodukt entwickelt (Engeln, 2006). Die gewünschten Eigenschaften werden in ein Konzept gebracht, daraus folgende technische Probleme analysiert und gelöst und letztendlich in die Produktstruktur überführt (Engeln, 2006).
Hierbei ist eine enge Zusammenarbeit von verschiedenen Fachfunktionen notwendig, um sich über die Eigenschaften und den Projektfortschritt abzustimmen (Pahl,
Beitz, Feldhusen & Grote, 2007).

Aufgabe des Konstrukteurs ist es, für technische Probleme Lösungen zu finden (Pahl et al., 2007), dabei ist die Tätigkeit als schöpferisch-geistig mit einem
Fundament an Grundlagenwissen auf den Gebieten der Mathematik, Physik, Che-
mie, Mechanik, Wärme- und Strömungslehre, Elektrotechnik, Fertigungstechnik,
Werkstoffkunde und Konstruktionslehre anzusehen. Wright (1994, S. 21) definiert
die Aufgaben eines Ingenieurs als *"the profession in which a knowledge of the
mathematical and natural sciences gained by study, experience and practice is applied with judgement to develop ways to utilize, economically, the materials and
forces of nature for the benefit of mankind"*. Der Entwicklungsprozess kann unter pädagogisch-psychologischer Perspektive als Anwendung vorhandenen Wissens auf neue Problemstellungen und somit als *Unsicherheitsreduktion* (Cyert &
March, 1963) verstanden werden.

Im Konstruktions- und Entwicklungsprozess nimmt die Gewinnung von Er-
kenntnissen über Problemstellung und mögliche Lösungswege einen wesentlichen
Anteil an der Aufgabenlösung ein, und kann beispielsweise über Fachliteratur,
Normen, Forschungsergebnisse, Versuche, Berechnungen oder *"Fragen stellen"*
(Pahl et al., 2007, S. 68) geschehen. Die Informationsverarbeitung erfolgt durch
Analyse der Informationen, die Synthese durch Überlegungen und Kombinatio-
nen, skizzieren und Beurteilen von Lösungen, deren Ergebnisse in der Informa-
tionsausgabe durch Zeichnungen, Tabellen, Montage- und Betriebsanweisungen,
Bestellungen oder Arbeitsplänen festgehalten werden (Pahl et al., 2007). Allen
(1984) nennt dabei, basierend auf eigenen Studien, für Ingenieure eine Verteilung
von etwa 1:2 zwischen formeller, veröffentlichter Literatur (Bücher, Journals, generell also objektiviertem Wissen, das expliziert kommuniziert werden kann) und
informeller Literatur (unpublizierte, unternehmensinterne Reports). Die unpubli-
zierten Reports sind somit bei schriftlichen Quellen Grundlage der Arbeit, und
werden oft über direkten Kontakt von Kollegen bezogen (Allen, 1984), wobei informelle Wissenskommunikation idiosynkratischer Wissensbestände sowie objektiviertes Wissen in Form der schriftlichen Quellen erfolgt.

Ein Begriff, der oft mit Produktentwicklung gemeinsam benutzt wird, ist Innovation. Diese kann als Entwicklung, Einführung und Anwendung neuer Ideen, Prozesse, Produkte oder Vorgehensweisen definiert werden (Maier, Streicher, Jonas & Frey, 2007). Ein Beispiel für kreatives und innovatives Vorgehen ist die Tätigkeit in Forschungs- und Entwicklungsabteilungen (Maier et al., 2007). Der Innovationsprozess selbst ist als unsicher und wissensintensiv, und wird in Phasen ähnlich denen des Entwicklungsprozesses beschrieben: Nach der Phase der Problemidentifikation folgen Vorbereitungs- und Generierungsphase, in der Lösungen entworfen werden (Maier et al., 2007). In der Beurteilungsphase werden die Lösungen analysiert und in Bezug auf die gewünschten Attribute beurteilt (Maier et al., 2007)). Sowohl in der Phase der Vorbereitung, der Generierung und der Beurteilung ist es notwendig, Informationen und Wissen unter den Beteiligten zu kommunizieren.

Wichtig ist, dass entgegen der landläufigen Verwendung des Worts nicht nur revolutionäre Neuerungen unter diesen Begriff fallen, sondern auch inkrementelle Verbesserungen, bei der in der Produktentwicklung organisationale Subsysteme integriert teilhaben (Gebert, 2007). Insofern können Erkenntnisse aus der Innovationsforschung (unter Beachtung des Kontextes der Studien) auch vorsichtig auf Prozesse der Produktentwicklung übertragen werden.

Produktentwicklungsprozesse im Spannungsdreieck aus Zeit, Kosten und Qualität Die Entwicklung neuer Produkte ist für Unternehmen überlebensnotwendig. Der Zweck der Produktentwicklung ist es, sowohl die Wertvorstellung der Kunden als auch die Wertvorstellung der Unternehmen in ihrem Entwurf zu berücksichtigen (Engeln, 2006). Generell stehen Entwicklungsprozesse (synonym wird hier auch der Begriff *"Produktentwicklungsprozess"* verwendet) unter dem Einfluss der drei Einflußfaktoren *Zeit, Kosten und Qualität* (Engeln, 2006, S. 30). Speziell im Entwicklungsbereich (synonym wird in dieser Arbeit auch der Begriff *Engineering* verwendet) von Organisationen ist das Spannungsdreieck (siehe Abbildung 2.5) aus diesen Faktoren prägend (Luister & Ehrmann, 2007).

Durch die hohe Unsicherheit im Entwicklungsprozess und die Vielzahl möglicher Lösungswege, verbunden mit der Vielzahl an eingebundenen Funktionen, sind die Organisationen darauf angewiesen, das Wissen ihrer Mitarbeiter effektiv und zielgerichtet zu nutzen. Die Entwicklung der letzten Jahrzehnte hat das Wissen der Mitarbeiter zu einem immer wichtigeren Teil der Produktionsfaktoren gemacht (Rehäuser & Krcmar, 1996).

Für wissensintensive Prozesse, wie sie in der Produktentwicklung vorliegen, gelten dabei ähnliche Einflußfaktoren wie für die Gesamtunternehmen (Engeln, 2006, S. 1):

• kürzere Entwicklungszeiten durch eine zunehmende Marktdynamik

- eine steigende Komplexität der Produkte bei gleichzeitig verkürzter Entwicklungsdauer und höheren Produktqualitätsansprüchen
- eine Integration unterschiedlicher Disziplinen im Entwicklungsprozess, beispielsweise Maschinenbau und Elektronik
- eine höhere Variantenzahl der Produkte durch individuelle Kundenwünsche
- ein Marktumfeld mit hoher Produktqualität und somit Wegfall der Qualität als Differenzierungsmerkmal
- ein starker Einfluß der Herstellkosten auf den Entwicklungsprozess
- eine Zunahme der gemeinsamen Entwicklung durch externe Partner und Lieferanten

Abbildung 2.5: Das Zeit-Kosten-Qualitätsdreieck, nach Osterloh und Frost (2006, S. 17)

Durch die hohe Unsicherheit im Entwicklungsprozess und die Vielzahl möglicher Lösungswege, verbunden mit der Vielzahl an eingebundenen Funktionen, sind die Organisationen darauf angewiesen, das Wissen ihrer Mitarbeiter effektiv und zielgerichtet zu nutzen. Die Entwicklung der letzten Jahrzehnte hat das Wissen der Mitarbeiter zu einem immer wichtigeren Teil der Produktionsfaktoren gemacht (Rehäuser & Krcmar, 1996).

Für wissensintensive Prozesse, wie sie in der Produktentwicklung vorliegen, gelten dabei ähnliche Einflußfaktoren wie für die Gesamtunternehmen (Engeln, 2006, S. 1):

- kürzere Entwicklungszeiten durch eine zunehmende Marktdynamik
- eine steigende Komplexität der Produkte bei gleichzeitig verkürzter Entwicklungsdauer und höheren Produktqualitätsansprüchen
- eine Integration unterschiedlicher Disziplinen im Entwicklungsprozess, beispielsweise Maschinenbau und Elektronik
- eine höhere Variantenzahl der Produkte durch individuelle Kundenwünsche
- ein Marktumfeld mit hoher Produktqualität und somit Wegfall der Qualität als Differenzierungsmerkmal
- ein starker Einfluß der Herstellkosten auf den Entwicklungsprozess
- eine Zunahme der gemeinsamen Entwicklung durch externe Partner und Lieferanten

Die genannte Faktoren beeinflussen die schon an sich komplexen Problemstellungen der Lösungssuche durch die Erhöhung des Zeit-, Kosten- und Qualitätsdrucks.

Erfolgreich können Organisationen am ehesten sein, wenn sie ihr Wissen an Kernkompetenzen ausrichten, deren Grundlage implizites Wissen (*"tacit knowledge"*) ist (Rehäuser & Krcmar, 1996, S. 10). Dieses implizite Wissen ist, wie in Abschnitt 2.1.1 dargestellt, in den Mitarbeitern gebunden. Da das Wissen nicht gleich in der Organisation verteilt ist, und nicht jeder Mitarbeiter dasselbe Wissen besitzt, bilden sich lokale Wissensbasen (Allen, 1984, S. 100, Kirsch, 1992, Rehäuser & Krcmar, 1996). Der erfolgreiche Abschluss eines Entwicklungsprozesses bedingt, dass Wissen zum richtigen Zeitpunkt in der richtigen Menge am richtigen Ort in der richtigen Qualität vorhanden ist (Rehäuser & Krcmar, 1996), wodurch Wissenskommunikation ein zentraler Erfolgsfaktor ist, um den klassischen Zielkonflikt aus Zeit-, Kosten- und Qualitätszielen zu überwinden (Osterloh & Frost, 2006).

Projektmanagement als Koordinationsinstrument im Produktentwicklungsprozess Die Steuerung des kompletten Produktentstehungsprozesses und die Koordination der Fachbereiche wird oft durch eine Projektmanagementfunktion gewährleistet (dazu näher Schreyögg, 2008). Das Projektmanagement in diesen Bereichen ist gekennzeichnet durch hohe Verhandlungsaktivität, um die unterschiedlichen Sichtweisen und Bedürfnisse auszugleichen (Streich & Brennholt, 2009). Die Projektmanagmentfunktion ermöglicht und fordert also die Kommunikation von Wissen, sowohl koordinativen als auch sachlich-inhaltlichen Charakters.

Für den Erfolg von Entwicklungsprozessen wichtig ist das Finden eines *"Mittelwegs zwischen stringenter Prozessorientierung und flexiblem Projektmanagement"* (Bullinger, 2004, S. V), da nur so die typischen unvorhergesehenen Probleme durch Flexibilität ausgeglichen werden können. Durch die Aufteilung in Projekte werden diese zwar besser steuerbar, die auf die Projekte verteilten Mitarbeiter verlieren im Normalfall aber den Kontakt zu ihren Abteilungskollegen und parallel laufenden Projekten - nur langjährige Mitarbeiter ("Experten") mit einem etablierten Netzwerk können in solchen Fällen ihr informelles Netzwerk weiter nutzen (Schnauffer, Voigt & Staiger, 2004). Die *"Wissensinseln"* (Bullinger, 2004, S. VI) der Projekte führen dazu, dass Doppelarbeiten durchgeführt werden und Fehler wiederholt werden.

2.2.2.2 Kommunikation in Produktentwicklungsprozessen

Kommunikationswege im Produktentwicklungsprozess   Betrachtet man den kompletten Produktentstehungsprozess und die darin enthaltenen Informationsflüße idealtypisch (Abbildung 2.6), wird ausgehend von den Kundenbedürfnissen über die Abteilungen des Vertriebs, Verkaufs und des Marketings ein Bedarf in die Organisation kommuniziert und somit der Bereich der Entwicklung und Konstruktion aktiviert. Hier werden die technischen Probleme der Produkterstellung analysiert, bearbeitet und gelöst (Pahl et al., 2007).

Insbesondere dem Entwicklungs- und Konstruktionsbereich kommt im Unternehmen durch seine Aufgaben eine zentrale Rolle bei der Produktentstehung und Produktweiterentwicklung zu, durch die Definition und Ausgestaltung von Produktparametern, speziell der Funktion, des Wirkprinzips und der Gestaltung, übt dieser Bereich einen Einfluß auf Funktionserfüllung, Sicherheit, Ergonomie, Fertigung, Transport, Gebrauch, Instandhaltung, Entsorgung/Recycling, Herstellungs- und Gebrauchskosten, Qualität und die Durchlaufzeiten in der Produktion aus (Pahl et al., 2007).

Aus dem Entwicklungsbereich werden die technischen Lösungen in den Produktionsprozess über die Arbeitsvorbereitung und die Fertigungsplanung in die Teilefertigung und Montage weitergeleitet und dort umgesetzt. Die Auslieferung an den Kunden erfolgt per Versand oder Montage vor Ort. Ein intensiver Austausch von Informationen wird in diesem Prozess beispielsweise mit Labor- und Versuchsabteilungen, der Betriebsmittelkonstruktion und dem Qualitätswesen gepflegt.

Zwischen den Bearbeitungsschritten und bearbeitenden Abteilungen wird ein intensiver Informationsaustausch gepflegt, um das Produkt erstellen zu können. Im kompletten Produktentstehungsprozess soll aber nicht nur zwischen den Bereichen, wie in Abbildung 2.6 gezeigt, kommuniziert werden, auch innerhalb des Ent-

Abbildung 2.6: Informationsflüsse im Produktentstehungsprozess, adaptiert nach Pahl et al. (2007, S. 7)

wicklungsbereichs ist eine permanente Kommunikation zwischen den Teilfunktionen notwendig. Mitarbeiter der Konstruktion Struktur müssen sich beispielsweise mit Kollegen der Konstruktion Mechanik oder Kollegen des Festigkeitsbereichs fortlaufend Informationen über Teile, deren Platzierung, Anbindung und Materialien austauschen.

Kommunikationsmuster in der Produktentwicklungsprozess Eine beispielhafte Darstellung der Kommunikationsmuster in einer Entwicklungsabteilung ist in Abbildung 2.7 in Anlehnung an Allen (1984) dargestellt. In der Studie wurde die Kommunikation in der Abteilung untersucht, jeder Kreis stellt einen Mitarbeiter dar, die Pfeilrichtung gibt an, wer wen kontaktierte - Informationen fließen also in beide Richtungen (Allen, 1984). Es ist auffällig, dass die Kommunikation stark in Clustern von Mitarbeitern gebündelt ist, sich also Subgruppen bilden, in denen stark kommuniziert wird. Zwischen den Subgruppen gibt es meistens mehrere Kontakte, doch die Mehrzahl der dyadischen Kontakte findet innhalb der Gruppen statt. Manche Mitarbeiter besitzen sehr viele dyadische Kontakte, sind also sehr stark in die Kommunikation und Zusammenarbeit eingebunden, manche dagegen haben auffallend wenige dyadische Kommunikationsbeziehungen.

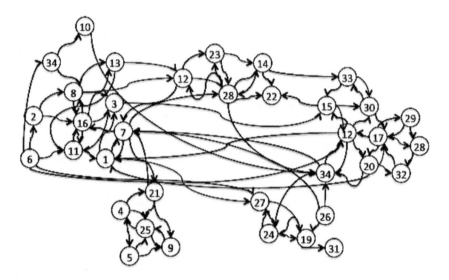

Abbildung 2.7: Kommunikationsmuster in einer Entwicklungsabteilung, in Anlehnung an Allen (1984, S. 144)

Die von Allen (1984) untersuchte Situation ist vergleichbar mit der untersuchten Organisation in dieser Arbeit, auch hier existieren innerhalb der Funktional- und Programmorganisation Gruppen, die enger oder loser zusammenarbeiten und kommunizieren, und Verbindungen unter diesen Gruppen. Wichtig für den Erfolg der Produktentwicklung ist sowohl die Kommunikation innerhalb der Gruppe, als auch zwischen den Gruppen (Allen, 1984).

Bezugnehmend auf Abschnitt 2.1.1 wäre hier oft vom Austausch objektivierten, also verschriftlichten, Wissens zu sprechen. In dieser Arbeit werden die Begriffe des Informationsaustauschs und des Wissensaustauschs, der Umgangssprache folgend, synonym verwendet. Wichtig hierbei ist, dass die Informationen nicht nur in eine Richtung fliessen, sondern auch Rückmeldungen an im Produktentstehungsprozess vorgelagerte Funktionen erfolgen (Pahl et al., 2007). Wie der gesamte Produktentstehungsprozess kann auch der Entwicklungsprozess des Produkts selbst in mehrere Phasen eingeteilt werden, die teilweise parallel abgearbeitet werden und bei denen Rück- und Vorsprünge zwischen den einzelnen Phasen möglich sind (Engeln, 2006).

Engeln (2006) unterscheidet folgende Phasen: Während der *Produktdefinition* werden die erforderlichen Eigenschaften des Produktes festgelegt, bei der *Produktkonzeption* werden für diese Eigenschaften und den daraus folgenden Problemstellungen prinzipielle Lösungen erarbeitet. Die sich anschliessende *Produktgestaltung* detailliert die ausgewählten technischen Lösungen Schritt für Schritt, legt die Produktstruktur fest und sucht nach den geeigneten technischen Lösungen, inklusive der Form, Gestalt Abmessungen und den Werkstoffen des Produktes. In der Phase der *Erprobung* werden die gewünschten und angenommenen Produkteigenschaften getestet und gegebenenfalls die Ergebnisse wieder in die Produktentwicklungsprozesse eingebracht.

Über die Phasen der Entwicklung wie Konzept-, Vorkonstruktions-, Detailkonstruktions- und Verifikationsphase sind sowohl zwischen den Funktionen wie beispielsweise Konstruktion, Festigkeit oder Elektrische Systeme als auch zwischen den Phasen Wissensaustauschprozesse notwendig, um ein Ergebnis zu erzielen. Ohne die beispielhaft dargestellten Kommunikationswege ist eine erfolgreiche Bearbeitung der Probleme und somit die Erstellung eines Produkts nicht möglich (Allen, 1984; Engeln, 2006). Die Wissenskommunikation ist ein Kernbestandteil der Entwicklungsarbeit, die durch die Vielzahl an hochkomplexen Problem- und Fragestellungen auf Zusammenarbeit zwischen Experten einzelner Fachgebiete angewiesen ist (Engeln, 2006).

Kommunikation in Abhängigkeit der kommunizierten Inhalte in der Produktentwicklung Im Entwicklungsprozess ist die Anwendung von Wissen sehr komplex, es werden für die Problemlösung Informationen sehr unterschiedlicher Art, Inhalt und Umfang verknüpft, teilweise müssen diese Prozesse iterativ wiederholt werden, um das Informationsniveau passend anzuheben (Pahl et al., 2007). In der Konstruktionslehre wird dieser Prozess als *"Informationsumsatz"* (Dörner, 1979; Pahl et al., 2007) bezeichnet. Die Gleichzeitigkeit von Komplexität, Zeitkritikalität und dem hohen Maß an benötigtem Spezialistentum mit Nutzung von produkt-, technologie- und prozessbezogenem Wissen macht die Komplexität des Entwicklungsprozesses aus (Schnauffer et al., 2004). Zudem ist die vorhandene Information häufig nur bedingt direkt wiederverwendbar, da sie kontextspezifisch neu interpretiert werden muss (Schnauffer et al., 2004).

Während Pahl et al. (2007) nur formelle Dokumentationsergebnisse anspricht, geht Wright (1994) auch auf andere Arten der Kommunikation ein, für ihn ist die Kommunikation ein zentraler Bestandteil des Engineering-Prozesses (Wright, 1994): Neben der schriftlichen Niederlegung beispielsweise als Notizen, Memorandi, Geschäftsbriefen und Technischen Berichten sind in den Ingenieurwissenschaften graphische Techniken vor allem für die Kommunikation der Spezialisten untereinander wichtig, beispielsweise über Skizzen, graphische Modelle oder 3D-Modelle (Wright, 1994). Die dritte Möglichkeit der Kommunikation ist die Sprache und damit die direkte, synchrone Kommuninkation (Wright, 1994). Beispiele für Beteiligte und Situationen der Wissenskommunikation sind (Eppler & Reinhardt, 2004, S. 4):

- Für synchrone Kommunikationsvorgänge und eher idiosynkratisches Wissen
    - Kommunikation von Fachspezialisten zu Führungskräften zur Entscheidungsvorbereitung
    - Kommunikation von erfahrenen Mitarbeitern an neue Mitarbeiter zur Aufgabenübergabe
- Für den Austausch eher objektivierten Wissens und asynchrone Kommunikationsvorgänge
    - Austausch von Erfahrungen in Expertengruppen zur Erweiterung und Dokumentation
    - Zugriff auf Erfahrungen in einer Projektdatenbank zur Dokumentation

Deutlich wird, dass hier insbesondere der Aspekt des objektivierten Wissens (vgl. Seiler & Reinmann, 2004) angesprochen wird, aber zugleich der Aspekt des Wissensaustauschs (vgl. Inhalte in Abbildung 2.6) als Explizierung, Diskussion und Interpretation idiosynkratischen Wissens eine wichtige Rolle spielt.

2.2.2.3 Die Bedeutung des Experten für die Kommunikation im Produktentwicklungsprozess

Der in den vorigen Abschnitten genannte Begriff des "Experten" weist auf einen genauer zu definierenden Ausdruck hin, gemeinhin werden umgangssprachlich die Worte *"Experte"* und *"Spezialist"* synonym verwendet. Eine Definition von "Experte" lautet "Spitzenkönner", was langjährige Beschäftigung (bei Bromme, Jucks & Rambow, 2004, S. 180 minimal zehn Jahre) mit einem Thema voraussetzt (Bromme et al., 2004; Ericsson & Smith, 1991). Der Fachexperte besitzt professionelles Wissen und wendet es an, muss dabei laut Definition nicht unbedingt Spitzenleistungen vollbringen (Bromme et al., 2004). Genauere Kriterien für Expertise sind (Gruber & Mandl, 1996, Reinmann-Rothmeier & Mandl, 1997a):

- eine große Wissensbasis
- eine reichhaltige Erfahrung im Umgang mit domänenspezifischen Anforderungen
- überdurchschnittlicher Erfolg beim Erkennen und Bearbeiten von Problemen
- metakognitive Kontrolle über Handlungen
- Effizienz, Fehlerfreiheit und große Geschwindigkeit der Handlungen
- hohe Flexibilität gegenüber neuen Problemsituationen.

Empirische Untersuchungen zu Expertentum zeigen ähnliche Ergebnisse: Wissen wird auf dem persönlichen Weg zum Experten nicht nur kumuliert, sondern komplex umstrukturiert (Bromme et al., 2004), beispielsweise als *"chunking"* (Chase & Simon, 1971), bei dem Informationen auf höherer Ebene aggregiert werden, um die Gedächtniskapazität zu entlasten (Bromme et al., 2004). Ebenso ein Beispiel ist die effektivere (aber nicht differenziertere) Problemwahrnehmung von erfahrenen Physikdozenten gegenüber Studienanfängern (Bromme et al., 2004; Chi, Feltovich & Glaser, 1981).

Die "Experten" sind für wissensintensive Prozesse in mehrfacher Hinsicht bedeutungsvoll: Sie bringen erstens den notwendigen Erfahrungshintergrund mit, um Informationen und Probleme schnell und korrekt einzuordnen, sind zweitens Träger des impliziten Wissens der Fachfunktion, und sind drittens diejenigen, die mit anderen Fachfunktionen kommunizieren, um bereichsübergreifende Probleme zu analysieren und zu lösen. Die Forschung und Entwicklung ist meist, beispielsweise in der Luft- und Raumfahrtindustrie, so komplex, dass viele verschiedene Expertisegebiete für eine erfolgreiche Entwicklung notwendig sind, und der Einsatz interdisziplinärer Teams dies allein nicht bewerkstelligen kann (Allen, 1984). Wesentlicher Erfolgsfaktor für "erfolgreiche" (Allen, 1984, S. 115) Ingenieure und Teams in Produktentwicklungsprozessen ist dabei das Ausmaß der Kommunikation nicht nur in der eigenen Gruppe, sondern auch über organisatorische Grenzen hinweg, und das möglichst früh im Entwicklungsprozess (in der ersten Hälfte des Prozesses, Allen, 1984).

Durch die zunehmende Spezialisierung nimmt die Zahl dieser Experten allerdings zu, was zu einem erhöhten Aufwand bei der Kommunikation führt, da eine höhere Zahl an Personen und Fachbereichen vertreten ist und in die Kommunikation und Problemlösung eingebunden werden muss. Findet die Kommunikation nicht in ausreichendem Maße statt, und das sowohl innerhalb der Teams oder Arbeitsgruppen als auch außerhalb, so leidet der Erfolg, d.h. die erfolgreiche Problemlösung (Allen, 1984). Die besondere Herausforderung ist also, verschiedene

Experten zum richtigen Zeitpunkt zu einer Kommunikation zu befähigen, und ein
Verständnis der Experten untereinander zu ermöglichen.

2.2.2.4 Resümee zur Wissenskommunikation in Produktentwicklungsprozessen

Produktentwicklungen sind also zusammenfassend als komplexe, zeitkritische Prozesse anzusehen, die sehr viel produkt-, technologie- und prozessbezogenes Wissen aufbauen. Bereits vorhandenes Wissen kann darin nur bedingt ohne Adapti-
on und kontextspezifische Interpretation eingesetzt werden, da sich das Wissen
im Projektfortschritt in permanenter Änderung befindet (Schnauffer et al., 2004).
Eine zentrale Rolle in diesen Prozessen spielen Experten, die aufgrund ihrer Erfahrung mit der Komplexität der Produktentwicklungsprozesse umgehen können.
Diese sind als wissensintensiv einzuschätzen, da sowohl Experten verschiedener
Fachrichtungen zusammenarbeiten als auch die Problemlösungen variabel und wenig vorhersehbar sind (Davenport & Jarvenpaa, 1996). Der Schlüssel für den Umgang mit Wissen scheint in der Kommunikation einer professionellen Gemeinschaft zu liegen (Kuper, 2009), zu denen die Expertengruppen im Entwicklungsprozess zu zählen sind. Aufgrund der Vielzahl an beteiligten Fachfunktionen und
-experten ist es essentiell, eine funktionierende Kommunikation unter diesen zu
gewährleisten, das Wissen also in der Organisation und den Arbeitsprozessen zu
integrieren.

2.2.3 Modelle zur Wissensintegration in Produktentwicklungsprozessen

Wie in den vorigen Abschnitten dargestellt wurde, ist in wissensintensiven Prozessen wie dem Produktentwicklungsprozess die Bedeutung des Wissens zentral
(Fong, 2005). Der bewusste Umgang mit den Themen Wissen und Lernen stellt
eine Voraussetzung für erfolgreiche Entwicklungsprozesse dar: Eine verstärkte
Spezialisierung der Mitarbeiter und damit einhergehend eine hochgradige Frakturierung der Wissensbasen (Lehner, 2012), ein sich aufgrund der Demographie
verschärfender Kampf um die Talente (Lehner, 2012; North, 2011), und generell
der Zwang, durch Effektivitäts- und Effizienzsteigerungen den "Produktionsfaktor
Wissen" zu optimieren (zur Problematik der Ressource Wissen siehe beispielsweise Alvesson & Kärreman, 2001, Argyris & Schön, 2008, Hislop, 2010, North,
2011, Rehäuser & Krcmar, 1996, Senge, 1990).
    Die Integration des verteilten Wissens, also der individuellen Kenntnisse der Or-
ganisationsmitglieder, ist eine Voraussetzung für Erfolg der Organisation (Brand-

stätter & Brodbeck, 2004; Hackman & Morris, 1975). Bei der Wissensintegration reicht es nicht aus, allein auf die Dokumentation von Informationen zu setzen (Argote et al., 2000; Marshall & Sapsed, 2000; Szulanski, 2000), sondern es ist die herausfordernde Aufgabe, idiosynkratisches Wissen und objektiviertes Wissen gleichermaßen zu berücksichtigen und dabei durch den aktiven Diskurs den Übergang von implizitem erfahrungsbasierten Wissen zu unterstützen. Insbesondere in wissensintensiven Konstruktions- und Entwicklungsprozessen, wie sie beispielsweise in der Luft- und Raumfahrtindustrie vorkommen, kommt diesem Diskurs und Austausch von Wissen eine entscheidende Rolle zu (vgl. dazu Allen, 1984, Allen, 1986, Schreyögg, 2008).

Gleichzeitig ergeben sich hier durch das Spannungsdreieck aus der Forderung nach technischer Exzellenz, die Existenz der typischen Projektorganisation bei Konstruktions- und Entwicklungsprozessen sowie durch hohe Spezialisierungsgrade der Experten besondere Herausforderungen (vgl. dazu beispielsweise Davis & Lawrence, 1977 und Galbraith, 1971). Für einen erfolgreichen Projekt- und Entwicklungsabschluss sollten sowohl die Qualität als auch die Quantität der Informationen passend sein - zu wenige korrekte Informationen sind dem Erfolg ebenso abträglich wie ein Zuviel an Information und damit eine Reizüberflutung (Marshall & Sapsed, 2000). Somit kann die "richtige", also *effektive Kommunikation* von Wissen innerhalb und außerhalb des Projekts die Basis für den Projekterfolg angesehen werden (Marshall & Sapsed, 2000).

Wie das Wissen zwischen verschiedenen Prozessen integriert wird, zeigt das Modell von North (2011). Geschäftsprozesse sind dabei als die Vorgänge zu bestimmen, die als Ausgangs- und Endpunkt den Kundenwunsch haben und der Befriedigung dieses Bedürfnisses dienen (vgl. dazu Vahs, 2009). Einen Teil des Geschäftsprozesses stellt der Produktentstehungsprozess dar. In den Prozessschritten fallen Aufgaben an, die spezifische Informationen und Spezialwissen erfordern, aber zugleich in der Bearbeitung generieren (North, 2011). Die Nutzung dieses Wissens ist nicht nur in den einzelnen Prozessschritten und einzelnen Mitarbeitern, sondern auch zwischen verschiedenen Abteilungen und Organisationseinheiten und den dort verankerten Spezialisten wichtig (North, 2011).

North (2011) macht mit seinem Modell (Abbildung 2.8) von Wissensintegrationsprozessen auf die Rolle des Wissensaustauschs aufmerksam, erweitert die Perspektive aber auf geschäftsbereichübergreifende Prozesse. Er betont dabei explizit, wie wichtig auch der geschäftsbereichsübergreifende Austausch von Wissen ist, um Teilprozesse und strukturell getrennte Prozesse zu verknüpfen. "Wissensintegrationsprozesse" sollten sich demnach überlagern und gegenseitig ergänzen.

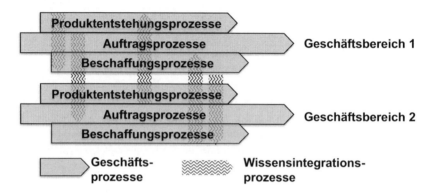

Abbildung 2.8: Geschäfts- und Wissensintegrationsprozesse, in Anlehnung an North (2011, S. 299)

Besonders wichtig sind die Wissensintegrationsprozesse in wissensintensiven Produktentwicklungsprozessen (Davenport & Jarvenpaa, 1996; Heisig, 2005). Ein Wissenstransfer kann sowohl innerhalb eines Geschäftsprozesses - vom Produktentstehungsprozess hin zum Auftragsprozess - oder über verschiedene Geschäftsprozesse hinweg, beispielsweise von Produktentstehungsprozess des Geschäftsbereichs 1 zum Produktentstehungsbereich des Geschäftsbereichs 2, erfolgen (North, 2011).

Die Wissensintegration über verschiedene Teilprozeßabschnitte, aber auch zwischen Projekten stellt Abbildung 2.9 dar. Hier wird nochmals deutlich, dass sowohl zwischen zeitlich parallelen und auch zeitlich versetzten Projekten in den entsprechenden Teilprozessschritten Maßnahmen zur Wissenskommunikation und zur Wissensintegration getroffen werden sollten (vgl. dazu Schnauffer et al., 2004).

Auch in einem Teilbereich des Geschäftsprozesses wie dem Produktentwicklungsprozesses kann das Modell angewandt werden. Durch integrative Maßnahmen im Produktentstehungungsprozess können durch bessere Abstimmung und frühzeitige Einbeziehung von Mitarbeitern aus den jeweiligen Prozessen wie beispielsweise dem Konstruktions- oder Testprozess erhebliche Effizienz- und Qualitätsgewinne erzielt werden (Schnauffer et al., 2004). Potentielle Fehler- und Problemquellen können so frühzeitig entdeckt und vermieden werden. Bei der Übertragung zwischen den unterschiedlichen Produktentwicklungsprozessen können "Best-Practices" auf die Bedingungen anderer Bereiche übertragen werden (Schnauffer et al., 2004).

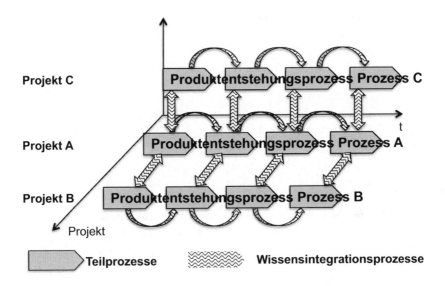

Abbildung 2.9: Wissensintegrationsprozesse zwischen Projekten, in Anlehnung an Schnauffer et al. (2004, S. 25)

2.2.4 Zusammenfassung

In den vorigen Abschnitten wurde aufgezeigt, dass ausgehend von der Erhöhung des Kosten-, Zeit- und Qualitätsdrucks Organisationen verstärkt auf Wissen und insbesondere den Austausch von Wissen im Zuge der Entwicklung (neuer) Produkte setzen müssen, um den steigenden und komplexen Anforderungen gerecht zu werden. Die Kommunikation von Wissen kann als Erfolgsfaktor und zentrale Aufgabe von Organisationen bestimmt werden, welche im Rahmen der Aufbau-, Ablauf- und insbesondere der Prozessorganisation zu erfüllen ist (Abschnitt 2.2.2).

Insbesondere Konstruktions- und Entwicklungsprozesse stellen dabei wissensintensive Prozesse dar, die als komplexe Problemlösungsprozesse charakterisiert werden können, an welchen verschiedenste Experten innerhalb und zwischen verschiedenen Fachbereichen beteiligt sein müssen, um diese erfolgreich abschließen zu können (Abschnitt 2.1.2). Verschiedenste Schnittstellen und Informationsflüße in unterschiedlichen Phasen von Entwicklungsprozessen verdeutlichen dabei die Komplexität von Wissenskommunikation in Entwicklungsprozessen und machen eine gezielte und systematische Integration von Wissen in Geschäftsprozessen notwendig (Abschnitt 2.1.2).

In allen Situationen der betrieblichen Zusammenarbeit im Produktentwicklungs-prozess muß Wissen kommuniziert werden (vgl. Abschnitt 2.2.2), um Probleme zu lösen, den Produktentwicklungsprozess voranzutreiben und Fehler zu vermeiden (Stieler-Lorenz et al., 2004). Somit ist jede Schnittstelle im Arbeitsprozess, wie in Abschnitt 2.2.1.2 dargestellt, eine potentielle Problemstelle für Mißverständnisse in der Wissenskommunikation (vgl. Osterloh & Frost, 2006).

Es können bei der Wissenskommunikation sowohl beim Austausch zwischen Kollegen einer Abteilung als auch über Abteilungsgrenzen hinweg Probleme auf-treten. Die Zusammenarbeit der Experten ist dabei an jeder Schnittstelle zu Kol-legen oder folgenden Prozessschritten beeinträchtigt. Dies betrifft sowohl idiosyn-kratisches Wissen, das eher auf direktem Weg ausgetauscht wird, als auch objekti-viertes, mithilfe technischer Mittel gespeichertes Wissen.

Somit ist der Austausch von Wissen sowohl innerhalb bestimmter Entwick-lungsbereiche als auch über deren Grenzen hinweg eine zentrale organisationale Aufgabe, um die Integration von Wissen zu gewährleisten. An den Schnittstel-len zwischen Mitarbeitern und zwischen organisatorischen Einheiten wie Projek-ten und Abteilungen scheint es essentiell wichtig zu sein, Wege zur verbesserten Kommunikation und Schaffung von Wissen und der entsprechenden Handlungs-umsetzung zu finden.

Basierend auf diesen Ausführungen müssen Organisationen verstärkte Anstren-gungen im Bereich der Ermöglichung des Wissensaustauschs unternehmen. Der systematische und bewusste Umgang mit Wissen und Wissenskommunikation ist dabei dem organisationalen Wissensmanagement zuzuordnen. Wie in integrativen Ansätzen des Wissensmanagements deutlich wird, ist die Rolle der Wissenskom-munikation dabei essentiell (Abschnitt 2.1.4). Wissensrepräsentation und Wissens-kommunikation stellen eine wesentliche Voraussetzung für die Wissensnutzung dar. Die Kommunikation und der Austausch von Wissen sind zentrale Elemen-te der vorgestellten Wissensmanagementmodelle und ein wichtiger Baustein der Wissensverarbeitungsprozesse in Organisationen (Hall & Sapsed, 2005).

Wissenskommunikation ist aufgrund der Personengebundenheit des impliziten Wissens und des Schwerpunkts auf implizites Wissen in wissensintensiven Pro-zessen eine zentrale Voraussetzung für den erfolgreichen Umgang mit Wissen und im Endeffekt für Wissensnutzung. Dabei ist ein entscheidendes Kriterium für die Wissensnutzung die Qualität der Kommunikation, welche insbesondere unter der Perspektive der wahrgenommenen Angemessenheit und des empfundenen Nut-zens des ausgetauschtes Wissens zu betrachten ist.

Die Transparenz über vorhandenes Wissen und die Kommunikation des Wissens zwischen den Mitarbeitern bildet sowohl im Münchener Modell als auch im SECI-Modell von Nonaka und Takeuchi (1997) die Grundlage für den Umgang mit Wissen. Dabei zeigt das in Abschnitt 2.1.4 vorgestellte Modell von Reinmann-Roth-meier und Mandl deutlich die drei Standbeine Organisation, Technik und Mensch auf.

Im Rahmen der folgenden Arbeit sollen in Anlehnung an Reinmann-Rothmeier und Mandl (1999) und von Rosenstiel (2007) die Ebenen Organisation, Technik und Individuum als zentrale Standbeine der Wissenskommunikation berücksichtigt werden. Was die Modelle nicht leisten, ist auf Ebene dieser Standbeine Bedingungsfaktoren auf Wissenskommunikation stringent einzubinden (siehe dazu auch vergleichend North, 2011 und Mühlethaler, 2005). Aus diesem Grund werden im folgenden Kapitel die Bedingungsfaktoren auf Wissenskommunikation diskutiert.

2.3 Bedingungsfaktoren der Wissenskommunikation

Obwohl die Forschung zum Wissensmanagement vergleichsweise wenig umfassende Forschungsbemühungen in Bezug auf Bedingungen und Einflußfaktoren der Wissenskommunikation in Unternehmen aufzeigt, weisen vereinzelte empirische Studien doch auf verschiedene fördernde oder auch hemmende Bedingungen hin (vgl. hierzu beispielsweise zusammenfassend Helm et al., 2007; Riege, 2005). Ein Beispiel ist die Studie von Schnauffer et al. (2004), die in einer Querschnittstudie im Zeitraum von 2001 bis 2004 fünf Unternehmen (unter anderem Brose Fahrzeugteile GmbH & Co. KG, Dräger Medical AG & Co. KGaA und die Wieland Werke AG) bei der Einführung eines Projektes zur Verbesserung des Wissensmanagements und der Wissenskommunikation in der Produktentwicklung begleitet haben. Dabei stellen Schnauffer et al. (2004) fest, dass innerhalb eines Bereichs die Transparenz über Experten eines Themas und durchgeführte Projekte hoch, ausserhalb aber stark abnehmend ist. Generell wird nach der Studie ein hoher Anteil der Arbeitszeit für die Suche nach Informationen und die Beschaffung von Wissen aufgewendet, wobei die Kollegen eine zentrale Anlaufstelle für die Suche sind (Schnauffer et al., 2004), da produktspezifisches Wissen stark durch informelle Kommunikation erworben wird (Schnauffer et al., 2004). Eine gut ausdifferenzierte Meetingstruktur als formelle Kommunikationsmöglichkeit hebt die Zufriedenheit der Mitarbeiter, während Dokumentations- und Projektabschlussberichte (für objektiviertes Wissen) kaum als Informationsquelle benutzt werden (Schnauffer et al., 2004).

Sowohl bei synchroner als auch bei asynchroner Kommunikation von idiosynkratischen und objektiviertem Wissen sind laut der Studie von Schnauffer et al. (2004) Probleme festzustellen. Folglich spielen sowohl organisationale als auch technische und individuelle Aspekte eine Rolle für die Effektivität der Wissens-

kommunikation. In den folgenden Abschnitten werden Bedingungen der Wissenskommunikation auf den Ebenen der Organisation, der Technik und des Individuums (in Anlehnung an Reinmann-Rothmeier, 2001) und theoretische und empirische Befunde dargestellt.

Massnahmen zur Verbesserung des Wissensmanagements im Allgemeinen müssen sich an die organisatorische Konstellation aus Organisationsstrukutur, -kultur
und -umwelt anpassen, um im gegebenen Rahmen optimale Ergebnisse in Wissenskommunikation, Wissensrepräsentation, Wissensgenerierung und Wissensnutzung (Reinmann-Rothmeier, 2001) zu ermöglichen. Als relevante Kontextfaktoren
der Wissenskommunikation nennen Eppler und Reinhardt (2004) zusammenfassend die Organisation, die Führung, die räumliche Nähe, Anreizsysteme und die
Motivation der Mitarbeiter. Al-Alawi, Al-Marzooqi und Mohammed (2007) unterscheiden die Organisationsstruktur, das Vertrauen (das durchaus zur Kultur gezählt
werden kann), die Menge der face-to-face Kommunikation, Anreizsysteme und
IT-Systeme als Bedingungsfaktoren für die Wissenskommunikation. Riege (2005)
unterscheidet unter anderem auf organisationaler Ebene Führung, Organisationskultur, räumliche und zeitliche Ressourcen zum Austausch und Anreizsysteme als
Bedingungsfaktoren.

Die Faktoren lassen sich den zentralen Standbeinen der Wissenskommunikation
Organisation, Technik und Individuum zuordnen. "Harte Faktoren" wie eingesetz-
te Computersysteme oder Werkzeuge stehen dabei neben "weichen" Faktoren wie
dem Organisationsklima, dem Kommunikationsklima und der Motivation (Vries,
Hooff & Ridder, 2006). Während die Motivation der Mitarbeiter dabei der individuellen Ebene zugeordnet werden kann, sind die Organisation mit Organisationsstruktur, Organisationskultur und die Führung durch den Vorgesetzten, die räumliche Nähe und die Anreizsysteme eher der organisationalen Ebene zuzuordnen. Die
IT- und Anwendungssysteme, beispielsweise die Leistungsfähigkeit und Qualität
der IT-Systeme, lassen sich der Ebene der Technik zuordnen. Im Folgenden wird
ein Überblick über die Bedingungen der Wissenskommunikation gegeben, wobei
diese nach den Ebenen der Organisation, Technik und des Individuums angeordnet
sind.

Da sich die Befunde zu Einflußfaktoren auf die Wissenskommunikation insbesondere auf Befunde der Forschung zu Wissensmanagement in Organisationen stützen, stellt sich die Befundlage hier ähnlich dar, wie bereits in Abschnitt
2.1.2 erläutert. Die empirische Befundlage ist hier eher an einzelnen Wirkfaktoren
und methodisch an qualitativ ausgerichteten Einzelfalluntersuchungen ausgerichtet (vgl. Helm et al., 2007).

2.3.1 Bedingungen auf Ebene der Organisation

Maßgeblichen Einfluß auf sämtliche Verhaltensweisen von Organisationsmitgliedern und damit auch die Wissenskommunikation hat die *Organisationskultur* und damit eng verbunden das *Führungsverhalten* (vgl. von Rosenstiel, 2007). Aber auch *organisationsstrukturelle* und eng damit verbunden *zeitliche* und *räumliche Aspekte* sind als wesentliche Bedingungen der Wissenskommunikation zu identifizieren (vgl. dazu beispielsweise Allen, 1984, Allen, 1986, Allen & Henn, 2007, von Rosenstiel, 2007, Su, 2012). Auf die genannten Bedingungsfaktoren wird im Folgenden näher eingegangen.

2.3.1.1 Organisationskultur

Als Organisationskultur werden gemeinsame Normen, Werte, Leitbilder und Symbole betrachtet, die Gestaltungsprozesse legitimieren (Lehner, 2012). Dabei wirkt Organisationskultur als Bündel von Annahmen, wie die Welt ist und sein sollte, was die Wahrnehmung, Gedanken, Gefühle und teilweise das Verhalten der Personen, die diese Kultur teilen, beeinflußt (Schein, 1996). Eine Organisationskultur kann durch ihre Wirkung damit auch als soziale Kontrolle über einen normativen Handlungsrahmen aufgefaßt werden (Lehner, 2012). Wie in Abschnitt 2.1.1 gezeigt ist Wissen vom Kontext abhängig, insofern ist eine Organisationskultur eine Interpretationshilfe für Wahrgenommenes. Indikatoren wie Vertrauen, aber auch die Art der Führung und der Belohnungssysteme werden von der Organisationskultur beeinflußt (Al-Alawi et al., 2007). Sowohl auf der Ebene der Organisation als Ganzem als auch in Teilen der Organisation, in den Subgruppen, bis hinab auf die Ebene des Individuums wirkt die Organisationskultur (Lehner, 2012, Schein, 1993, Schein, 1996, dazu ausführlicher von Rosenstiel, 2007).

Kommunikationskultur ist als Teilaspekt der Organisationskultur ein wichtiger Einflußfaktor auf die Wissenskommunikation (Lehner, 2012). Die Frage, wie von wem wann kommuniziert wird, mit welchen Zielvorgaben, der Umgang mit widersprüchlichen Informationen, die Art der Gültigkeitsprüfung sind alle Bestandteil der Kommunikationskultur (Lehner, 2012).

Generell ist die Organisationskultur nach dem Drei-Ebenen-Modell von Schein (1985) zwar Grundlage für Interpretation und Handeln in der Organisation, doch zeigen sich diese Grundannahmen und das Gefühl, wie Dinge sein sollen, erst in den sichtbaren Verhaltensweisen und physischen Manifestationen und Artefakten wie eben dem Kommunikationsverhalten der Mitarbeiter, das Bürolayout oder die verwendete Technologie.

Befunde zur Organisationskultur Im Zusammenhang mit der Wissenskommunikation scheinen insbesondere Phänomene der Zusammenarbeit von Interesse zu sein, die Ergebnis kultureller Grundannahmen und Normen sein können. Dazu zählen beispielsweise Effekte wie das "group think" Phänomen (Janis, 1972, 1982). Gruppen mit hoher Kohäsion urteilen dabei nicht rational, sondern, vor allem in schwierigen Situationen unter Stress, mit einem *"stark ausgeprägten Einmütigkeitsstreben"* (Brandstätter & Brodbeck, 2004, S. 403), welches realistisches, selbstkritisches Denken unterdrückt . Ebenso ein Problem stellt das Phänomen des *"hidden profile"* (Stasser & Titus, 1985, 1987) dar, das die Tendenz beschreibt, dass in entscheidungsrelevanten Situationen geteilte Informationen unter den Mitgliedern eher ausgetauscht werden als ungeteilte Informationen (Brandstätter & Brodbeck, 2004; Stasser & Titus, 1985, 1987).

Positiv auf die Lösungssuche und das Einbringen von ungeteilten Informationen wirken sich in Studien der Einsatz von Computern, eine Rangfolgeerstellung der Lösungen und Meinungsdivergenz über die Bestlösung aus (Brandstätter & Brodbeck, 2004), also Maßnahmen, die als Formalisierung der Kommunikation und im weitesten Sinne dem Aspekt der Technik zugeordnet interpretiert werden können.

Helm et al. (2007) untersuchen in einer Meta-Studie 39 nationale und internationale empirische Studien in Bezug auf Erfolgsfaktoren des Wissensmanagements. In der Metastudie von Helm et al. (2007) werden in 17 von 17 Studien[2] positive Effekte einer "guten" Organisationskultur festgestellt (beispielsweise Bullinger, Wörner & Prieto, 1997, Heisig & Vorbeck, 2001, Holsapple & Joshi, 2000, Scholl & Heisig, 2003). Beispiele sind eine grundsätzliche Bereitschaft zur Wissensteilung (13 von 14 positive Studien, beispielsweise Ackermann, Dimmeler, Iten, Meister & Wehner, 2000, Davenport & Prusak, 1998, Reinmann-Rothmeier & Mandl, 1998b) und eine Kultur des Vertrauens (12 von 12 positive Studien, beispielsweise Bullinger et al., 1997, Davenport & Prusak, 1998).

Zusammenfassend sind in der Organisationskultur wichtige Einflußgrößen auf Wissenskommunikation zu vermuten - wie offen, transparent und selbstkritisch in einer Organisation kommuniziert wird, ist auch von der Organisationskultur abhängig. Jedes Individuum in der Organisation ist dabei Teil der Kultur und von dieser beeinflußt, wenn auch meist nicht bewußt (Schein, 1985). Die Organisationskultur ist, gemeinsam mit eher als strukturell einzuordnenden Belohnungssystemen, für einen erfolgreichen Austausch von Wissen notwendig (Hall & Sapsed, 2005).

---

[2]Generell gilt für die Metastudie von Helm et al. (2007), dass nicht alle 39 Studien jeden der genannten Punkte untersucht haben

2.3.1.2 Unterstützung durch die Führungskraft

Eng mit der Organisationskultur verbunden ist die Unterstützung durch die Führungskraft. Führungskräfte prägen die Organisation durch unmittelbare Anweisungen, aber auch durch ihre Vorbildfunktion, sehr stark, und beeinflussen somit auch die Organisationskultur (von Rosenstiel, 2007). Wie in Abschnitt 2.1.2.1 dargestellt, umfasst Führung einerseits die Bereitstellung von Ressourcen im Sinne der *Unternehmensführung*, andererseits aber auch in der mehr unterstützenden Rolle der *personalen Mitarbeiterführung* (von Rosenstiel, 2007). Es ist Aufgabe der Führung, Aufgaben und das zugehörige Zeitbudget zur Bearbeitung zur Verfügung zu stellen. Jedoch erstreckt sich der Führungseinfluss auf Wissenskommunikation auf weit mehr als eben dieses Bereitstellen von Ressourcen: Die Führungskraft beeinflußt die Prozesse der Wissenskommunikation durch das Ausmaß des Erlaubens und Unterstützens (Reinmann-Rothmeier & Mandl, 1999; Reinmann-Rothmeier, 2001; Sié & Yakhlef, 2013).

Befunde zur Führung Verschiedene Befunde weisen auf das Führungsverhalten als zentrale Einflußgröße auf die Wissenskommunikation hin, bspw. Edler (2003), Heisig und Vorbeck (2001), Holsapple und Joshi (2000), Scholl und Heisig (2003), Helm et al. (2007). Dabei lassen sich verschiedene förderliche Bedingungen auf Ebene des Führungsverhaltens festmachen: Zum Einen spielt die Vorreiterrolle, die Führungskräfte einnehmen können, eine entscheidende Rolle, in zehn der zehn untersuchten Studien bei Helm et al. (2007) findet sich hierfür eine Unterstützung, beispielsweise bei Davenport und Prusak (1998), Scholl und Heisig (2003) und Spek und Carter (2003). Zum Anderen ist auch die Priorisierung der wissensbezogenen und wissenserhaltenden Tätigkeiten von Einfluß (drei von vier unterstützende Studien) und, damit einhergehend, die Existenz konsistenter Zielsysteme, die wissensbezogene Tätigkeiten und Notwendigkeiten entsprechend in die Zielsysteme der Organisation einbetten (sieben von sieben unterstützende Studien, beispielsweise Davenport & Prusak, 1998, Holsapple & Joshi, 2000, Spek & Carter, 2003). Beispielsweise führen Duerr et al. (2004) bei der Externalisierung und Speicherung von Wissen in IT-Systemen die Strukturierung und Sicherstellung der Verständlichkeit der Beiträge als eine zentrale Führungskompetenz ein.

Generell gibt es auch in Bezug auf die Wissenskommunikation nicht die "perfekte Führungsart", Führung und das Führungsverhalten sind an die Situation und die Mitarbeiter angepasst, wenn sie erfolgreich sind (von Rosenstiel, 2007). Bei wissensintensiven Arbeitsinhalten mit Experten als handelnden Personen wäre eine solche Anpassung das zur Verfügung stellen eines entsprechenden Freiheitsgrads (vgl. zur situationsspezifischen Führung von Rosenstiel und Wegge (2004)).

Wenn eine Führungskraft von spezialisierten Mitarbeitern eher eine koordinative
Rolle und weniger eine enge Kontrolle ausübt, ist daraus ein erhöhtes Autonomie-
erleben, eine erhöhte Motivation und daraus folgend mehr Leistungsbereitschaft
und besserer Wissensaustausch als Resultat zu erwarten, wenn man sich die Selbstbestimmungstheorie von Deci und Ryan (1993) vor Augen führt.

2.3.1.3 Organisationsstrukturelle Aspekte

Einer der offensichtlichsten Einflußfaktoren ist die Organisationsstruktur, die den
Mitarbeitern die Kommunikations- und Berichtswege vorgibt, Organisationsstruk-
tur und Kommunikationsstruktur sind, zumindest in der formalen Form, nicht von-
einander zu trennen, die Organisationsstruktur determiniert den Arbeitsprozess
und den Kommunikationsprozess (vgl. dazu Abschnitt 2.2.1.1 zur Aufbau- und
Ablauforganisation). Die Kommunikation zwischen Mitarbeitern ist essentieller
Bestandteil des Betriebsablaufs (vgl. Abschnitt 2.2.4 und von Rosenstiel, 2007).
Der Informationsaustausch ist eine entscheidende Voraussetzung für die Arbeit in
Gruppen (von Rosenstiel, 2007). Wenn die Ergebnisse des Produktentstehungsprozesses nicht überzeugen, ist immer auch die Art der Kommunikation zu untersuchen, wobei speziell auch strukturellen Aspekten Aufmerksamkeit gewidmet
werden muss (von Rosenstiel, 2007).

Von Rosenstiel (2007) unterscheidet fünf Idealtypen der Kommunikationsstruktur, die sich hinsichtlich ihrer Wirkungen in Bezug auf die Zahl der Kommunikationsvorgänge, dem Grad der Zentralisation, der Stärke der Führung, der Gruppenzufriedenheit und der Zufriedenheit des Führenden unterscheiden (Abbildung
2.10).

Während beispielsweise zentralisierte Strukturen (wie der "Stern" oder das "Y")
eine hohe Gruppenleistung, eine klare Identifikationsmöglichkeit der zuständigen
Führungskraft, aber auch eine geringere Zufriedenheit der Geführten mit sich bringen, haben dezentralisierte Strukturen wie der "Kreis" und die "Voll-Struktur" ge-
gensätzliche Wirkungen (von Rosenstiel, 2007). So sind in diesen die Kommunikationsvorgänge zahlreicher und dezentraler, ein Führungseinfluss findet kaum statt,
und die Zufriedenheit der Gruppe ist tendenziell höher (von Rosenstiel, 2007).
Wird bei der Analyse der Organisations- und Kommunikationsstrukturen zusätzlich noch der Schwierigkeitsgrad der Aufgaben mit einbezogen, werden die Zusammenhänge von Organisationsstruktur, Kommunikationsstruktur und die Verbindung zur Art und Komplexität der Aufgabe deutlicher: Zentrale Strukturen sind
eher bei einfachen Tätigkeiten, die direkte Anweisung erfordern können, effektiv,
während komplexe Tätigkeiten mit dezentralen Strukturen besser bearbeitbar sind
(von Rosenstiel, 2007).

	Stern	Y	Kette	Kreis	Voll-Struktur
Beurteilungs-kriterium	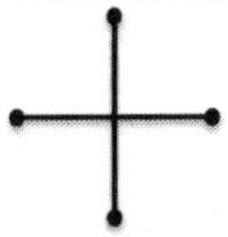			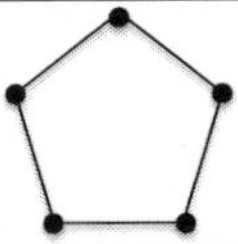	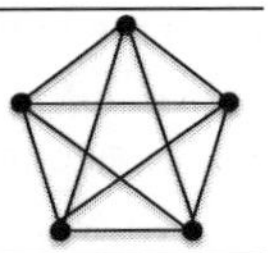
Zentralisation	sehr hoch	hoch	mittel	niedrig	sehr niedrig
Kommuni-kations-vorgänge	sehr wenige	sehr wenige	mittel	viele	sehr viele
Führung	sehr hoch	hoch	mittel	niedrig	sehr niedrig
Gruppen-zufriedenheit	niedrig	niedrig	mittel	mittel	hoch
Individuelle Zufriedenheit des Führenden	hoch	hoch	mittel	niedrig	sehr niedrig

Abbildung 2.10: Kommunikationsstrukturen und ihre Wirkungen, nach von Rosenstiel (2007, S. 324)

Die Ausgestaltung der Organisationsform ist dabei von vielen beeinflussenden Faktoren abhängig. Die "optimale" Organisationsform ist beeinflusst durch die Rate beziehungsweise die Schnelligkeit der Technologieänderung, die Interdependenz der Arbeitsvorgänge untereinander, und die Dauer, für die Mitarbeiter Projekten zugewiesen werden (Allen, 1986). So ist in einer Branche, in der Technologien sich revolutionär entwickeln und somit im Halbjahrestakt "veralten" eine andere, flexiblere Organisationsform vonnöten als in einer Branche wie der Stahlindustrie, in der Technologien sich über Jahre langsam evolutionär fortentwickelt werden und eher effiziente Prozesse vonnöten sind.

Befunde zur Organisationsstruktur   Auch empirisch lassen sich Hinweise darauf erkennen, dass die Organisationsstruktur einen Einfluß auf die Wissensmanagementprozesse hat.

Folgende zwei Aspekte der Organisationsstruktur scheinen dabei im Hinblick auf Wissensmanagement und damit Wissenskommunikation förderlich zu sein: Zunächst ist bei der Aufbauorganisation ein möglichst niedriger Grad an hierarchischer Ordnung zu nennen. Helm et al. (2007) berichten von insgesamt acht Studien, welche dafür stützende empirische Befunde liefern (beispielsweise Baumbach & Schulze, 2003, Heisig & Vorbeck, 2001, Spek & Carter, 2003). Bei der Ablauforganisation ist es nach Helm et al. (2007) wichtig, dass diese es möglich macht, wissensbezogene Aufgaben einfach in die Arbeitsabläufe zu integrieren, was von dreizehn Studien empirisch gestützt wird (beispielsweise Ackermann et al., 2000, Baumbach & Schulze, 2003, Scholl & Heisig, 2003, Spek & Carter, 2003).

Basierend auf diesen theoretischen Überlegungen und empirischen Befunden kann festgehalten werden, dass organisationsstrukturelle Bedingungen in wissensintensiven Produktentwicklungsprozessen unterstützen können. Dabei sind eher Organisationsformen mit niedriger Zentralisierung und zurückhaltendem Führungseinfluss anzuraten. Dies ermöglicht eine hohe Anzahl von Kommunikationsvorgängen und hält die Gruppenzufriedenheit der Teilnehmer im Vergleich zu steil hierarchischen Systemen hoch.

2.3.1.4 Räumliche Nähe und Zeit

In Abschnitt 2.1.3.2 wurden bereits verschiedene Arten der Kommunikation unterschieden, die sich nach zeitlichen (synchron und asynchron) und auch räumlichen Dimensionen unterscheiden lassen. Dass zeitliche und auch räumliche Bedingungen in Zusammenhang mit der Wissenskommunikation und insbesondere auch mit der Wahl der Kommunikationskanäle und -medien stehen, wird umso deutlicher, betrachtet man diese essenziellen Bedingungen genauer: Die räumliche Nähe der Arbeitsplätze, und damit die Gelegenheit, persönlich aufeinander zu treffen und zu kommunizieren, und die organisatorische Gliederung korrelieren häufig stark (Allen, 1984). Somit determiniert die Organisationsstruktur häufig schon über die räumliche Zuweisung der Arbeitsplätze die Kommunikationspartner und den zeitlichen Aufwand, andere Personen anzusprechen. Ebenso ist eine Problemlösung von komplexen Problemen ohne die Zusammenarbeit und den Austausch von mehreren Experten nicht möglich, was von diesen das Aufbringen eines bestimmten Zeitbudgets erfordert. Der Zeitaufwand ist dabei einerseits ind die Zeit für den Kommunikationsvorgang an sich, als auch andererseits in die Verarbeitung der aufgenommenen Wissensinhalte und Anwendung auf das spezifische Problem durch den einzelnen Mitarbeiter zu unterscheiden.

Befunde zur räumlichen Nähe   Räumliche Aspekte sind einerseits eng mit organisationsstrukturellen Aspekten verwandt, da Abteilungen oft räumlich nahe zueinander untergebracht sind. Andererseits korreliert der Raum eng mit der Ressource Zeit - wenn ein persönliches Aufsuchen eines potentiell hilfreichen Gesprächspartners vor dem Hintergrund der zu erledigenden Arbeit als zu zeitintensiv empfunden wird, so wird der Wissensaustausch nicht stattfinden.

Insbesondere die Arbeiten von Allen (1984), Allen und Hauptman (1987) und Allen und Henn (2007) weisen darauf hin, dass räumliche Gegebenheiten einen entscheidenden Einfluß auf die Wissenskommunikation haben können. So zeigt die von Allen (1984) entwickelte Allen-Kurve den kurvilinearen Zusammenhang zwischen dem Abstand der Arbeitsplätze und der Häufigkeit der Kommunikation (Abbildung 2.11).

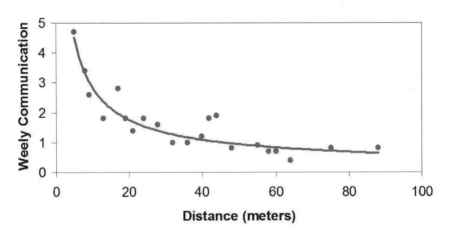

Abbildung 2.11: Allen-Kurve - Zusammenhang zwischen räumlicher Nähe und Kommunikationshäufigkeit, nach Allen und Henn (2007, S. 57)

Während die Kommunikationshäufigkeit bei einem Abstand von unter 20 Metern im Bereich von drei bis fünf Kommunikationsvorgängen liegt, sinkt diese Häufigkeit mit steigender Entfernung sehr schnell, ab einem Abstand von etwa 30 Metern erfolgt nur noch ein Kommunikationsvorgang pro Woche (Allen, 1984).

Speziell für wissensintensive Prozesse wirkt sich eine räumlich nahe Unterbringung der Beteiligten positiv aus (Allen & Hauptman, 1987). Allen und Henn (2007) zeigen, dass Mitarbeiter, die nicht gleichen Projekten und Abteilungen zugeordnet sind, beinahe unabhängig von der räumlichen Situation kaum miteinander kommunizieren (Tabelle 2.3). Liegt der Wert der Wahrscheinlichkeit der regelmäßigen Kommunikation unter diesen Voraussetzungen bei einer Unterbringung im gleichen Gebäudeflügel bei sechzehn Prozent, fällt er bei unterschiedlichen Stockwerken oder Flügeln auf noch fünf Prozent, am gleichen Standort in einem

Tabelle 2.3: Effekte räumlicher und organisatorischer Trennung, nach Allen und Henn (2007, S. 65)

	A- P-	A+ P-	A- P+	A+ P+
gleicher Flügel	.16	.69	.71	.95
gleiches Gebäude, unterschiedliche Flügel	.05	.53	.80	*
gleiches Gebäude, verschiedene Stockwerke	.05	.35	*	*
gleicher Standort, unterschiedliche Gebäude	.02	.60	.33	.50
verschiedene Standorte	.02	.15	.23	.38

Anmerkungen. A- P-: keine gemeinsame Abteilung und Projekt; A+ P-: gemeinsame Abteilung, kein gemeinsames Projekt; A- P+: keine gemeinsame Abteilung, gemeinsames Projekt; A+ P+: gemeinsame Abteilung, gemeinsames Projekt; * zu geringe Fallzahl.

anderen Gebäude auf nur zwei Prozent Wahrscheinlichkeit (Allen & Henn, 2007).

Betrachtet man das andere Extrem, daß die Personen in einem gemeinsamen Projekt und der gleichen Abteilung zugeordnet sind, so findet im gleichen Gebäudeflügel mit einer Wahrscheinlichkeit von 95 Prozent Kommunikation statt, unter den gleichen organisationalen Voraussetzungen halbiert sich die Wahrscheinlichkeit bei einem Einsatz am gleichen Standort, aber in unterschiedlichen Gebäuden auf 50 Prozent (Allen & Henn, 2007). Zwischen diesen zwei Extremen der organisatorischen Variablen Abteilung und Projekt wirkt sich den Studien zufolge die räumliche Entfernung ähnlich aus (Allen & Henn, 2007).

Dies kann die abteilungsübergreifende oder projektübergreifende Kommunikation, die, wie in Abschnitt 2.2.3 dargestellt, essentiell wichtig ist, erheblich behindern, da eben entweder eine räumliche Nähe zur Fachabteilung oder zum Projekt möglich ist.

In der Metastudie von Helm et al. (2007) ist die Möglichkeit der formellen (sieben unterstützende Studien, beispielsweise Baumbach & Schulze, 2003, Bullinger et al., 1997) und informellen (sechs unterstützende Studien, beispielsweise Baumbach & Schulze, 2003, Bullinger et al., 1997) Interaktion eine wichtige Voraussetzung für das Lösen komplexer Fragestellungen. Die Häufigkeit der Interaktion, die in den verwendeten Studien untersucht wird, kann dabei nach den Ergebnissen von Allen und Henn (2007) auch auf die räumliche Entfernung voneinander zurückgeführt werden. Al-Alawi et al. (2007) haben in ihrer Studie verschiedener Unternehmen einen positiven Einfluß des Raums auf die Wissenskommunikation, speziell die informelle Kommunikation, festgestellt. Das Ergebnis aus Tabelle 2.3 ist zudem nicht nur unter dem Gesichtspunkt der Kommunikationsmöglichkeit und des kommunikativen Austauchs zu interpretieren, sondern auch unter dem Blickwinkel der Gelegenheit, durch face-to-face Kommunikation eine korrekte Einschätzung des Expertiseprofils einer Person zu erlangen: Diese Einschätzung ist bei räumlich getrennten Personen schlechter ausgeprägt (Su, 2012). Das "Wer weiß was" (vgl. dazu das Instrument der *"Yellow Pages"* bei Kilian et al., 2007) und damit auch "wer kennt wen und kann einschätzen, was dieser weiß" ist als soziales Kapital ein wichtiger Baustein in der Wertschöpfungskette der Organisation, dieses Wissen und damit auch die Kommunikation ist dort aber ungleich verteilt (Su, 2012). Wenn dieses Wissen über potentiell bei der aktuellen Problemstellung hilfreiche Experten nicht und schleierhaft vorhanden ist, findet gar keine Wissenskommunikation statt. Demnach ist die Einschätzung einer Person als Experte eine essentielle Bedingung für Wissenskommunikation in Problemlöseprozessen, welche durch die räumliche Distanz wiederum entscheidend beeinflusst wird.

Personen unterscheiden sich nach ihrer Kompetenz, dem Bildungshintergrund, den Aufgaben, der Ausbildung und der Arbeitserfahrung, womit automatisch unterschiedliche Expertisen entstehen (Su, 2012). Dabei sind individuelles domänenspezifisches Wissen und das geteilte Wissen über die Expertiseverteilung als in der Gruppe verteiltes Wissen zu unterscheiden (Su, 2012). Bezugnehmend auf die *"transactive memory theory"* (Wegner, 1986), die erklärt, wie in einer Gruppe von Individuen Wissen durch einen Prozess der Expertiseerkennung, Informationsabfrage und -verteilung kommuniziert wird, wird dargestellt, dass Individuen fähig sind, das Wissen eines Kollegen einzuschätzen und sich zu merken, ohne das Wissen selbst verstehen oder besitzen zu müssen (Su, 2012). Dies ist unter schlechten räumlichen Rahmenbedingungen, also einem großen räumlichen Abstand, schwerer möglich als bei einem nahen räumlichen Abstand (vgl. Allen, 1984; Allen & Henn, 2007).

Ist durch die räumlichen Gegebenheiten kein direkter Kontakt möglich, so bleiben als Alternative noch andere Formen der Kommunikation als die direkte face-to-face Kommunikation. Die medialen Aspekte der Kommunikation sind dann von besonderer Bedeutung.

Befunde zur Zeit für Kommunikation   Eng mit den räumlichen Aspekten ist die Ausstattung bzw. das zur Verfügung stellen von zeitlichen Ressourcen verknüpft. Es besteht bei begrenztem Zeitkontingent ein grundlegender Zielkonflikt zwischen wissenssichernden Maßnahmen, also Massnahmen zur Sicherung des Wissens und der Verbesserung der Suchmöglichkeiten nach Wissen, und der Ausbeutung von Wissensressourcen (Hall & Sapsed, 2005; March, 1991). Dies lässt sich auch am Konflikt zwischen der kurzfristigen Aufgabenerfüllung und langfristigen Problemstellungen erkennen (Hall & Sapsed, 2005; Cross & Baird, 2000).

Es ist also sowohl bei der Gestaltung der Ablauforganisation als auch dem tatsächlich gezeigten Führungsverhalten selbst ein Faktor des Erfolgs, dass ausreichend Ressourcen, vor allem in Hinsicht auf Zeit, für den Austausch zur Verfügung gestellt werden. Ein ausreichendes Zeitbudget und Freiräume für wissensbezogene Arbeiten ist in 18 Studien ein wichtiger Erfolgsfaktor (Helm et al., 2007, dazu beispielsweise Bullinger et al., 1997, Edler, 2003, Scholl & Heisig, 2003). Ebenso ist die Möglichkeit zu Kommunikation beziehungsweise deren "Kosten" von organisationalen Strukturen abhängig, ebenso von der räumlichen Entfernung (vgl. Allen, 1984).

Befunde zur Gelegenheit für Wissenserwerb Eng mit dem Zeitbudget für den Austausch selbst verknüpft ist die Zeit oder Gelegenheit für den Wissenserwerb, also das Verarbeiten der kommunizierten Inhalte. Lernen ist eine notwendige Voraussetzung für Wissen, ohne einen Lernprozess entsteht kein Wissen (Reinmann & Eppler, 2008, vgl. auch Abschnitt 2.1.1). Im Lernvorgang wird Wissen durch den Lernenden in einem bestimmten Kontext konstruiert, Lernende nehmen neue Wissensbestandteile auf, verknüpfen sie mit bestehendem Vorwissen und bringen sie in anderen Situationen in neue Kontextzusammenhänge (Reinmann-Rothmeier & Mandl, 1998c). Hierzu muß beim Empfänger das entsprechend "passende" Vorwissen und die Kompetenz, das neue Wissen überhaupt anzunehmen, vorhanden sein (*"absorptive capacity"* (Cohen & Levinthal, 1990)). Lernen ist somit als kumulativer Prozess zu verstehen (Mandl & Krause, 2001; Shuell, 1986).

Lernen ist somit von zentraler Bedeutung für die Entstehung, Kommunikation und Nutzung von Wissen, und damit für die Zukunftsfähigkeit der Organisation (vgl. Abschnitt 2.1.1). Sowohl bei off-the job Maßnahmen wie Weiterbildungen und Schulungen als auch beim Lernen am Arbeitsplatz und im Arbeitsprozess ist ohne einen Lernprozeß kein Wissenszuwachs oder gar eine Problemlösung möglich.

Befunde zur Gelegenheit für Wissenserwerb Empirisch zeigt sich die Wichtigkeit des Umgangs mit Wissen und Lernen bei Helm et al. (2007) in der Wichtigkeit von Schulungen im Umgang mit Wissen (6 positive Studien, beispielsweise Bullinger et al., 1997, Edler, 2003 und Reinmann-Rothmeier & Mandl, 1998b) und der Förderung der Bereitschaft zur Wissensteilung (10 positive Studien, bei-spielsweise Davenport & Prusak, 1998, Scholl & Heisig, 2003). Fähigkeiten im Umgang mit Wissen sind von 10 Studien als positiv in ihrer Auswirkung iden-tifiziert worden (beispielsweise Ackermann et al., 2000, Bullinger et al., 1997, Reinmann-Rothmeier & Mandl, 1998b).

2.3.2 Bedingungen auf Ebene der Technik

In Organisationen und Arbeitsprozessen bestehen synchrone (face-to-face) und asynchrone, medial unterstützte Kommunikation nebeneinander. Generell scheint es für komplexe und wissensintensive Prozesse effektiver, direkt und informell zu kommunizieren als formell synchron oder gar asynchron auf die Kommuni-kation objektivierten Wissens zu setzen (Allen, 1986; Fischer & Ostwald, 2005). Doch ist objektiviertes Wissen in Form von beispielsweise Plänen, Zeichnungen oder Protokollen ebenso ein essentieller Bestandteil eines erfolgreichen Produk-tentstehungsprozesses (Strube, Thalemann, Wittstruck & Garg, 2005). Für einen Teil des Wissens ist es möglich, es zu explizieren, es ist somit ein potentielles Objekt für asynchrone Kommunikation und wichtige Informationsquelle (vgl. Ab-schnitt 2.1.3). Die Explizierung des Wissens schafft dann die Möglichkeit einer Speicherung in IT-Systemen und somit einer automatisierten Bearbeitung, Erwei-terung und Verteilung (Lehner, 2012).

Speziell bei asynchroner Kommunikation über IT- und Anwendungssysteme ist es für ein korrektes Verständnis des kommunizierten Inhalts essentiell wichtig, dass bestimmte Qualitätskriterien bei der Gestaltung beachtet werden.

Bromme et al. (2005) unterscheiden bei der mediengestützten Kommunikati-on in Gruppen drei wesentliche Barrieren für eine erfolgreiche Informationssuche: Die *Quality Control Barrier* bezieht sich auf die Möglichkeit, dass jeder Mitar-beiter der Organisation Informationen in die IT-Systeme einstellen kann, und In-formationen somit ohne weitere Maßnahmen der Prüfung qualitativ unsicher sind. Die *Orientation Barrier* bezeichnet das Problem, relevante Informationen im Sys-tem überhaupt zu finden. Die *Comprehensibility Barrier* bezeichnet das Problem der Verständlichkeit an sich, der Leser muss den Sinn der Information verstehen können, das heisst ein ähnliches Vorwissen wie der einstellende Kollege besitzen. Während die letzte Barriere in Forschungs- und Entwicklungsprojekten nicht stark zur Geltung kommen sollte, da die Mitarbeiter in ähnlichen Situationen arbeiten und ähnlich ausgebildete Fachexperten sind (zur Ausbildung und Methoden des Ingenieurwesens siehe Wright, 1994), können die ersten beiden Barrieren jeweils für sich betrachtet relevant sein. Einerseits die Möglichkeit, durch den Aufbau und die Leistungsfähigkeit der IT-Systeme Informationen suchen und einfach auf diese zugreifen zu können (analog zur "Orientation Barrier"), andererseits über die Qualität der dabei aufgefundenen Informationen, die in ihrer Qualität und Richtigkeit die Nutzung entscheidend beeinflussen. Im Folgenden wird auf Kriterien beider Barrieren eingegangen.

Qualitätskriterien von IT-Anwendungssystemen Expliziertes Wissen, das über Medien kommuniziert wird, wird heute meistens mit Hilfe der Informationstechnologie in Anwendungssystemen gespeichert und verteilt (Lehner, 2012). Beispiele für die Anwendungssysteme im Zusammenhang mit Informations- und Wissensmanagement sind Dokumentenmanagementsysteme, Content-Management-Systeme, Groupware-Systeme, Portal-Software und E-Learningsysteme (North, 2011). Moderne Kommunikationstechnologien wie Groupware-Systeme sind dabei eine Mischung aus synchroner und asynchroner Kommunikation und erleichtern den Austausch in der Gruppe (von Rosenstiel, 2007).

Objektiviertes, in Dokumenten abgelegtes Wissen ist in Arbeitsprozessen notwendig. Die Dokumentation geschieht meist in Textform oder bei technischem Hintergrund auch in graphischer, also Zeichnungsform (vgl. dazu Pahl et al., 2007; Wright, 1994). Insofern ist es für die erfolgreiche Nutzung des objektivierten Wissens notwendig, neben der Motivation, eben dieses Wissen anzuwenden (Friedrich, Hron & Hesse, 2001) die inhaltliche Korrektheit der Inhalte und eine generelle Nutzerfreundlichkeit der Systeme vorhanden sind (Friedrich et al., 2001). Zur inhaltlichen Korrektheit können die Vollständigkeit, der Umfang und die Aktualität der Inhalte gezählt werden (Janetzko, 2002). Die Nutzerfreundlichkeit von Systemen soll generell die synchrone und asynchrone Kommunikation erleichtern (Friedrich et al., 2001), was von der Schnelligkeit der Systeme (Friedrich et al., 2001, Janetzko, 2002) und der verständlichen Strukturierung der gespeicherten Daten beeinflußt wird.

Kriterien für die Verständlichkeit von Texten lassen sich insbesondere aus dem Bereich der pädagogisch-psychologischen Lehr- und Lernforschung ableiten (dazu im Kontext des Lernens beispielsweise Ballstaedt, Mandl, Schnotz & Tergan, 1981; Ballstaedt, 1997; Deschler, 2007; Schnotz, 2002). Das *Hamburger Verständlichkeitskonzept* von Langer, Schulz von Thun und Tausch (1981) ist weit verbreitet und sieht Texte dann als verständlich an, wenn sie eine mittlere (Groeben, 1998) oder hohe Ausprägung (Langer et al., 1981) auf den folgenden Merkmalen erreichen:

- Gliederung und Ordnung beispielsweise durch Überschriften und Abschnitte

- Einfachheit in Wortwahl und Satzbau, Kürze und Prägnanz, beispielsweise Knappheit und Dichtheit der Aussagen
- Anregungen wie direkte Anrede und Beispiele

Unter dem Überbegriff der *Verständlichkeit* lassen sich insbesondere die Kohärenz, also die Stringenz der Argumentation eines Textes, und Sequentierung, also die Aufteilung eines Textes mittels Überschriften und Zusammenfassungen, aber auch Orientierungshilfen unterscheiden (Deschler, 2007; Weidenmann, 2006).

Neben der Dokumentation von Informationen ist auf einer übergeordneten Ebene mit Hilfe von Notizen, Memorandi, technischen Berichten, Skizzen oder graphischen Modellen (Wright, 1994) im Produktentstehungsprozessi eine Übersicht, wer was zu welchem Thema weiß, eine der wichtigsten Funktionen, da somit ein Auffinden und Einschätzen der Kompetenz eines Kollegen möglich wird (Su, 2012).

Für die graphische Darstellung werden vor allem in Ingenieursumfeld detaillierte Instruktionen für die Konstruktion eines Produkts verwendet (Wright, 1994). Diese Zeichnungen und 3D-Modelle sind in ihrem Aufbau und Bestandteilen standardisiert, so sind beispielsweise Linienarten oder Projektionsdarstellungen genau festgelegt (Wright, 1994) und somit von jedem ausgebildeten Ingenieur zu verstehen (analog zu *"common-ground-knowledge"* (Bromme et al., 2005, S. 4)).

Befunde zu IT- und Anwendungssystemen Helm et al. (2007) haben eine Reihe an Studien identifiziert, die auf die Bedeutung adäquater IT- und Anwendungssysteme zur Unterstützung der Wissenskommunikation hinweisen und dabei vor allem auch auf die Notwendigkeit entsprechender Qualitätsstandards hinweisen: Die Möglichkeit, dass Anwendungssysteme effizient die Kreation, Verwaltung und Verteilung von Wissensinhalten erlauben (16 Studien, beispielsweise Bullinger et al., 1997, Davenport & Prusak, 1998, Heisig & Vorbeck, 2001, Holsapple & Joshi, 2000, Scholl & Heisig, 2003) ist dabei ebenso von Bedeutung wie die Durchführung einer Qualitätskontrolle der eingegebenen Informationen (neun Studien, z. B. Scholl & Heisig, 2003). Ebenso wichtig ist dass die Informationssysteme einen informellen Austausch unterstützen (15 Studien, beispielsweise Bullinger et al., 1997, Holsapple & Joshi, 2000, Scholl & Heisig, 2003; Helm et al., 2007).

Speziell in wissensintensiven Arbeitsprozessen wie dem Entwicklungsprozess ist planbare Wissenskommunikation, die auf asynchroner Kommunikation beruht, zwar anzutreffen. Diese ist auch eine Basis für die Gewinnung und Neu-Generierung von Wissen, aber wichtige Teile der Kommunikation in diesen Prozessen basieren auf zufallsgesteuerter Kommunikation impliziten Wissens. Das Grundprinzip einer effektiven Wissenskommunikation (laut Davenport & Prusak, 1998,

S. 88) *"hire smart people and let them talk to one another"* wäre demnach umgesetzt, wenn diese informelle Kommunikation erfolgen kann.

2.3.3 Bedingungen auf Ebene des Individuums

Organisationen bestehen aus Menschen, die ihre eigenen Gedanken haben und eigene Ziele verfolgen (von Rosenstiel, 2007). Insofern ist es ebenso wichtig, die Rolle des Mitarbeiters in den genannten Prozessen näher zu beschreiben.

Eine wesentliche Voraussetzung für jegliches Handeln ist die Motivation, so definiert Rheinberg (2002, S. 17) Motivation als *"aktivierende Ausrichtung des momentanen Lebensvollzugs auf einen positiv bewerteten Zielzustand'*. Eng mit der Motivation in Verbindung steht der Begriff der Autonomie (vgl. Deci & Ryan, 2000), der ebenso mit in die Betrachtung einbezogen wird.

Neben der Motivation, Wissen überhaupt auszutauschen und weiterzugeben, spielen insbesondere in komplexen Problemlöse- und Arbeitsprozessen auch Erfahrungen eine wesentliche Rolle, wie bereits in der Beschreibung von zentralen Charakteristika von Produktentwicklungsprozessen aufgezeigt wurde (vgl. Abschnitt 2.2.2). Von daher soll neben motivationalen Modellen auch die Erfahrung als zentrale individuelle Bedingung der Wissenskommunikation erörtert werden. Da in der Kommunikation sowohl ein Sender als auch ein Empfänger (vgl. dazu Abschnitt 2.2) zu unterscheiden sind, könnten Unterschiede zwischen diesen beiden Rollen bezüglich der Wirkung der Motivation, der Autonomie und der Erfahrung bestehen. Es wird in dieser Arbeit allerdings davon ausgegangen, dass die Rollen im geschäftlichen Alltag im Kommunikationsvorgang wechseln, weshalb hier keine Unterscheidung getroffen wird.

2.3.3.1 Motivationale Aspekte

Ein Großteil des genutzten und kommunizierten Wissens ist implizit und somit in den Mitarbeitern gebunden, insofern sind Wille und Eifer des Individuums Grundvoraussetzung für Interaktion und Kommunikation (Allen, 1986). Die Motivation kann somit eine wichtige Barriere für Wissenskommunikation darstellen (Mertins & Finke, 2004).

Wissenskommunikation kann hier als Ergebnis des Handelns beziehungsweise als *Leistung* aufgefasst werden. Eine der Determinanten der Leistung, die Ziel jeder zweckrationalen Organisation ist, ist Motivation (von Rosenstiel, 2007; Vroom, 1964).

Intrinsische und extrinsische Motivation   Einen Erklärungsansatz für die Motivation zu Handeln liefert die Unterscheidung zwischen intrinsicher und extrinsischer Motivation, die in der wissenschaftlichen Diskussion weit verbreitet ist (vgl. Deci, 1975; Deci & Ryan, 1993, 2000; Frey & Jegen, 2001; Osterloh & Frey, 2000; Osterloh, Frey & Frost, 2001; von Rosenstiel, 2007; Rüttinger, von Rosenstiel & Molt, 1974): Dabei wird insbesondere danach unterschieden, auf welchen Zielzustand sich eine Handlung bezieht, ob dieser außerhalb (extrinsische Motivation) oder innerhalb (intrinsische Motivation) der Aktivität liegt (Deci, 1975).

Extrinsische Arbeitsmotive werden durch Folgen und Begleitumstände der Arbeit befriedigt, Beispiele hierfür sind das Bedürfnis nach Geld oder Konsumbedürfnisse (Rüttinger et al., 1974), während intrinsisch motivierte Tätigkeiten auch dann durchgeführt würden, wenn keine unmittelbaren Konsequenzen drohen, da die Tätigkeit vom Individuum interessant gefunden wird (Deci & Ryan, 2000). Eine Schlußfolgerung daraus lautet, dass Individuen intrinsisch motiviert sind, da sie sich kompetent und selbstbestimmt erleben wollen (Deci, 1975; Deci & Ryan, 2000).

Im Zusammenhang mit der Motivation steht, auch aufgrund des Wunsches nach Selbstbestimmung der Individuen, die empfundene Autonomie (Deci & Ryan, 2000). Es lassen sich sogar Hinweise darauf erkennen, dass Maßnahmen, die extrinsisch motivierend wirken, die intrinsische Motivation senken (dazu beispielsweise Deci, 1971; Deci & Ryan, 2000; Frey & Jegen, 2001; Osterloh & Frey, 2000; Osterloh et al., 2001). Die wahrgenommene Selbstbestimmung wird dann durch die extrinsisch motivierende Maßnahme negativ beeinflußt (*"the corruption effect of extrinsic motivation"* (Deci, 1975), *"crowding-out effect"* (Osterloh & Frey, 2000)), da die Kontrollüberzeugung von interner Kontrolle auf externe Kontrolle wechselt (Osterloh & Frey, 2000). Besonders förderlich für Wissenskommunikation in wissensintensiven und komplexen Aufgaben scheint es daher, vor allem die intrinsische Motivation durch ein hohes Ausmaß an Autonomie und Selbstbestimmtheit in der Arbeitstätigkeit zu erhöhen.

Motivation und Volition   Eine Annäherung an das Konzept des intrinsisch und extrinsisch motivierten Verhaltens stellt auch die Unterscheidung zwischen *Motivation* und *Volition* (oder in älteren Publikationen *"Wille"* (von Rosenstiel, 2007, S. 243)) dar, welche im Handlungsmodell nach Heckhausen & Heckhausen (2006) deutlich wird und in den Prozess des Handelns deutlicher einbezogen ist. In der ersten Phase (Motivation) des Modells steht vor der Handlungsentscheidung die Wahl aus verschiedenen Handlungsalternativen. Darauf folgt in der zweiten Phase (Volition) eine konkrete Zielsetzung, Alternativziele werden ausgeblendet (von Rosenstiel, 2007). In der Intentionsrealisierung als dritter Phase (Volition) wird das Gewollte in Handlung umgesetzt, und in der vierten Phase (Motivation) erfolgt dann ein Abgleich zwischen dem Ergebnis und dem erwarteten Ergebnis aus Alternativszenarien (von Rosenstiel, 2007). Die Volition ist dabei durch eine Verengung des Blickwinkels und Konzentration auf ein Ziel gekennzeichnet (von Rosenstiel, 2007).

Ebenso kann die Motivation von der Volition durch das Auftreten von "Flo werlebnissen" (Csikszentmihalyi, 1975, 1985) unterschieden werden (Kehr, 2004; Kuhl, 1996; von Rosenstiel, 2007): Wenn eine Tätigkeit in ihren Anforderungen den individuellen Kompetenzen eines Mitarbeiters entspricht, trägt sie das Potential in sich, an sich als befriedigend wahrgenommen zu werden (von Rosenstiel, 2007). Bei der Volition ist dagegen das Ziel vorrangig, die Tätigkeit selbst kann lästig sein (von Rosenstiel, 2007). Durch diese Unterscheidung ist wiederum eine Annäherung an intrinsisch und extrinsisch motiviertes Verhalten festzustellen (von Rosenstiel, 2007). Für Prozesse der Wissenskommunikation ist daraus zu schliessen, dass aufgrund der impliziten Natur des Wissens intrinsische Motivation wie beispielsweise persönliches Interesse für das Thema förderlich für eine umfängliche Kommunikation und Ko-Konstruktion ist, während extrinsische Anreize eher in der Phase der Volition wirken.

Befunde zur Motivation   Dass Motivation in ihren verschiedenen Ausprägungen für Wissensmanagement und Wissenskommunikation förderlich ist, lässt sich anhand verschiedener empirischer Befunde bestätigen: So konnten beispielsweise Bullinger et al. (1997), Davenport und Prusak (1998) und Scholl und Heisig (2003) aufzeigen, dass extrinsische Anreize positiv wirken. Helm et al. (2007) führen in ihrer Metastudie insgesamt elf dies stützende Studien auf. In Studien von Bullinger et al. (1997), Davenport und Prusak (1998) und Scholl und Heisig (2003) konnten Hinweise dafür gefunden werden, dass immaterielle, eher intrinsisch wirkende Anreize wichtig für den Erfolg von Wissensmanagement und Wissenskommunikation sind, Helm et al. (2007) führen hier zehn von zehn dies unterstützende Studien an. Wichtig sind ebenso teamorientierte Anreize (9 von 10 positive Studien, z. B. Bullinger et al., 1997, Scholl & Heisig, 2003), da die Produktentstehung meist ein Prozess ist, der im Team und nicht einzeln bearbeitet wird. Die Studien von Deci, 1975, Deci & Ryan, 2000, Osterloh & Frey, 2000 und Osterloh et al., 2001 zeigen generell einen hohen Einfluß intrinsischer Motivation auf erfolgreiche Problemlösung.

Aus organisatorischer Sicht ist es also wichtig, Tätigkeiten möglichst inhaltlich so zu gestalten, dass durch einen hohen Handlungsspielraum intrinsische Motive erhalten werden (von Rosenstiel, 2007). Neben der Möglichkeit, Kompetenz zu erleben, auch durch ein optimales Anforderungsniveau und informatives Feedback, ist auch eine soziale Einbindung des Lernenden wichtig (Reinmann-Rothmeier & Mandl, 1998c).

2.3.3.2 Erfahrung und Expertise

Zu spezifischen Themen gibt es unterschiedliche Wissensstände unter den Organisationsmitgliedern, diese Unterschiede können sich in den komplexen Arbeitsprozessen wie beispielsweise in der Produktentwicklung als einflußreich erweisen (vgl. Abschnitt 2.2.2). Personen mit einer hohen Fähigkeit, Experten, können Aufgaben dabei besser oder schneller lösen. Die Fähigkeit "F" ist dabei eine Funktion aus der persönlichen Eignung für eine Aufgabe und dem Produkt aus der Ausbildung und Erfahrung (von Rosenstiel, 2007, S. 399):

$$F = Eignung \ x \ (Ausbildung + Erfahrung)$$

Mitarbeiter benötigen, wie in Abschnitt 2.3.1.4 diskutiert, Vorwissen, um Informationen überhaupt einordnen zu können (Kail & Pellegrino, 1989; Mandl et al., 1986; Steiner, 2001), je kompetenter sie in ihrem Fachgebiet und im Umgang mit der neuen Situation aber sind ("Expertentum"), desto leichter können Sie die Informationen auch nach Wichtigkeit und Relevanz einordnen, und desto leichter fällt ihnen der Austausch von Wissen. Wie in Abschnitt 2.2.2 dargestellt, besitzen Experten nicht nur mehr Vorwissen, sondern können es auch auf komplexer Ebene umstrukturieren und somit leichter an neue Problemsituationen anpassen.

Durch die wachsende Menge an zugänglichen Informationen bei gleichzeitig ansteigender Spezialisierung der Mitarbeiter und, damit einhergehend, einer erhöhten Zugangshürde zum gegenseitigen Verständnis der Informationen durch Expertensprache und Expertentum (zur Experten-Laien-Kommunikation siehe Bromme et al., 2004) wird Verständigung und Verständnis unter den Mitarbeitern allerdings erschwert. Diese Faktoren machen es den Mitarbeitern schwerer, Wissen aus den Informationen zu extrahieren und in Handlungen umzusetzen (Reinmann-Rothmeier & Mandl, 1998a).

Bromme et al. (2005) spezifizieren drei Barrieren für Kommunikation und Lernen, die hier einschlägig sind: Erstens die "meaning barrier", die darauf beruht, dass Informationen nicht nur transferiert (siehe Abschnitt 2.2 und das klassische Kommunikationsmodell von Shannon & Weaver, 1949), sondern in ihrer Bedeutung vom Empfänger konstruiert werden. Ähnlich wirkt die "common ground barrier", die besagt dass Kommunikation ohne eine hinreichende gemeinsame Wissensbasis nicht gelingen kann, da die Grundlagen für eine Interpretation und Konstruktion der kommunizierten Inhalte fehlen (Bromme et al., 2005). Während bei dieser Barriere noch der Zusammenhang zwischen den Wissensbasen der kommunizierenden Personen relevant ist, ist bei *"epimistic barrier"* ein Mangel an Wissen oder an Fertigkeiten des Empfangenden der Grund für das Scheitern der Kommunikation (Bromme et al., 2005).

Folglich ist eine bewusste Gestaltung der Austauschprozesse von Erfahrungsprozessen und die Sicherstellung von Transparenz über die spezifischen Expertisegebiete essentiell wichtig (Stieler-Lorenz et al., 2004), ebenso wie die Sicherstellung der Kompetenz, beispielsweise durch Schulungen zu Methoden der Kommunikation von impliziten Wissen, über den Rand der Expertisegebiete hinaus zu kommunizieren (Stieler-Lorenz et al., 2004, vertiefend dazu Bromme et al., 2004). Unter den gleichen Punkt kann die Einarbeitung neuer Mitarbeiter durch erfahrene Mitarbeiter zugeordnet werden, auch hier erleichtert ein systematisches Vorgehen den Austausch (Stieler-Lorenz et al., 2004).

2.3.4 Zusammenfassung

Zusammenfassend kann festgestellt werden, dass zentrale Bedingungen festgehalten werden können, die Wissenskommunikation in Organisationen unterstützen: Auf *Ebene der Organisation* sind das möglichst dezentrale Strukturen, welche die Wahrscheinlichkeit der (lateralen) Kommunikation unter den Mitarbeitern an sich erhöhen, und damit auch die Kommunikationsfrequenz steigern können. Eng verbunden hiermit ist die räumliche Nähe, welche nachweisbar positiv auf Kommunikation wirkt und somit unterstützend auf Problemlöseprozesse in komplexen Produktentwicklungsprozessen wirken kann. Hinzu kommt die Ressource der Zeit, welche unbedingt in ausreichendem Maße sowohl für die Kommunikation selbst aber auch die Verarbeitung und somit Wissensaneignung bereitgestellt werden muss.

Ebenso ist es wichtig, dass die Struktur synchrone und vor allem informelle Kommunikationswege zulässt, welche die Problemlösung besonders unterstützen. Generell ist aus den vorigen Abschnitten auch eine Notwendigkeit nach konsequenter Beachtung der Wissensprozesse in der Organisation abzuleiten, und damit auch die Frage nach der Art der Führung und der Prioritätensetzung durch die Führungskräfte. Der Situation angepasste Anreizsysteme, und daraus folgend eine erhöhte Motivation der Mitarbeiter zur Kommunikation und Nutzung des Wissens, sind aus den empirischen Ergebnissen der untersuchten Studien von Helm et al. (2007) als wichtig abzuleiten.

Auf *Ebene der Technik* ist dabei zudem noch eine angemessene Qualität der IT-Anwendungssysteme wichtig, welche mediale synchrone Kommunikation bei räumlicher Distanz unterstützen und zudem die notwendige Explizierung und Dokumentation von Wissen in asynchronen Prozessen als zentrale Basis für Wissens-austausch ermöglichen können. Qualitätskriterien sind dabei einerseits die Qualität der enthaltenen Informationen, die über die Verständlichkeit und sachliche Richtigkeit erfasst werden (*"Quality Barrier"*), andererseits die Möglichkeit, relevante Informationen überhaupt auffinden zu können (*"Orientation Barrier"*).

Da letztendlich der Mensch in Organisationen handelt, sind auch Bedingungsfaktoren auf der *Ebene des Individuums* zu berücksichtigen: Dabei wurden insbesondere motivationale Aspekte und persönliche Erfahrungshintergründe als wesentliche Bedingungsfaktoren der Wissenskommunikation diskutiert. Förderlich auf Wissenskommunikation in Organisationen scheinen sich in diesem Zusammenhang die Möglichkeit für autonomes und selbstbestimmtes Arbeiten und das erreichte Niveau an Expertise auszuwirken.

3 Bedingungen der Wissenskommunikation in der Matrixorganisation

Wie im vorigen Kapitel gezeigt wurde, hat die Organisationsstruktur deutliche Auswirkungen auf die Kommunikationswege und somit die Wissenskommunikation (vgl. Abschnitt 2.3.1.3): Die Struktur determiniert, wie die Teilprozesse des Produktentstehungsprozesses und damit auch die damit verbundene Kommunikation zu Sachinhalt und Koordination ablaufen. Insbesondere der Matrixorganisation wird im Vergleich zu klassischen Organisationsformen eine verbesserte Kommunikation zugeschrieben (dazu beispielsweise Davis & Lawrence, 1977, Ford & Randolph, 1992, Galbraith, 1971, Osterloh & Frost, 2006 und Schreyögg, 2008). Welche Bedingungen der Matrixorganisation sich hier besonders positiv auswirken können, aber auch welche potentiellen Nachteile damit gleichermaßen in Bezug auf die Wissenskommunikation verbunden sein können, wird im folgenden Kapitel behandelt.

Dazu ist es notwendig, zunächst einige theoretische Grundlagen zu Gestaltungsdimensionen und Kennzeichen von Matrixorganisationen aufzuführen: In diesem Kapitel werden Grundlagen der Matrixorganisation vorgestellt (Abschnitt 3.1). Da es verschiedenste Ausprägungen und Interpretationen der Matrixorganisation gibt, ist es notwendig, den Begriff näher zu bestimmen. Ausgehend von den organisationalen Vorläufern der Matrixorganisationsstruktur (Abschnitt 3.1.2) werden Voraussetzungen und die Entwicklung hin zur Matrixorganisation dargestellt (Abschnitt 3.1.3). Nach einer Darstellung, welche Arten der Matrixorganisation unterschieden werden können (Abschnitt 3.1.4), werden Bedingungen (Abschnitt 3.1.5) und Chancen und Risiken der Matrixorganisation dargestellt (Abschnitt 3.1.6). Im Hinblick auf organisationale, technische und individuelle Bedingungen der Wissenskommunikation wird dann in Abschnitt 3.2 die Wirkung der Matrixorganisation auf Wissenskommunikationsprozesse dargestellt.

3.1 Grundlagen zur Matrixorganisation

Wie in Kapitel 2 dargestellt wurde, sind für eine effektive, d.h. der Problemlösung der Organisation dienliche, Wissenskommunikation unter anderem organisationss-

trukturelle Faktoren wichtig (Sié & Yakhlef, 2013). Komplexer werdende Organi-
sationsumwelten erfordern immer komplexere Organisationsstrukturen (Davis &
Lawrence, 1977; Galbraith, 1971). Die Matrixorganisation ist eine häufig vorkom-
mende Organisationsform in der Unternehmenspraxis, um zugleich zwei bedeu-
tende Organisationsziele wie beispielsweise technische Brillianz und starke Kun-
denorientierung zu erreichen. Aus diesem Grund wird sie auch oft in wissensintensiven Industrien wie der Luft- und Raumfahrtindustrie eingesetzt (Galbraith, 1971;
Davis & Lawrence, 1977; Schreyögg, 2008). Dort ist durch die gleichzeitig auftretende technologisch sehr fordernde (Wright, 1994) Entwicklungsarbeit und die
starke Einflußnahme durch den Kunden mit der damit verbundenen hohen Unsicherheit eine Voraussetzung für einen sinnvollen Einsatz einer Matrixorganisation
erfüllt (dazu auch Abschnitt 2.2.2.1). Es stellt sich die Frage, was die Matrixorganisation genau ist, welche spezifischen Vor- und Nachteile sie in sich birgt und
welche besonderen Möglichkeiten, aber auch Herausforderungen, sie in Bezug auf
die Wissenskommunikation in Organisationen kennzeichnen.

3.1.1 Der Begriff der Matrixorganisation

Ein genaues Erfassen des Begriffs der Matrixorganisation fällt schwer, da der Begriff sich seit Jahrzehnten einer genauen Definition entzieht, und verschiedene
Begriffe wie Matrix-Organisation, Matrix-Management und oft auch Projektorganisation in der Literatur vermischt werden (Ford & Randolph, 1992). Zusätzlich
erschwert wird eine genaue Bestimmung der Matrixorganisation durch Unklarheiten in Bezug auf die Unterscheidung nach Primär- und Sekundärorganisation, die
in der betriebswirtschaftlichen Literatur getroffen wird (Osterloh & Frost, 2006;
Schreyögg, 2008).

Im Normalfall wird mit Matrixorganisation auf eine cross-funktionale Organisation Bezug genommen, die Personen und Abteilungen besser verknüpfen soll
(Schreyögg, 2008). Dabei wird über eine Dimension der organisatorischen Ordnung (beispielsweise nach Funktionen) eine zweite Dimension gelegt (beispielsweise nach Projekten), um eine bessere Koordination und Berücksichtigung der
Projektziele zu erreichen (Schreyögg, 2008).

Im Folgenden wird, aufbauend auf der Definition des Begriffs der Organisation
in Abschnitt 2.2.1, aus den oben genannten Gründen eine Klärung des Begriffs
der Matrixorganisation, und der Konzepte, die mit ihr in der Organisationstheorie verknüpft sind, durchgeführt. Im Anschluss werden der Zusammenhang von
Matrixorganisation und Wissenskommunikation dargestellt.

In Abbildung 3.1 ist beispielhaft eine Matrixorganisation dargestellt, bei der neben der Hierarchie nach Objekten parallel eine Strukturierung nach Verrichtungen

vorgenommen wird. Jeder der Knotenpunkte, also Mitarbeiter, hat somit zwei weisungsbefugte Vorgesetzte.

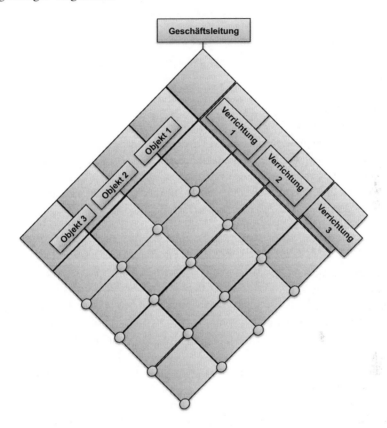

Abbildung 3.1: Grundtyp der Matrixorganisation (Schreyögg, 2008)

Gemeinsam ist vielen Definitionen der Matrixorganisation die Betonung einer mehrdimensionalen Führung. Eine weit gefasste Definition bezeichnet als *"Matrixorganisation jede Organisation, die eine multiple Autoritätsstruktur besitzt"* (Davis & Lawrence, 1977, S. 3), wobei neben den hierarchischen Strukturen auch entsprechende Unterstützungsmechanismen und eine konforme Organisationskultur und Verhaltensmuster vorhanden sein müssen (Davis & Lawrence, 1977). Generelle Charakteristika der Matrixorganisation scheinen denn auch das Übereinanderlegen zweier organisationaler Ordnungsprinzipien und doppelte Berichts-, Verantwortungs- und Autoritätslinien zu sein (Ford & Randolph, 1992). Wall (1984, S. 30) definiert die Matrixorganisation als ein koordinatives Strukturwerkzeug, in dem die *Programmorientierung* eines Projektmitarbeiters mit der *Spezialisierungsorientierung* eines Fachabteilungsmitarbeiters kombiniert und somit in eine neue und synergetische Beziehung gebracht wird. Er betont hierdurch den Zweck der Organisationsform - die Kombination zweier Führungs- und Kontrollsysteme zur besseren Leistungserbringung.

3.1.2 Klassische Organisationsformen als Basis

Im Folgenden werden die klassischen Organisationsformen dargestellt, die, wie schon beschrieben, als Vorstufen der Matrixorganisation gesehen werden können. Die Matrixorganisation ist hierbei der Versuch, die Vorteile der klassischen Organisationsformen zu erreichen, ohne deren Nachteile in Kauf nehmen zu müssen (Davis & Lawrence, 1977; Galbraith, 1971).

3.1.2.1 Funktionalorganisation

Eine Dimension der Matrixorganisation wird oft aus einer funktionalen Organisationsstruktur gebildet. Diese liegt vor, wenn die zweite Hierarchieebene nach Sachfunktionen strukturiert ist und das gesamte System funktional prägt (Schreyögg, 2008). Beispielhaft zeigt dies Abbildung 3.2, der Betrieb ist in Entwicklung, Einkauf, Produktion und Marketing aufgeteilt, diese Form stellt wohl die älteste Form der Organisation dar. Wichtiges Element der Funktionalorganisation ist die Einheitlichkeit der Leitung, jede Stelle ist genau einem Vorgesetzten unterstellt, eine Anweisungskette kann von der Unternehmensspitze bis zum Arbeiter eindeutig nachverfolgt werden (Fayol, 1959).

Die Vorteile der Funktionalorganisation liegen in der Konzentration gleichartiger Verrichtungen in einer Organisationseinheit, womit eine Nutzung von Spezialisierungsvorteilen durch Lern- und Übungseffekte und eine effiziente Nutzung vorhandener Ressourcen (Größenvorteile) möglich wird (Ford & Randolph, 1992; Schreyögg, 2008). Die Nutzung von Synergieeffekten zwischen ähnlichen Verrichtungen (Schreyögg, 2008) und die Möglichkeit, durch die Konzentration der Expertise in einer Abteilung eine höhere Spezialisierung durch spezifischere Kompetenzfelder abdecken zu können, beispielsweise in dem statt zwei Elektroingenieuren ein elektromechanischer und einen Elektronik-Ingenieur eingesetzt werden (Galbraith, 1971), sind weitere Vorteile der Funktionalorganisation. Ein weiterer Nutzen ist die Möglichkeit der Ausgestaltung spezifischer Karrierepfade für Spezialisten (Galbraith, 1971).

Abbildung 3.2: Funktionale Organisation, nach Schreyögg (2008)

Nachteile sind in Abstimmungsschwierigkeiten zwischen den einzelnen Abteilungen (Schreyögg, 2008), eine geringere Flexibilität durch die hohe Anzahl an Schnittstellen, eine geringere Zurechenbarkeit des eigenen Arbeitsanteils am Endprodukt, da die Arbeitsschritte stark fragmentiert sind (Clark & Wheelwright, 1992), und eine Überlastung der Hierarchie, da die funktionsübergreifende Koordination auf hoher Managementebene stattfindet (Schreyögg, 2008). Da der Bedarf an Spezialisten über den Lebenszyklus schwankt, kann es einer funktionalen Organisation schwerfallen, die Spezialisten jederzeit auszulasten (Galbraith, 1971), ebenso können mehrere Aufgaben gleichzeitig nur schwer in dieser Art der Funktion in sehr hoher Qualität bearbeitet werden (Galbraith, 1971). Durch die Unterteilung in einzelne Arbeitspakete ergeben sich Zuordnungsprobleme zwischen den Abteilungen, da Aufgaben oft nicht genau einer Funktion allein zuordenbar sind (Galbraith, 1971, Clark & Wheelwright, 1992), externe Kunden erhalten außerdem oft widersprüchliche Informationen aus der Organisation, je nachdem, mit welcher Abteilung der Kunde im Kontakt steht (Schreyögg, 2008).

Ein zentrales Problem der Funktionalorganisation scheint somit die Koordination des Produktentstehungsprozesses zu sein, die Prozesse für sich genommen liefern hervorragende Qualität (Galbraith, 1971), an den Übergabepunkten zwischen den Abteilungen sind aber Schnittstellenprobleme zu erwarten, und eine Planung und Steuerung des Gesamtprozesses ist durch die zersplitterte Organisation schwer möglich (Galbraith, 1971).

3.1.2.2 Objektorganisation

Wird die Abteilungsbildung an Objekten anstatt Funktionen orientiert, entsteht eine Objektorganisation, die zweite Hierarchieebene ist beispielsweise nach Regionen oder Divisionen geordnet (Schreyögg, 2008). Diese auch divisionale oder Spartenorganisation genannte Form gewährt den Divisionen für gewöhnlich größere Autonomie und Erfolgsverantwortung im Sinne eines Profitcenters (Schreyögg, 2008), ein beispielhaftes Organigramm ist in 3.3 dargestellt.

Eine detaillierte Übersicht der Vor- und Nachteile sind bei Schreyögg (2008) zu finden, er nennt als wesentliche Vorteile der Objektorganisation eine spezifische Ausrichtung auf relevante Märkte und Wettbewerbsstratien, höhere Flexibilität und Schnelligkeit durch kleinere Einheiten, Zukäufe/Desinvestionen sind leichter umzusetzen, Entlastung der Gesamtführung und höhere Steuerbarkeit der Teileinheiten, höhere Transparenz in Geschäftsfeldaktivitäten, mehr Motivation durch größere Autonomie, Identifikation und Eigenverantwortung und eine exaktere Leistungsbeurteilung des Managements.

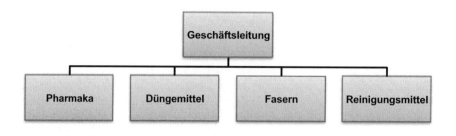

Abbildung 3.3: Objektorganisation, nach Schreyögg (2008)

Als Nachteile nennt er Effizienzverluste durch mangelnde Teilbarkeit von Ressourcen und suboptimale Betriebsgrößen, eine Vervielfachung der Führungspositionen, einen höheren administrativen Aufwand (bspw. Spartenerfolgsrechnung), eine potentielle Konkurrenz der Divisions- und Gesamtgeschäftsziele, potentiellen Kannibalismus durch Substitutionskonkurrenz zwischen den Divisionen, eine Gegentendenz zu Gesamtunternehmensstrategien (bspw. einheitlicher Marktauftritt) und beschränkte Möglichkeiten der Bildung von Kernkompetenzen (Schreyögg, 2008).

3.1.2.3 Projektorganisation

Projekte zeichnen sich im Gegensatz zu den normalerweise in Unternehmen getätigten Aufgaben durch eine einmalige Aufgabe mit klar zu definierendem Endpunkt und ihre Neuartigkeit aus (Schreyögg, 2008). Aufgrund der Komplexität der Problemstellung können diese Projekte nicht in einer Organisationseinheit allein abgewickelt werden und überschreiten Grenzen der Organisationseinheiten (Schreyögg, 2008). Eine verbesserte organisatorische Integration wird durch die Steuerung durch ein Projektteam erreicht, sowohl in Hinblick auf die Organisation der Projekte selbst, als auch die Verknüpfung der Projektarbeiten mit regulären, Serienaufgaben(Schreyögg, 2008).

Die Projektorganisation bringt somit der Funktional- und Objektorganisation entgegengesetzte Vor- und Nachteile mit sich (Galbraith, 1971): Eine gute Koordination über Spezialisten hinweg, und ein Erreichen der Ziele im Zeit- und Kostenrahmen werden durch diese Organisationsform begünstigt. Abbildung 3.4 zeigt exemplarisch eine Projektorganisation.

Für diesen integrativen Vorteil fordert die Organisationsform aber ein niedrigeres Niveau an technischer Brillanz, langfristige Technologieentwicklung und -sicherung haben keinen Verantwortlichen mehr, die Größenvorteile der Funktionalorganisation gehen verloren, und der Austausch zwischen Projekten ist behindert, womit Interdependenzen zwischen Projekten unentdeckt bleiben (Galbraith, 1971). Durch die Aufgliederung in voneinander unabhängige Projekte müssen Spezialistenfunktionen redundant besetzt werden, was zu erhöhten Personalkosten im Vergleich zur Funktionalorganisation führt (Galbraith, 1971).

Reine Projektorganisationen statten die Projektleitung mit allen erforderlichen Kompetenzen und Ressourcen für die Problemlösung aus, Schreyögg (2008) betont, dass eine Projektorganisation grundsätzlich nicht von einer Objektorganisation zu unterscheiden ist, allerdings ist die Geschäftsbereichorganisation von vornherein zeitlich begrenzt.

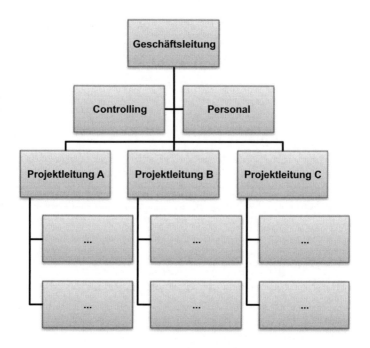

Abbildung 3.4: Projektorganisation, nach Schreyögg (2008)

3.1.2.4 Prozessorganisation

Die Prozessorganisation verfolgt einen anderen Ansatz als die klassischen Organisationsformen - sie versucht, über die Orientierung am Arbeitsprozess selbst Schnittstellen und somit potentielle Liegestellen zu vermeiden, indem der Prozess die Strukturierung der Organisation bestimmt (Osterloh & Frost, 2006).

Allerdings ist eine reine Prozessorganisation ohne funktionale Spezialisierung selten sinnvoll, weshalb sich, abgeleitet aus der Praxis, idealtypisch Mischtypen der Ein- und Ausgliederung von Funktionen feststellen lassen (Osterloh & Frost, 2006, S. 110):

- Funktionale Spezialisierung - Reine Ausgliederung der Funktionen, Funktionen bilden eigenständige Organisationseinheiten, ermöglicht Größenvorteile ("economies of scale").
- Richtlinienmodell - Funktionale Spezialisierung mit Richtlinienkompetenz

und teilweiser Ausgliederung bestimmter Aufgabenbereiche, Grundsatzentscheidungen fachlicher Art alleinige Verantwortung der Funktionen.

- Matrixmodell - Funktionsmanager und Prozessmanager sind gemeinsam entscheidungsberechtigt.

- Servicemodell - Funktionen als interne Dienstleister für Prozessmanager, aber selbständige Entscheidung der Funktionen, "wie" eine Anforderung bearbeitet wird, Koordination über "Marktmodell"

- Reines Prozessmodell - Vollständige Eingliederung der Funktionen in Prozessstruktur zur Realisierung von Synergieeffekten "economies of scope".

Das Ziel des Prozessmodells, die kundenorientierte Rundumbearbeitung, ist nur mit dem Servicemodell und der reinen Prozessorganisation zu erreichen, mit Einschränkungen auch im Matrixmodell (Osterloh & Frost, 2006). Begründet ist dies in der Anzahl und Qualität der Schnittstellen, die zur Abarbeitung des Prozesses notwendig, und die in der funktionalen Spezialisierung und dem Richtlinienmodell zu hoch sind (Osterloh & Frost, 2006).

Die im Prozessmodell vorgeschlagene Auflösung aller funktionalen Funktionen ist im Praxisfall überzogen (Osterloh & Frost, 2006). Allerdings können die Gedanken zur möglichst reibungslosen Bearbeitung von Prozessen durchaus auf klassische Modelle wie die Matrixstruktur übertragen werden, um an deren "Schwachstellen" Optimierung zu betreiben. Zudem sind die als negativ aufgefassten Schnittstellenprobleme einerseits potentielle Konfliktherde, zugleich aber Quellen fruchtbarer Zusammenarbeit zwischen zwei benachbarten Funktionen (Osterloh & Frost, 2006), was ein komplettes Wegfallen dieser Konflikt- und Diskussionspunkte unter dem Gesichtspunkt des Organisationalen Lernens nicht optimal erscheinen lässt.

3.1.3 Kombination aus Funktional- und Projektorganisation

In den 1960ern bildete sich in der Praxis eine Kombination aus Funktional- und Projektorganisation, die Matrixorganisation ((Davis & Lawrence, 1977; Galbraith, 1971). Da die Kontrolle über wichtige, komplexe Projekte in der gegebenen Struktur nicht mehr gegeben war, Zeitpläne und Kosten überzogen wurden und die technische Qualität der Lösungen absank, sollte durch die Installation von Projektmanagern und später einer zweiten Organisationsstruktur orthogonal zur Funktionalstruktur, eine erhöhte Kontrolle über die Zukunftsprojekte wiederhergestellt werden (Davis & Lawrence, 1977).

Wird als Dimension der Anteil an funktional ausgeübter Kontrolle genommen, so finden sich auf diesem Kontinuum, das zwischen der funktionalen Organisation als einem Extrem und der Projektorganisation als anderem Extrem aufgespannt wird, die Matrix-Organisation in der Mitte dieser Pole (Ford & Randolph, 1992). Im Folgenden werden die gerade angesprochenen Organisationsformen ausführlicher dargestellt.

Meist entwickelt sich die Matrix aus einer klassischen Einlininenorganisation, da sich ändernde Umweltanforderungen dies erfordern (Galbraith, 1971). Zwei Dimensionen werden dadurch gleich wichtig für das Erreichen der Organisationsziele (Galbraith, 1971), meist wird temporär neben der (klassischen) Hauptdimension wie beispielsweise der Funktionalgliederung eine zweite Dimension hinzugefügt (Galbraith, 1971). Diesen "evolutionären" Weg beschritt beispielsweise die Luftfahrtindustrie Mitte des letzten Jahrhunderts, indem die Verantwortung für Projekte in Projektteams ausgegliedert wurde (Galbraith, 1971).

Generell wird von Autoren, die die Matrixorganisation behandeln, eine zeitliche Entwicklung unterstellt (Davis & Lawrence, 1977; Galbraith, 1971; Larson & Gobeli, 1987; Schreyögg, 2008; Sy & D'Annunzio, 2006). Wie in Abbildung 3.5 dargestellt, wird von der klassischen Pyramidenhierarchie einer Funktionalorganisation mit Einheit von Führung und Kontrolle (Phase I) bei Auftreten eines Problems zeitweise eine zweite Organisationsdimension hinzugefügt, um diese Probleme schneller als durch die standardmäßige Linienorganisation lösen zu können (Phase II) (Davis & Lawrence, 1977). Ein Beispiel wäre bei einer reinen Funktionalorgansation das Hinzufügen einer Projektmanagementstruktur, um die Aufgabenerfüllung in zeitlicher, finanzieller und qualitativer Sicht sicherzustellen (Davis & Lawrence, 1977).

Wenn die zweite Organisationsdimension nicht nur für temporäre Projekte, sondern auch für länger anhaltende Themen genutzt wird, wie beispielsweise Produkt- oder Programmmanagement, ist Phase III erreicht, in der, immer noch unter "Vorherrschaft" der Funktionalorganisation, eine zweite Organisationsdimension parallel spezifische Ziele verfolgt (Davis & Lawrence, 1977). Das Ziel eines Projektmanagers ist es, die Projektziele unter Einhaltung der Zeit-, Kosten- und Leistungsparameter zu erreichen und das Projekt abzuschliessen, Produktmanagement will das genaue Gegenteil - hier soll ein Produkt oder eine Produktfamilie möglichst lange genutzt werden (Davis & Lawrence, 1977).

Phase IV, oder die "reife Matrix" (Davis & Lawrence, 1977), ist erreicht, wenn beide Organisationsdimensionen absolut gleichberechtigt agieren und die Macht nicht aufgeteilt, sondern von beiden Vorgesetzten gleich eingesetzt werden kann, Mitarbeiter werden darin je nach Projektstatus ausgetauscht, wobei die Organisation selbst aber stabil bleibt (Davis & Lawrence, 1977). Für Davis und Lawrence (1977) ist die reife Matrixorganisation allerdings nicht die Endform der organisationalen Entwicklung, manche Unternehmen entwickeln sich, je nach Umweltanforderungen, auch weiter zur Tensororganisation (hinzufügen einer dritten Dimension) oder wieder ganz von der Matrixorganisation weg.

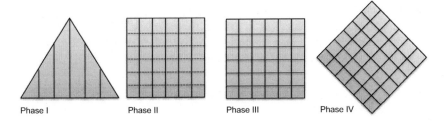

Abbildung 3.5: Entwicklungsphasen der Matrixorganisation (in Anlehnung an Davis und Lawrence (1977))

Nicht nur die Ausgestaltung der Matrixorganisation ist flexibel, die Einführung einer Matrixorganisation an sich stellt einen Prozess dar (Davis & Lawrence, 1977). Es wird nicht einfach eine Organisationsform durch eine andere ersetzt - Davis und Lawrence (1977, S. 45) nennen die Formel

> *"Matrix Organisation = Matrixstruktur + Matrix Systeme + Matrix Kultur + Matrix Verhalten"*

und betonen die Prozesshaftigkeit durch die Feststellung *"Matrix is a verb"* (Davis & Lawrence, 1977, S. 45) - eine Matrixorganisation entsteht durch Handlungen, und ist kein statisches Subjekt. Die Struktur stellt dabei die doppelte Hierarchiekette dar, die Systeme müssen Planung, Controlling und Belohnung sowohl auf der Funktions- als auch der Produktstruktur zeitgleich sicherstellen können (Davis & Lawrence, 1977). Die Kultur der Organisation muss ebenso wie das Verhalten der Mitarbeiter mit den Anforderungen, die die Matrixstruktur stellt, passend sein beziehungsweise sich dorthin entwickeln (Davis & Lawrence, 1977). Dieser Prozess der Anpassung kann, nach Entscheidung der Einführung der Matrix und der Installation, mehrere Jahre dauern (Davis & Lawrence, 1977).

3.1.4 Arten und Merkmale der Matrixorganisation

Die Matrixorganisation ist eine Organisationsform, die die Einheit der Führung auflöst und Mitarbeiter auf zwei organisationalen Strukturebenen zuweist, beispielsweise der Fachabteilung und einer Projektstruktur (Davis & Lawrence, 1977). Diese Gleichzeitigkeit der Führung in Kombination mit der Variabilität des Führungseinflusses der beiden vorgesetzten Stellen macht die Matrixorganisation als organisatorische Struktur einmalig. Zudem gibt es nicht "die Matrixorganisation" als reinen aufbaustrukturellen Aspekt, für die Entwicklung einer Matrixorganisation sind eine zueinander passende Struktur, Systeme, Kultur und Verhalten notwendig (Davis & Lawrence, 1977). Die Matrixorganisation kann zudem je nach bestimmender Kraft auf einem Kontinuum zwischen Funktional- und Projektorganisation verstanden werden (Larson & Gobeli, 1987, 1988).

Tabelle 3.1: Matrix-Formen und ihre Eigenschaften

	Funktionale Matrix	Balancierte Matrix	Projektmatrix
Mitarbeiter	Mitglieder der Fachabteilung	offiziell Teil beider Organisationsdimensionen	wechseln zwischen Fach- und Projektorganisation
Verhältnis FM / PM	Prozesse stellen crossfunktionale Zusammenarbeit sicher	Strebt gleiche Machtverteilung zwischen Organisationsdimensionen an	Permanentes PM-Overlay
Rolle PM	PM koordiniert Fachfunktionen	PM definiert, was wann bearbeitet wird	PM hat Kontrolle über Ressourcen und Projektausrichtung
Rolle FM	verantwortlich für Gestaltung und Vollendung der technischen Anforderungen	definieren Personalzuteilung und wie Aufgaben bearbeitet werden	haben eine Beraterrolle; kontrollieren Fachteam; dem PM verantwortlich

Anmerkungen. PM=Projektmanagement, FM=Funktionalmanagement

Larson und Gobeli (1987, 1988) definieren, aufbauend auf Galbraith (1971) und abweichend von Davis und Lawrence (1977), mehrere Arten von Matrixorganisationen. Sie unterscheiden stärker als diese nach der mächtigeren Dimension in der Matrixorganisation, und sehen auch die zeitliche Entwicklung einer Matrixorganisation auf der Ebene der Verschiebung in der Machtverteilung. Auf einem Kontinuum zwischen der Funktionalorganisation und der Projektorganisation verorten Larson & Gobeli dabei die funktionale Matrix, die balancierte Matrix und die Projektmatrix (Davis & Lawrence, 1977). Wie in Tabelle 3.1 ersichtlich unterscheiden sich diese Formen in Bezug auf die Rollen der Fachführung, des Projektmanagements und der Mitarbeiterzuweisung. Die funktionale Matrix liegt auf dem Kontinuum näher an der Funktionalorganisation, die fachliche Führung ist noch stark betont, sie ist für die Ausgestaltung und Vollendung der technischen Aufgaben verantwortlich, Mitarbeiter bleiben volle Mitglieder ihrer Abteilung, das Projektmanagement ist auf koordinative Unterstützung der Fachfunktionen beschränkt (Sy & D'Annunzio, 2006).

Die "balancierte Matrix" ist die Matrixform, die normalerweise bei der Nennung des Begriffs "Matrix" gemeint ist - Fach- und Projektmanagementführung sind gleichberechtigt, die Mitarbeiter Teil beider Organisationsdimensionen, das Projektmanagement definiert, was wann angegangen werden muss, die Fachfunktion entscheidet, wer die Aufgabe mit welchen Methoden bearbeitet (Sy & D'Annunzio, 2006). Es gibt also nicht *die* Matrix, die Organisationsform kann sich erheblich in der Ausgestaltung ihrer Eigenschaften unterscheiden und somit näher an einer Funktional- oder einer Projektorganisation verortet sein.

3.1.5 Bedingungen zur Einführung einer Matrixorganisation

Nach der Klärung der Entstehung der Matrixorganisation und der in der Literatur beschriebenen Arten stellt sich die Frage, unter welchen Bedingungen diese Organisationsform gewählt wird. Ein Dilemma der oben genannten klassischen Organisationsformen ist, daß man mit der Wahl einer solchen die spezifischen Vorteile gewinnt, aber die Nachteile ebenso hinnehmen muß (Ford & Randolph, 1992; Galbraith, 1971).

Idealtypisch betrachtet, ist bei der Wahl der funktionalen Organisation die technologische Lösung hochwertig, aber stark im Zeitplan zurück, wählt man die Projektstruktur, so sind Zeit- und Kostenplanung eingehalten, und die technische Lösung ist technologisch nicht so ausgereift wie in einer Funktionalorganisation (Galbraith, 1971). Zusätzlich wirkt sich aus, dass aufgrund der sich ausweitenden Spezialisierung und Aufteilung der Aufgaben, einer zunehmenden Unternehmensgröße und Internationalisierung eine Tendenz zur Verselbständigung der Abteilungen und Funktionen entwickelte (Davis & Lawrence, 1977; Schreyögg, 2008). Intern fallen die Anschlußprobleme ins Gewicht, die Partikularsicht und -interessen der Abteilungen erschweren Verständnis und Vorankommen in Problemen (Schreyögg, 2008). Im Außenverkehr müßen Kunden oft mit mehreren Ansprechpartnern in Kontakt treten, um ihr Anliegen zu vertreten (Schreyögg, 2008). Diese Nachteile mündeten in Versuchen, die Organisationsformen parallel anzuwenden, das Ergebnis ist die Matrixorganisation (Schreyögg, 2008).

Für die Einführung der komplexen Organisationsstruktur "Matrixorganisation" sind Voraussetzungen zu erfüllen, da die erhöhte organisatorische Komplexität ansonsten die erreichbaren Vorteile überwiegt (Davis & Lawrence, 1977). Davis & Lawrence nennen drei Grundbedingungen für die Sinnhaftigkeit der Einführung einer Matrixorganisation:

- *Starker Umweltdruck in zwei Dimensionen* ("outside pressure for dual focus"): Die Organisation muss Ziele auf zwei Dimensionen erreichen, die sich widersprechen können - als Beispiel ist hier die Luftfahrtindustrie angeführt, bei der komplexe technische Probleme und spezifische Projektanforderungen des Kunden gleichzeitig bedacht und umgesetzt werden müssen (Davis & Lawrence, 1977). Durch die Einführung einer dualen Führungsstruktur, bei der beide Seiten über die Matrix gezwungen sind die Ziele abzugleichen und gemeinsam eine Lösung zu finden, wird der Konflikt offengelegt und somit lösbar (Davis & Lawrence, 1977).

- *Bedürfnis nach hoher Informationsverarbeitungskapazität* ("Pressures for high information processing capacity"): Ab einer bestimmten Größe und Komplexität kann eine Aufgabe nicht mehr durch ein Individuum erledigt werden; wird sie aufgeteilt, muss die Organisation Kommunikationsgelegenheiten für die Bearbeitenden schaffen, standardmäßig geschieht dies über Hierarchien und funktionale Gliederung (Davis & Lawrence, 1977). Wenn diese Kommunikation durch

  - die Menge und Unsicherheit der Informationen (sie sind schwer vorhersehbar und die Inhalte ändern sich laufend),
  - die Vielgestaltigkeit der Aufgabe und
  - die Interdependenzen in der Bearbeitung (geänderte Umstände ziehen eine Menge an notwendigen Kommunikationsvorgängen zur Klärung nach sich)

  erschwert ist, kann der erfolgreiche Abschluß der Arbeiten durch einen zweiten Hierarchie- und Kommunikationskanal erleichtert werden (Davis & Lawrence, 1977). Wissensintensive Prozesse wie Entwicklungsprozesse können hier sicherlich eingeordnet werden (Dörner, 1979; Pahl et al., 2007, dazu auch Abschnitt 2.2.2)

- *Effiziente Ressourcennutzung* ("Pressures for high information-processing capacity"): "Unteilbare Güter" wie beispielsweise Spezialgeräte oder Experten müssen unter Umständen von mehreren Projekten oder Organisationseinheiten gemeinsam genutzt werden - wenn ein starker externer Zwang herrscht, diese Ressourcennutzung effizient umzusetzen, kann die Matrixorganisation den notwendigen, schnellen Einsatzwechsel erleichtern (Davis & Lawrence, 1977).

Sind nicht alle drei Voraussetzungen erfüllt, sehen Davis und Lawrence (1977) eine Einführung einer Matrixorganisation als zu aufwändig an und raten deutlich von diesem Organisationskonzept ab. Doch selbst, wenn diese drei Punkte erfüllt sind, bringt diese Organisationsform, neben Vorteilen, auch das Risiko mehrerer Nachteile mit sich, die von den Autoren sogar als pathologisch beschrieben werden. Auf diese positiven wie negativen Auswirkungen der Matrixorganisation wird im folgenden Abschnitt eingegangen.

3.1.6 Chancen und Risiken einer Matrixorganisation

Generell scheint die Einführung einer Matrixorganisation die gewünschten Wirkungen wie beispielsweise verbesserte Kommunikations- und Koordinationsleistungen erbringen zu können, wenn den Handlungsempfehlungen von Davis und Lawrence (1977) und Galbraith (1971) gefolgt wird. Die Erwartungen an Matrixorganisationen erfüllen sich aber nicht von selbst, und positive Auswirkungen ergeben sich nicht allein durch das Einführen der Organisationsform. Vielmehr ist eine Vielzahl an spezifischen potentiellen Vorteilen mit der Matrixorganisation verbunden, die aber auch erst "aktiviert" werden müssen. Im Folgenden werden theoretische und empirische Ergebnisse zu Chancen und Risiken einer Matrixorganisation dargestellt.

Grundsätzlich bietet die Matrixorganisation eine legale Möglichkeit, mit zwei starken Zielsystemen zugleich in einer Organisation umzugehen (Schreyögg, 2008), eine flexible und somit ressourcen-schonende Nutzung von Spezialisten, die nur in einem Projekt-/ Produktbereich nicht ausgelastet wären (Galbraith, 1971), das schnellere Verteilen von Informationen und Treffen von Entscheidungen (Sy & D'Annunzio, 2006), und eine einheitliche Kommunikation in Richtung der Kunden (Schreyögg, 2008).

Die Matrixorganisation soll die Vorteile der Funktional- und Projektorganisation vereinen (Galbraith, 1971), und eine starke Koordinationsfunktion über Fachfunktionen hinweg bei gleichzeitiger Erhaltung der funktionalen Kompetenz ermöglichen (Davis & Lawrence, 1977; Ford & Randolph, 1992; Galbraith, 1971; Schreyögg, 2008; Strikwerda & Stoelhorst, 2009). Pointiert schreibt Schreyögg (2008), Ziel der Matrixorganisation sei die Differenzierung, die durch die Arbeitsteilung und Aufteilung nach Funktionen entsteht, zu kompensieren.

Negative Auswirkungen der Matrixorganisation sind sowohl auf organisationaler wie individueller Ebene zu finden. Davis und Lawrence (1977) prägten mit der Darstellung von acht Pathologien die Literatur zur Matrixorganisation. Matrixorganisationen sind nach ihrer Ansicht sehr anspruchsvolle Gebilde, deren Einführung unbedingt die Entwicklung nicht nur der Struktur, sondern auch der passenden Matrixprozesse und einer passenden Matrixkultur erfordert (Davis & Lawrence, 1977). Wenn dies nicht gelingt, können sich pathologische Auswirkungen einstellen, die typische "Verlaufsformen" gescheiterter Matrixorganisationen nachzeichnen, und deren Auftreten hauptsächlich in einer mangelhaften Beachtung der Bedingungen und der kulturellen Voraussetzungen der Matrixorganisation zu suchen ist (Davis & Lawrence, 1977).

Die Pathologien, die aus Fallstudien erhoben wurden, werden von der empirischen Literatur teilweise bestätigt. Diese sind allerdings so spezifisch, dass in der Realität nur Vermischungen der Pathologien bestätigt werden können. Die Verletzung der Einzelunterstellung führt zu Doppeldeutigkeiten und Machtkämpfen zwischen Projekt- und Fachfunktionsmanagern. Aspekte wie "Anarchie", "Gruppenfetischismus" und "Beschlußunfähigkeit" treten in dieser Deutlichkeit in der Realität aber nicht auf.

Teilweise treten aber einige Effekte sowohl bei den Vor- wie auch den Nachteilen auf, was auf den ersten Blick widersprüchlich wirkt. Eine verbesserte Kommunikation wird in Studien bestätigt, gleichzeitig scheint aber, zum Teil in der gleichen Studie (Denis, 1986; Larson & Gobeli, 1987), eine verlangsamte Informationsverarbeitung stattzufinden. Ein Grund könnte darin liegen, dass in der Organisation selbst eine stark erhöhte Informationsverarbeitungskapazität vorliegt, da Mitarbeiter nun direkter als in einer Linienorganisation miteinander kommunizieren, die Mitarbeiter selbst als Ausführende wegen einer beschränkten Informationsverarbeitungskapazität (Cognitive Load Theory (Chandler & Sweller, 1991; Sweller, 2003)) überfordert sind (Vahs, 2009). Ebenso wird eine erhöhte technische Exzellenz für Matrixorganisationen festgestellt, andererseits schafft die Organisationsform bei Funktionalmanagern Unsicherheit und unterhöhlt ihre Autonomie, was die technische Seite der Matrix schwächt (Davis & Lawrence, 1977; Wall, 1984).

Einer der Hauptvorwürfe gegen die Matrixorganisation lautet, daß ein starker Personalaufbau für die zwei Dimensionen notwendig ist (Davis & Lawrence, 1977). Dieser Verwaltungswasserkopf kann entstehen, wenn Unternehmen die Kostenstrukturen aus dem Blick verlieren und jede der neuen Stellen auf der zweiten Ebene als Vollzeitstellen ansehen, und nicht etwa bestimmte Stellen der Projektorganisation in Personalunion mit Führungskräften aus der Fachfunktion besetzen (Davis & Lawrence, 1977).

3.2 Spezifische Bedingungen der Wissenskommunikation in der Matrixorganisation

Im vorherigen Abschnitt wurde eine Reihe von Chancen und Risiken der Matrixorganisation dargestellt. Betrachtet man diese unter der Perspektive der Wissenskommunikation, lassen sich einige Hinweise darauf erkennen, dass die Matrixorganisation Bedingungen der Wissenskommunikation durchaus beeinflussen und das längst nicht immer in der erwünschten beziehungsweise angestrebten positiven Weise.

Generell sind empirische Untersuchungen zur Wirkung der Matrixorganisation allerdings selten, die Forschung scheint nach der Hochphase in den frühen 1980er Jahren eingeschlafen zu sein, in der 1990er und 2000er Jahren ist kaum relevante Literatur zu finden. Ein Grund dafür ist, dass in der Literatur eine leichte Abkehr von der Suche der idealen Struktur hin zur Ausbildung der Fähigkeiten der Führenden einsetzte (Bartlett & Ghoshal, 1990; Laslo & Goldberg, 2001). Auch die Beiträge, in denen Matrixorganisationen als zu komplex und Ursache für organisationales Versagen genannt werden (beispielsweise Miller, 1986; Peters, 1979; Peters & Waterman, 2004; Quinn, 1985; Waterman, Peters & Phillips, 1980) basieren zudem großteils aus anekdotischen Fallbeispielen (McCollum & Sherman, 1991; Sherman & McCollum, 1991), eine empirische Grundlage lässt sich dabei oft vermissen. Eine systematische Auswertung nach Vor- und Nachteilen der Matrixorganisation mittels einer Meta-Studie liefern Ford und Randolph (1992): Als einen entscheidenden Mehrwert von Matrixorganisationen identifizieren die Autoren eine Erhöhung der Kommunikationsfrequenz und der verarbeiteten Menge an Information.

Inwiefern sich eine Matrixorganisation nun auf die Wissenskommunikation auswirken kann soll im folgenden Abschnitt analysiert werden. Dazu werden wesentliche Bedingungen der Wissenskommunikation, die in Abschnitt 2.3.1 allgemein für organisationale Kontexte herausgearbeitet wurden, unter der spezifischen Perspektive der Merkmale von Matrixorganisationen betrachtet werden: Dabei werden die organisationale Ebene mit Aspekten der Organisationsstruktur, der Ressourcen, des Führungseinflusses, auf Ebene der Technik mit IT-/ und Anwendungssystemen und die individuelle Ebene mit Aspekten der Motivation der Wissensanwendung und der Erfahrung unterschieden.

3.2.1 Bedingungen auf Ebene der Organisation

Matrixorganisationen weisen eine einzigartige und komplexe Strukturierung auf (vgl. Abschnitt 3.1.4). Inwiefern diese organisationalen Begebenheiten in Hinblick auf die Wissenskommunikation förderlich oder hinderlich wirken können, soll im Folgenden anhand der wesentlichen Faktoren der Matrixorganisation detailliert diskutiert werden.

3.2.1.1 Organisationskultur

Auf Ebene der Organisations- und Kommunikationskultur, die ein zentraler übergeordneter Bedingungsfaktor für Wissenskommunikation ist (vergleiche Abschnitt 2.3.1.1), lässt sich annehmen, dass die Matrixorganisation durch ihre organisationsstrukturelle Anlage mit direkter Kommunikation unter den beteiligten Mitarbeitern und der (teilweisen) Verlagerung der Verantwortung und Kommunikation auf Mitarbeiterebene den Dispens und die Diskussion institutionalisieren kann (Schreyögg, 2008). Ebenso wirkt sich die Erhöhung der Kommunikationsfrequenz unter den Mitarbeitern positiv auf die Offenheit der Kommunikation und somit auf die Kommunikationskultur aus (Davis & Lawrence, 1977).

Wenn die Organisationskultur den Anforderungen der Matrixorganisation (vgl. dazu Abschnitt 3.1.5 zur Einführung einer Matrixorganisation und der Wichtigkeit, nicht nur die organisationale Struktur, sondern auch eine adäquate Organisationskultur einzuführen) nach einer lösungsorientierten, partnerschaftlichen Diskussion nicht genügt, kann als Folge ein *Machtkampf* zwischen den Matrixdimensionen entstehen, der durch das Streben nach Verschiebung des ursprünglich angedachten Kräftegleichgewichts die Organisation lähmt (Davis & Lawrence, 1977). Erschwerend kommt hinzu, dass Matrixstrukturen oft in Zeiten der wirtschaftlichen Prosperität in Unternehmen eingeführt werden, bei einer erschwerten wirtschaftlichen Lage kann sich die Geschäftsführung in einem Angstreflex durch die vielen Meetings und die "unproduktive Rederei" veranlasst sehen, durch autoritäreres Führen Entscheidungen schnell zu setzen, und die Zwei-Linienstruktur aufzubrechen (Davis & Lawrence, 1977).

Ebenso negativ kann sich auswirken, dass die funktionalen Manager sich in ihrer Autonomie unterhöhlt fühlen, und dass zwischen den Mitarbeitern Konflikte auftreten, die durch unterschiedliche Kontexte, Zeithorizonte und Ziele zurückzuführen sind (Davis & Lawrence, 1977; Denis, 1986; Wall, 1984). Daraus kann Misstrauen und vorsichtiges Verhalten resultieren, was wiederum der Kommunikationskultur nicht förderlich ist.

Generell ist die Kultur in einer Organisation schwer fass- und messbar, weshalb in dieser Arbeit die Konstrukte der Führung und der Motivation als stark von der Organisationskultur beeinflusste Konstrukte erhoben werden.

3.2.1.2 Unterstützung durch die Führungskraft

Führungsverhalten als essentieller Einflußfaktor, vor allem auch als Unterstützung durch die Führungskraft, scheint in der Matrixorganisation eher problematisch zu sein: Die Matrixorganisation hat auch starke Auswirkungen auf die Führungskräfte, und dadurch mittelbar auf die Unterstützung der Führungskräfte für Prozesse der Wissenskommunikation. Ein positiver Effekt der Matrixorganisation kann durch die vermehrte direkte Kommunikation der Mitarbeiter entstehen, was die Managementebene von koordinativen Aufgaben entlasten und somit Zeitreserven für andere Führungsaufgaben schaffen kann (Davis & Lawrence, 1977; Galbraith, 1971; Joyce, 1986).

Im Bereich der Führung sind ansonsten vor allem negative Aspekte auf die Wissenskommunikation auffällig. Wird eine Matrixstruktur nur latent eingeführt, Rollen und Verantwortlichkeiten der beiden Dimensionen also nicht klar kommuniziert, so können die undurchschaubaren Führungsbeziehungen zu *Anarchie* führen, da sowohl Mitarbeiter als auch Führungskräfte nicht wissen, wessen Anweisungen nun gelten (Davis & Lawrence, 1977). Beispiele hierfür sind bei der doppelten Unterstellung eines Mitarbeiters Themen wie Leistungsbeurteilung und Bezahlung, diese sind Wahrnehmungs- und Verhandlungssache der zwei Vorgesetzten, und somit potentiell Gegenstand unterschiedlicher Prioritäten der Fach- und Projektorganisation (Denis, 1986; Ford & Randolph, 1992; Larson & Gobeli, 1987).

Die Doppeldeutigkeit durch die duale Führungsstruktur kann vor allem bei den funktionalen Managern zu empfundenen Autonomieverlusten und daraus resultierend möglichen organisationalen Konflikten mit den Projektmanagern führen (Davis & Lawrence, 1977; Ford & Randolph, 1992; Turner, Utley & Westbrook, 1998; Wall, 1984). Ebenso negativ können sich die hohen Kosten durch vermehrte Abstimmung und daraus resultierende verspätete Entscheidungen auswirken (Davis & Lawrence, 1977). Beide Punkte können Führungskräfte dazu veranlassen, vermehrte Kontrolle auszuüben, und damit die Vorteile der erweiterten Kommunikation wieder einzuschränken.

Generell scheint die Art der Führung enorm wichtig für den Erfolg von Wissenskommunikation und -nutzung zu sein, da die richtige Reaktion auf negative Effekte der Matrixorganisation immer auch die Führungskraft in die Verantwortung nehmen. Wie in Kapitel 2 dargestellt gibt es nicht "die eine" Matrixorganisation, somit hat sich auch das Führungsverhalten situationsspezifisch anzupassen (vgl. dazu von Rosenstiel (2007)).

3.2.1.3 Organisationsstrukturelle Aspekte der Matrixorganisation

Wie in Abschnitt 2.3 aufgezeigt wurde, sind als förderliche Bedingungen für die Wissenskommunikation insbesondere dezentrale Organisations- und damit Kommunikationsstrukturen festzuhalten. Das scheint die Matrixorganisation in besonderer Weise zu begünstigen: Einer der zentralen Vorteile der Matrixorganisation ist die Verbesserung der Kommunikationsmöglichkeiten zwischen den Organisationsmitgliedern aufgrund der dezentralen Struktur (Ford & Randolph, 1992). Dabei kommunizieren die Mitarbeiter, wie in Abschnitt 3.1.4 beschrieben, direkt in beiden Dimensionen der Matrixorganisation (also beispielsweise auf Fachabteilungs- und Programmebene).

Eine Ursache hierfür ist die Erhöhung der Kommunikationsfrequenz, die durch vermehrt mögliche laterale Kommunikation bedingt ist (Davis & Lawrence, 1977; Galbraith, 1971; Joyce, 1986), wobei Uneinigkeit herrscht, ob eine Zunahme oder eine Abnahme der formellen Kommunikation damit verbunden ist (Joyce, 1986, Allen, 1984, Allen, 1986, Allen & Hauptman, 1987, Allen & Henn, 2007). Erstere Position wird damit begründet, dass durch die neuen (dualen) Berichtslinien bisher notwendige, informelle Berichtswege offiziell beziehungsweise formell werden. Da Kommunikation bei wissensintensiven, komplexen Arbeitsprozessen immer einen stark informellen Anteil hat und nicht beliebig durch formelle Kommunikation ersetzt werden kann, ist diese Position abzulehnen. Speziell Allen und Henn (2007) und Fischer und Ostwald (2005) vertreten die Meinung, dass wissensintensive Kommunikationsprozesse eher informell und in direktem Kontakt stattfinden, da die Komplexität in mediengestützter, formaler und asynchroner Kommunikation nicht hinreichend transportiert werden kann.

Die Erhöhung der Kommunikationsfrequenz (da die Mitarbeiter mit direkten Kollegen leichter sprechen können, siehe auch Abbildung 2.10 in Abschnitt 2.3.1) erleichtert grundsätzlich die Wissensteilung in Netzwerken und Arbeitsgruppen. Verknüpfungswissen und eine holistische Sichtweise ergeben sich durch die engere, abteilungs- und programmübergreifende Zusammenarbeit, und ermöglichen somit eine effiziente Wissensnutzung, ebenso wie die schnellere Entscheidungsfindung, die durch den direkten Kontakt der Beteiligten in der Matrix möglich ist (vgl. dazu Osterloh & Frost, 2006 und Schreyögg, 2008). Durch den gleichen Grund ist es möglich, die absolute Menge an Informationen, die zeitgleich verarbeitet werden können, zu erhöhen, was sich positiv auf die Wissensteilung auswirkt (vgl. dazu Davis & Lawrence, 1977; Galbraith, 1971; Joyce, 1986; Larson & Gobeli, 1987).

Ebenso werden Probleme schneller sichtbar, was sich positiv auf die rechtzeitige, problembezogene Wissenskommunikation und somit letztendlich auch die

Wissensnutzung auswirkt, ebenso wie die verringerte Schnittstellenproblematik (vgl. dazu Osterloh & Frost, 2006 und Abschnitt 3.1.2.4) und damit einhergehend schnelleres und effizienteres Arbeiten. Somit ist zu erwarten, dass komplexe Prozesse wie Produktentwicklungsprozesse reibungsloser ablaufen. Somit können Probleme an Schnittstellen schneller sichtbar werden (Osterloh & Frost, 2006), und Schnittstellenprobleme generell aufgrund des direkten Kontakts der Mitarbeiter der beteiligten Fachfunktionen zueinander abnehmen (Davis & Lawrence, 1977; Galbraith, 1971; Joyce, 1986). Aufgrund der direkten Kontakte können Arbeitsprozesse generell schneller, d.h. mit weniger Iterationsschleifen, bearbeitet werden, als wenn diese in einer Funktionalorganisation anfallen würden (Davis & Lawrence, 1977; Galbraith, 1971; Joyce, 1986).

Auch die Managementebene ist durch die Verlagerung der horizontalen Kommunikation von Management- auf Mitarbeiterebene und die Entlastung von koordinativen Aufgaben leistungsfähiger und blockiert nicht mehr die Problemlösung durch ihre Überlastung (vgl. dazu Davis & Lawrence, 1977; Galbraith, 1971).

Ebenso ist durch die Matrixstruktur auch eine größere Flexibilität bei Personal- und Ressourceneinsatz möglich, da die "Silos" (Osterloh & Frost, 2006, S. 30) der Funktionalorganisation aufgelöst werden und ein Experte parallel in mehreren Projekten arbeiten kann (Davis & Lawrence, 1977; Denis, 1986; Larson & Gobeli, 1987). Dies hat ebenso positive Effekte auf die Kommunikation, da schneller große Netzwerke mit Kollegen entstehen und diese zum Wissensaustausch genutzt werden können (vgl. dazu Davis & Lawrence, 1977; Larson & Gobeli, 1987). Ebenso kann die Transparenz für Mitarbeiter, wer von den Kollegen in welchem Gebiet ein Experte ist, steigen (vgl. dazu Su, 2012).

Allerdings sind durch die Struktur der Matrixorganisation auch negative Effekte auf die Wissenskommunikation festzustellen. Ein negativer Effekt kann durch die *Beschlussunfähigkeit* verursacht werden, wenn die zwei Dimensionen der Matrixorganisation den Diskurs nicht erfolgreich beenden können und durch Dauerdiskussionen oder permanente Eskalation an die Geschäftsleitung Probleme verschleppen anstatt Lösungen zu entwickeln (Davis & Lawrence, 1977).

Wenn der Matrixgedanke mit einer extremen Form der Gruppenentscheidung verwechselt wird, kann eine *"Groupitis"* entstehen, analog zum "Group think"-Phänomen (Janis, 1982, 1989), bei dem in Gruppen unter bestimmten Bedingungen Entscheidungsgrundlagen systematisch verzerrt verarbeitet werden (dazu auch Frey, Schuster und Brandstätter (2004), Janis (1982, 1989)). Entscheidungen werden in diesem Falle nur noch gemeinsam getroffen, was die Abstimmung über Entscheidungen extrem in die Länge ziehen oder verfälschen kann (Davis & Lawrence, 1977).

3.2.1.4 Räumliche und zeitliche Bedingungen der Matrixorganisation

Wie in Abschnitt 2.3.1.4 bereits dargestellt, hängen räumliche und zeitliche Ressourcen eng mit der Wissenskommunikation zusammen. Welche spezifischen Bedingungen der Matrixorganisation sich auf Ebene der zeitlichen und räumlichen Ressourcen ergeben, wird im Folgenden dargestellt.

Räumliche Nähe Wie bereits anhand der Studien von Allen (1984), Allen (1986) und Allen und Henn (2007) aufgezeigt, spielt die räumliche Nähe mitunter eine entscheidende Rolle bei der Wissenskommunikation (vgl. Abschnitt 2.3.1.4). Genau hierin mag in der Matrixorganisation eine problematische Herausforderung liegen: Mitarbeiter werden zwar den zwei Matrixdimensionen wie beispielsweise Fachabteilung und Projekt zugeordnet, der Arbeitsplatz kann aber nur bei einer dieser Dimensionen liegen. Der Mitarbeiter ist im Normalfall also entweder den Kollegen der Fachabteilung oder der Projektorganisation räumlich näher und begegnet diesen somit öfter.

Da der physische Arbeitsraum wie Grundrisse, Raumgrößen und Sichtachsen logischerweise im Gebäude nicht schnell veränderbar ist, kann er oft nicht den organisationalen Voraussetzungen angepasst werden, obwohl eine Abstimmung des physischen Arbeitsraums mit der Organisationsstruktur vorteilhaft für die Kommunikation wäre (vgl. dazu Allen & Henn, 2007).

Ein Beispiel hierzu stellt das BMW Projekthaus dar (vgl. Abbildung 3.6). Es wurde von Henn geplant und dient Allen und Henn als Beispiel für Kommunikation in Räumen.

Die Projekträumlichkeiten sind zentral im Gebäude untergebracht (in der Grafik die zentrale Ellipse), umgeben von den Räumlichkeiten für die Fachabteilungen (in der Grafik durch die in Grautönen dargestellten Ellipsen symbolisiert; Allen & Henn, 2007). Die Mitarbeiter befinden sich also für die tägliche, inhaltliche Arbeit in Räumen der Fachabteilung, für eine Abstimmung und Koordination im Rahmen des zugeordneten Projekts begeben sie sich aber in die räumlich abgetrennten und zentral gelegenen Räume des Projekts, in dem auch der Prototyp untergebracht ist (Allen & Henn, 2007). Somit haben die Mitarbeiter in den Räumen der Fachabteilung Kontaktmöglichkeiten mit den Kollegen der Fachabteilung (in der Grafik beispielhaft in der linken unteren Ecke mit Linien als Kommunikationswegen und Punkten als Kommunikationspartnern in der Abteilung dargestellt) und sind von Besprechungen und dem entsprechenden Lärmpegel dieser Besprechungen eher verschont, treffen aber ihre Projektkollegen regelmäßig in den Räumen des Projekts und können dort ungestört kommunizieren (in der Grafik mittels der Linien durch die zentrale Ellipse dargestellt).

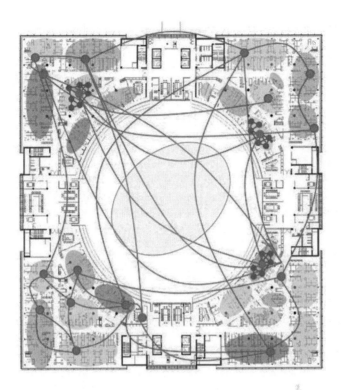

Abbildung 3.6: BMW Projekthaus als Beispiel für eine "gebaute Matrixorganisation"
(Henn GmbH, 2013)

Zeit für Kommunikation   Zeitliche Ressourcen, die eine wesentliche Voraussetzung dafür darstellen, dass überhaupt eine Gelegenheit für Wissenskommunikation
besteht, scheinen allein durch die doppelte Managementebene, wie beispielsweise
auf Fachabteilungs- und Projektmanagementseite, erschwert, ein Mehr an Abstimmung, auch über mehr Besprechungen, scheint notwendig zu sein. Dies hat negative Auswirkungen auf die Informationsverarbeitungszeit, da die Vorgänge durch
die Vielzahl an Besprechungen länger andauern (Davis & Lawrence, 1977; Denis,
1986; Ford & Randolph, 1992; Larson & Gobeli, 1987).

Ebenso zu verlängerten Informationsverarbeitungszeiten und erhöhten Kosten
durch ein mehr an Abstimmungsbedarf in Form von formeller Kommunikation
wie Besprechungen führt das in der Matrixorganisation aufgelöste Prinzip der Einzelunterstellung (Davis & Lawrence, 1977; Joyce, 1986). Durch die Kollision un-

terschiedlicher Interessen und Ziele der involvierten Führungskräfte der Matrixdimensionen kann es zu Mißverständnissen und Doppeldeutigkeiten in Wissenskommunikation und Wissensnutzung kommen.

Die Verletzung des Prinzips der Einzelunterstellung und eine Schaffung von
Doppeldeutigkeiten bei Ressourcen, technischen Themen, Bezahlung und Beurteilung (Denis, 1986; Ford & Randolph, 1992; Joyce, 1986; Larson & Gobeli,
1987) kann ebenso zu negativen Effekten auf die Kommunikation führen, da ein
eindeutiger Ansprechpartner für den Mitarbeiter fehlt und somit Abstimmungspro-
zesse verlängert und Entscheidungen verlängert werden können. Generell sind in
der Matrixorganisation längere Entscheidungszeiten aufgrund der Abstimmungs-
prozesse möglich, so daß sich der positive Effekt der verminderten Schnittstellenproblematik bei mangelhafter Umsetzung der Matrixorganisation ins Gegenteil
verkehren kann.

Gelegenheit für Wissenserwerb Wissenskommunikation hat nach Eppler und
Reinhardt (2004) erst erfolgreich stattgefunden, wenn bei der empfangenden Person eine Erkenntnis oder Erfahrung aqäquat rekonstruiert werden konnte (vgl.
auch Abschnitt 2.2). Folglich ist die Gelegenheit zum Wissenserwerb eine notwendige Voraussetzung für erfolgreiche Wissenskommunikation. Der Vorgang wird
auch als *"Wissenskonstruktion"* oder *"Ko-Konstruktion"* (Fischer, Bruhn, Gräsel
& Mandl, 2002) bezeichnet. Die gemeinsame Wissenskonstruktion erfolgt über
das Einbringen von individuellem Wissen in die Diskussion, dabei erfolgt eine
Externalisierung des Wissens (Fischer et al., 2002). Die Diskussion führt dann zu
einer Modifikation von Wissensstrukturen oder einer gemeinsamen Neu-Interpre-
tation der individuellen Wissensstände (Fischer et al., 2002).

Die Matrixorganisation kann aus zwei Gründen positiv auf die Zeit zum Wissenserwerb wirken: Zum Einen durch die von Osterloh und Frost (2006) betonte positive Wirkung der Matrixorganisation auf das Verknüpfungswissen, dass Mitarbeiter ihr Expertenwissen mit dem Expertenwissen der Kollegen einfacher verknüpfen und miteinander in Verbindung bringen können. Dies kann durch die vermehrte
Zusammenarbeit über Fachfunktionsgrenzen hinweg erklärt werden, wodurch bei
den Mitarbeitern eine holistischere Sicht auf Arbeitsprozesse eintreten und Verständnis für Probleme benachbarter Funktionen auftreten (Schreyögg, 2008) kann.

Zweitens führt eine parallele Verwendung der Mitarbeiter in verschiedenen Projekten generell zu schnellerem Erfahrungsgewinn durch diese (Davis & Lawrence,
1977; Galbraith, 1971), da sie mit mehr Kollegen in einer höheren Zahl von Pro-
blemfeldern arbeiten als dies in einer Funktionalorganisation der Fall wäre.

3.2.2 Bedingungen auf Ebene der Technik

Notwendigkeiten zur Verwendung von IT- und Anwendungssystemen scheinen nicht zuletzt aufgrund der spezifischen räumlichen Bedingungen und dem hohen Ausmaß an zu verarbeitenden Informationen insbesondere in Matrixorganisationen gegeben. Auf Ebene der IT- und Anwendungssysteme ist durch die Matrixorganisation eine Erhöhung der Menge der verarbeitbaren Information möglich, da Informationen bzw. formalisiertes Wissen in höherem Umfang lateral (im Gegensatz zur rein horizontalen oder vertikalen Kommunikation) kommuniziert werden (Davis & Lawrence, 1977; Denis, 1986) und nicht mehr ausschließlich in den "Silos" der funktionalen Abteilungen hierarchisch kommuniziert werden (Osterloh & Frost, 2006). Beispielsweise werden Berichte und Akten nicht mehr erst in der eigenen Hierarchie "nach oben" gereicht, bevor diese in eine andere Funktion weitergegeben werden, sondern sie werden direkt auf Arbeitsebene dem Kollegen weitergereicht.

Qualität der IT- und Anwendungssysteme   Damit das genannte Austauschen auf Arbeitsebene funktioniert, müssen die IT- und Anwendungssysteme auf die Matrixorganisation und ihre duale Struktur ausgerichtet sein, da die Vorteile sonst nicht zum Tragen kommen (Davis & Lawrence, 1977). Dementsprechend negativ wirken können anwendungssystemseitige Doppeldeutigkeiten (Davis & Lawrence, 1977). Es ist notwendig, die Anwendungssysteme sowohl für die Fach- als auch Programmfunktion sinnvoll auszulegen, da eine einseitige Ausrichtung ansonsten einerseits zu Überkomplexität, andererseits zu einer suboptimalen Bedienung wegen fehlender Felder führen kann. Wichtig sind auch die in Abschnitt 2.3.2 genannten Qualitätskriterien zur Benutzerfreundlichkeit und Verständlichkeit, die in diesem Fall zentrale Voraussetzungen für den erfolgreichen Austausch über IT- und Anwendungssysteme sind.

3.2.3 Bedingungen auf Ebene des Individuums

Ebenso zu berücksichtigen sind individuelle Bedingungsfaktoren der Kommunikation in Matrixorganisationen. Die Motivation als Grundvoraussetzung menschlichen, bewussten Handelns (vgl. Abschnitt 2.3.3.1) wird dabei ebenso von den Bedingungen der Matrixorganisation beeinflusst wie die Erfahrung der Mitarbeiter.

3.2.3.1 Motivation in der Matrixorganisation

Motivation ist eine der zentralen Voraussetzungen dafür, dass überhaupt Wissen geteilt und ausgetauscht wird, wie in Abschnitt 2.3.3.1 angesprochen wurde. Insbesondere scheint dabei für die Motivation auch ein hoher Grad an Autonomie und Selbstbestimmtheit wichtig. Diese Aspekte scheinen in der Matrixorganisation wiederum besonders begünstigt zu sein: Die individuelle Motivation und Arbeitszufriedenheit kann sich durch die Matrixstruktur verbessern, da Mitarbeiter durch die verbesserte und vermehrte direkte Zusammenarbeit (und damit auch Kommunikation) eine höhere Autonomie, ein höheres Kompetenzerleben und damit ein höheres Selbstwertgefühl empfinden sollten (vgl. dazu Davis & Lawrence, 1977; Deci, 1975; Deci & Ryan, 1993, 2000; Denis, 1986; Hackman & Oldham, 1980; Larson & Gobeli, 1987). Hierdurch kann Wissenskommunikation profitieren, da eine als sinnvoll empfundene, intrinsisch motivierte Arbeit zu zielführender Kommunikation führen sollte, im Gegensatz zu einem "Dienst nach Vorschrift".

Zugleich kann aber das verletzte Prinzip der Einzelunterstellung (d.h. des klassischen Prinzips der Einheit der Leitung und der Auftragserteilung nach Fayol, 1959) auf Ebene des einzelnen Mitarbeiters zu Verwirrung, aber auch zu Konflikten aufgrund der auf seine Ebene verlagerten Problemlösung führen (Davis & Lawrence, 1977). Dies kann sich in Misstrauen, Resignation und generell vorsichtigerer Kommunikation äußern. Erschwert wird dies durch die unterschiedlichen Hintergründe, Zeithorizonte und Ziele der beteiligten Mitarbeiter, weshalb bei diesen bei Verlagerung der Diskussion und Entscheidung auf ihre Ebene erhöhte Kosten durch diese Konflikte, Rollenambiguität und daraus folgernd Stress erleiden (Denis, 1986; Ford & Randolph, 1992; Joyce, 1986).

3.2.3.2 Erfahrung und Expertise in der Matrixorganisation

Bezogen auf vorhandene Erfahrungen, die insbesondere im Rahmen der Problemlösung in komplexen Arbeitsprozessen (vgl. Abschnitt 2.3.3.2) von besonderer Relevanz sind, scheint die Matrixorganisation hier eine besonders geeignete Organisationsform zu sein, um die Expertise nutzbar zu machen: Wenn eine sehr hohe technische Komplexität der Probleme vorliegt, scheint eine Matrixorganisation noch effizienter als eine Funktionalorganisation zu sein, der in der Literatur normalerweise der beste Umgang mit fachspezifischen Wissen bescheinigt wird, anscheinend, da in hochkomplexen Zusammenhängen kein einzelner Experte hilfreich ist, sondern verschiedene Fachexperten zur Problemlösung effizient kommunizieren müssen (vgl. dazu Abschnitt 2.2.2 und Ford & Randolph, 1992).

3.3 Zusammenfassung

Die Matrix(-organisation) mit ihren zwei Dimensionen ermöglicht durch ihre Struktur und formellen Berichts- und somit Kommunikationswege zwei für das Überleben der Organisation notwendige Ziele zeitgleich und in gleicher Priorität zu verfolgen, beispielsweise in der Entwicklung eines Produkts die gleichzeitige Verfolgung technologischer Perfektion und die Beachtung stark wechselnder Kundenanforderungen (Davis & Lawrence, 1977).

Eine Möglichkeit durch optimierte Prozesse und mehr Kommunikation einen besseren Umgang mit Wissen zu erreichen, und somit einen effizienteren Mitteleinsatz für die Zielerfüllung zu erreichen, ist die Einführung der Matrixorganisation als formaler Organisationsstruktur. Ein Vorteil dieser Organisationsform gegenüber Einliniensystemen liegt unter anderem in der direkteren, lateralen Kommunikation, so dass Problemstellungen zwischen den Fachabteilungen schnell auf einem niedrigen Hierarchielevel abgesprochen und gelöst werden können (Kieser, 2001) und Verknüpfungswissen leichter ausgetauscht werden kann (Osterloh & Frost, 2006). Diese positiven Erwartungen, die an die Matrixorganisation gestellt werden, erfüllen sich aber nicht automatisch, zudem ist mit dieser Organisationsform gleichzeitig eine Reihe von Nachteilen verbunden.

Betrachtet man die Bedingungen der Wissenskommunikation im Hinblick auf die drei Standbeine der Wissenskommunikation Organisation, Technik und Individuum (vgl. Abschnitte 3.2.1, 3.2.2, 3.2.3), so zeigt sich ein heterogenes Bild: Die Matrixorganisation kann, wie im letzten Abschnitt beschrieben, Bedingungsfaktoren des Wissensmanagements positiv beeinflussen, aber auch eigene Problemstellungen mit sich bringen.

Zusammenfassend kann angenommen werden, dass die Matrixorganisation, wenn sie nicht nur als Struktur, sondern als Vision und zusammengehöriges, soziales System verstanden wird (analog zu Davis & Lawrence, 1977), positive Effekte in der Kommunikationsfrequenz zwischen den Mitarbeitern, vor allem zwischen den Fachfunktionen, eintreten sollten, und durch die mehr laterale Kommunikation statt der *"silo-artigen"* (Osterloh & Frost, 2006, S. 30) Vertikalkommunikation eine erhöhte Informationsverarbeitungskapazität entsteht (vgl. Abschnitt 3.1.5). Vor allem im Vergleich zur Projektorganisation ist eine effizientere Nutzung der Spezialisten zu erwarten, da diese von mehreren Einheiten der zweiten Organisationsebene zugleich genutzt werden können. Die Problemlösung hochkomplexer Probleme, wie sie beispielsweise in der Luft- und Raumfahrt auftreten, scheint durch Matrixorganisationen und den damit verbundenen Zwang der Abstimmung vereinfacht zu werden.

Nachteilig kann sich auf Ebene der Organisation auswirken, dass die Konflikthäufigkeit zwischen den Dimensionen und der Zwang zu Kompromissen generell zu Stress und erhöhtem Aufwand bei Fach- wie Führungskräften führen kann. Die dabei auftretenden Koordinierungskosten sind der zentrale Kritikpunkt an der Matrixorganisation. Diese negativen Einflüße können sich störend auf den Umfang und die Qualität der Wissenskommunikation auswirken. Ebenso sind Ressourcenprobleme und steigende Anforderungen an die Führungskräfte zu vermuten. Doppeldeutigkeiten beziehungsweise Unklarheiten aufgrund der doppelten Führungsstruktur können bei der Beurteilung von Leistungen, somit der Bezahlung und bei der Bewertung technischer Themen aufkommen.

Auf Ebene der Technik sind anwendungssystemseitige Doppeldeutigkeiten in den IT-Systemen möglich, da beide Dimensionen der Matrixorganisation durch teils differierende Ansprüche an die Informationssysteme haben können. Wenn diese Ansprüche nicht für beide Dimensionen richtig erfüllt werden, können eine oder beide Dimensionen entweder "nur" einen erhöhten Aufwand bei der Speicherung und Suche von Informationen antreffen, oder adäquate Informationen aus den Systemen gar nicht mehr aufrufen.

Auf Ebene des Individuums kann die Matrixorganisation zu einer höheren Autonomie, damit auch einer höheren Motivation und mehr Gelegenheit für das Einbringen und Austauschen von Erfahrungen führen. Durch den zeitgleichen Einsatz in zwei Dimensionen ist auch der Aufbau von Erfahrungen schneller als in Ein-Linien-Organisationen möglich. Nachteilig scheint die doppelte Unterstellung der Mitarbeiter zu sein, die als Ort des Konflikts zwischen zwei Organisationsdimensionen persönlich in Stress geraten können und kommunikative Fähigkeiten eines Moderators mitbringen sollten.

4 Kontext und Gegenstand der Untersuchung

In den vorigen Kapiteln wurden die theoretischen Grundlagen dieser Arbeit dargestellt. In diesem Kapitel wird der Untersuchungsgegenstand und somit der organisatorische Kontext der Studie vorgestellt.

4.1 Einordnung des untersuchten Bereichs in den Gesamtkonzern

Die Feldstudie wurde in einem europäischen Unternehmen der Luft- und Raumfahrtindustrie durchgeführt, das in mehreren europäischen Ländern Standorte unterhält. Untersuchungsgegenstand ist der Forschungs- und Entwicklungsbereich eines Profit-Centers innerhalb dieses Unternehmens. Dieses ist Systemlieferant und Entwicklungspartner für Hersteller von Luftfahrzeugen im zivilen Sektor, d.h. es ist eng in die Prozesse der Entwicklung und Produktion der Kunden eingebunden und muß entsprechend Entwicklungskapazitäten vorhalten, um jederzeit den vertraglichen Verpflichtungen zur Entwicklung oder Verbesserung von Produkten nachkommen zu können. Das Profit-Center ist in einer Matrixorganisation strukturiert.

Die Mitarbeiterzahl des Unternehmens betrug zum Zeitpunkt der Untersuchung etwa 14.000 Mitarbeiter, im Profit-Center waren etwa etwa 600 Mitarbeiter beschäftigt, der Bereich der Forschung und Entwicklung (F&E) hatte 200 Mitarbeiter. Diese 200 Personen wurden befragt.

4.2 Strukturelle Aspekte

Da in dieser Arbeit den Einfluß der Auswirkungen einer Organisationsform - der Matrixorganisation - auf die Kommunikation und Nutzung von Wissen in wissensintensiven Prozessen untersucht werden soll, ist die organisatorische Gliederung des Untersuchungsgegenstands von Interesse.

Das Profit-Center ist in einer Projekt-Matrixorganisation strukturiert. Eine Dimension der Matrix bildet das Programmmanagement, die andere wird durch die Fachabteilungen wie Entwicklung, Produktion, Supply-Chain, Quality und Customer Services gebildet. Einen Überblick über die Organisationsstruktur des Komplettcenters bietet Abbildung 4.1. Der Untersuchungsbereich der Studie ist dabei mit einem Kreis markiert: Der Forschungs- und Entwicklungsbereich und die Programmorganisation, die gemeinsam die Matrixstruktur bilden.

Abbildung 4.1: Organisationsstruktur auf Center-Ebene

Das Projekt- bzw. Programmmanagement wird durch mehrere Organisationseinheiten ("Programmes") betrieben, wobei jedes dieser Programme für einen Flugzeuptypus zuständig ist. Die Programme sind dabei gegenüber dem Kunden für die korrekte Lieferung unter Zeit-, Kosten- und Qualitätsgesichtspunkten verantwortlich, koordinieren und kontrollieren intern alle Arbeiten, die durch die Fachabteilungen ausgeführt werden, und verantworten das Budget. Die Fachabteilungen erfüllen spezifische Fachaufgaben, beispielsweise Konstruktions- oder Produktionstätigkeiten, und sind funktional gegliedert. Aus diesen Abteilungen werden in jedes Programm Mitarbeiter zugewiesen, damit sie dort Aufgaben ausführen. Die Fachabteilungen haben also einen beschränkten Zugriff auf ihre Mitarbeiter, da sie räumlich konzentriert unter Aufsicht der Programme arbeiten, und die Arbeitsanweisungen meist direkt von Programmmanagement-Seite gegeben werden.

In Abbildung 4.2 ist die Abteilungsstruktur im F&E Bereich in Kombination mit der Programmstruktur dargestellt. Die Matrixorganisation besitzt durch ihre duale Führungsstruktur eine interessante inhärente Eigenschaft für die empirische Untersuchung: Die gleichzeitige Aufteilung in Fach- und Programmberichtslinien ermöglicht die Untersuchung beider Hierarchien zu einem Zeitpunkt und die Feststellung, welche Aufgaben und welche Kommunikation in der jeweiligen Ebene erleichtert oder erschwert werden. Diese Untersuchung würde bei Nicht-Matrixorganisationen mindestens zwei Untersuchungseinheiten benötigen.

Kommunikation in den Matrixdimensionen Die Unterschiedlichkeit der Kommunikation in den Matrixdimensionen soll im Folgenden zusammengefasst werden: Wie in Abschnitt 3.1.5 dargestellt, hat die Programmdimension eher koordinative Aufgaben, während die technische Lösungsfindung und Umsetzung innerhalb der Fachbereiche stattfindet (vgl. auch Davis & Lawrence, 1977 und Galbraith, 1971). Dementsprechend ist die Kommunikation innerhalb der *Fachbereiche* eher an fachspezifischen Details orientiert, wie bestimmte Probleme konstruktiv zu lösen oder zu berechnen sind, dabei kann die Kommunikation sehr kleinteilig und spezifisch werden. Beispiele hierfür wären Abstimmungen über geeignete Materialien, die Art der Konstruktion und der Abgleich über bereits verwendete Lösungen in bestehenden Produkten.

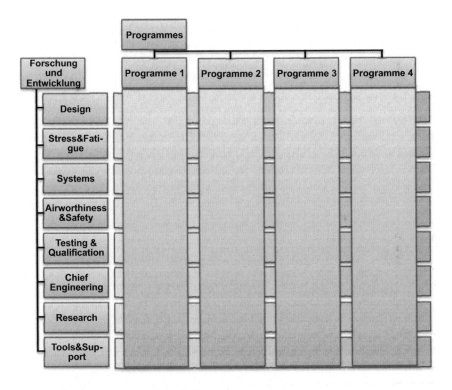

Abbildung 4.2: Organisationsstruktur Entwicklungsbereich mit Matrixeinfluss

Innerhalb des *Programms* wird hauptsächlich zwischen den Fachfunktionen kommuniziert. Es geht dabei um die Koordination der einzelnen Fachbereiche, und die Integration deren Wissens (vgl. auch Abschnitt 2.2.2.2). Dabei werden Informationen ausgetauscht und abgestimmt, die in beiden Funktionen notwendig sind, beispielsweise bei der Abstimmung zwischen Konstruktions- und Festigkeitsabteilung, aus welchem Material und welche Geometrie das Bauteil besitzt. Ohne diese Abstimmung, die auch terminliche Aspekte durch gegenseitige Abhängigkeiten in der Arbeit der Funktionen einschließt, ist das Endprodukt nicht möglich - es beständen maximal die Teillösungen der einzelnen Fachbereiche.

4.3 Der Entwicklungsprozess im Luftfahrtbereich

Da der Entwicklungsprozess im Luftfahrtbereich in seinen Eigenschaften teilweise vom "normalen" Entwicklungsprozess abweicht, beispielsweise bei der Einbeziehung der genehmigenden Behörden und der Projektdauer, wird dieser im Folgenden näher erläutert. Aerospace Engineering beschäftigt sich mit allen Aspekten des Geräteflugs in allen Geschwindigkeiten und Höhen (Wright, 1994, S. 30). Das Strukturdesign hat das Ziel, Flugzeugsysteme und Komponenten zu bauen, die sich wirtschaftlich betreiben lassen (Wright, 1994, S. 31). Eine Maximierung der Ratio "Strength to weight" ist dabei das Kernthema (Wright, 1994). Ebenso fliessen das Studium der Auswirkungen der Struktur auf mechanische Vibrationen und andere dynamische Kräfte und das entwerfen von Strukturen, die diesen Kräften widerstehen können, eine wesentliche Rolle (Wright, 1994).

Die Komplexität im technischen wie im prozessualen Bereich ist im Luftfahrtsektor sehr hoch. Dies lässt sich auch an den Anforderungen der European Aviation Safety Organisation (EASA) und der Flugzeughersteller für den Freigabeprozess der Bauunterlagen ("checked" und "approved") ablesen. In Anlehnung an EASA Part21, 239 - Design Assurance System - verlangt die AIRBUS Procedure AP1020.3 A, 2.5 beispielsweise, dass Zulieferer, die Bauunterlagen selbst freigeben dürfen, bei ihren Angestellten mit Approved-Status minimal acht Jahre Berufserfahrung in der Luftfahrtindustrie, davon mindestens drei Jahre im Airworthiness-Bereich oder im Konstruktionsbereich, vorweisen können.

Die Entwicklung eines neuen Produkts, eng verknüpft mit dem Kunden einerseits, Entwicklungspartnern von Untersystemen andererseits, kann sich bei einem neuen Flugzeugtyp über mehrere Jahre hinziehen. Während dieser Phase begleitet ein Kernteam aus Programmmanagement und den Fachabteilungen die Entwicklung, während der Entwicklungsphasen wechselt der Bedarf an Spezialisten aus den Fachabteilungen jedoch stark - in der Pre-Design und Design-Phase ist der Bedarf an Konstrukteuren sehr hoch, während und nach der Verification-Phase sollte der Bedarf sinken. Auch aufgrund dieser temporären Lastspitzen in den Fachbereichen wird ein Teil der Arbeiten an Leiharbeitskräfte (Arbeitnehmerüberlassung) vergeben.

Der ganze Entwicklungszyklus für ein Produkt eines neuen Flugzeugtyps lässt sich vereinfacht wie in Abb. 4.3 darstellen. Am Anfang steht die "Offer and Contract Phase", in der ein erster Kontakt zwischen Kunde und dem Center entsteht, der grundsätzliche Wunsch nach einer Zusammenarbeit ausgedrückt wird, Rahmenbedingungen festgelegt und genaue Pflichten und Rechte in Verträgen festgehalten werden. Anschließend geht die Entwicklung in die "Concept Phase", in der die Auslegung des Produkts anhand der Lastenhefte aus der vorigen Phase ausdetailliert werden. In der "Pre-Design-Phase" wird das Produkt in Hinblick auf Serientauglichkeit ausgelegt, in der "Design-Phase" jedes Einzelteil voll auskonstruiert. In der "Verification"-Phase werden sämtliche Bauunterlagen geprüft und gemäß den luftfahrtrechtlichen Bedingungen freigegeben. Die Ellipse kennzeichnet den zeitlichen Untersuchungsgegenstand dieser Arbeit, es wird die Forschungs- und Entwicklungsarbeit zwischen der Konzeptphase und der Verifikationsphase untersucht. Die "0-Series Production" stellt die erste Fertigung der Produkte unter Serienbedingungen dar, die "Preparation Product Support Readiness" und "Production Ramp up" bereiten die Serienproduktion vor und leiten die Produktion ein.

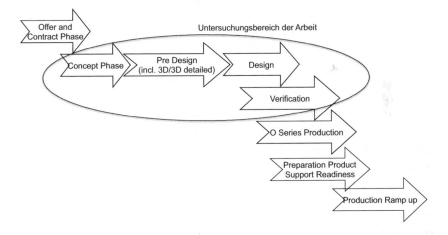

Abbildung 4.3: Entwicklungsprozess in der Luftfahrtindustrie, in Anlehnung an Schreyögg (2008)

Wie in Abschnitt 2.2.2 beschrieben ist der Entwicklungsbereich einerseits ein Kernprozess der Produktentstehung, andererseits der wissensintensivste Prozess - aus diesem Grund ist er aus theoretischer Sicht prädestiniert für eine Untersuchung. Die Kommunikation von fachspezifischen Informationen ist in dieser Phase am intensivsten, da noch viele Möglichkeiten der Konstruktion zugleich geprüft und bewertet werden müssen. Aus Sicht der Unternehmenspraxis sprechen drei Gründe für die Untersuchung:

- Erstens ist die Forschung und Entwicklung von Produkten der Startpunkt des Produktentstehungsprozesses, deshalb ist es aus kaufmännischer Sicht logisch, an diesem Punkt mit der Implementation von Verbesserungen zu starten und ausgehend von diesem Pilotprojekt in die im Produktentstehungsprozess folgenden Abteilungen zu integrieren.

- Zweitens ist der Bereich naturgemäss geprägt von noch sehr hohen Unsicherheiten, die von hochqualifizierten Mitarbeitern in enger Kooperation bearbeitet werden. Im Gegensatz zur Produktionsabteilung, in der hohe Teile der Arbeitsumfänge und Arbeitsprozesse standardisiert sind, wählen die Ingenieure aus einer großen Anzahl von potentiellen Lösungen die ihrer Meinung nach Optimale aus und müßen das Ergebnis mit Kollegen ausarbeiten - ein Konstrukteur, der in der Strukturkonstruktion tätig ist, muß beispielsweise sein Bauteil mit den Kollegen der Statik- und Ermüdungsabteilung für die Abschätzung der Stabilität und der Lebensdauer, oder den Kollegen der Mechanik wegen potentiellen Kollisionen mit anderen Teilen in Bewegung konsultieren. Diese Abstimmung erfolgt dabei im Idealfall sehr früh, das in der Diskussion verwendete Wissen ist dabei aufgrund des hohen Spezialisierungsgrads der Diskutanden stark implizit geprägt und schwierig zu verbalisieren.

- Drittens ist gerade die genannte Spezialisierung ein Grund für die Fragmentierung von Wissen und Aufgaben, die als typisch für die heutige Arbeitswelt angesehen werden können.

Somit ist der Entwicklungsprozess sowohl aus theoretischer als auch fachlicher Sicht prädestiniert, um die Kommunikation komplexer Sachverhalte mit vielen beteiligten Experten zu analysieren. Gerade durch die Vielzahl an beteiligten Funktionen, die Einbeziehung des Programmmanagements, die Vielzahl an zu prüfenden Alternativen bei der Entwicklung und die teilweise zeitgleiche Entwicklung von voneinander abhängigen Teilen sollten sich positive wie negative Bedingungsfaktoren der Wissenskommunikation in der Matrixorganisation deutlich zeigen.

5 Untersuchungsmodell und Fragestellungen

Das folgende Kapitel widmet sich auf Grundlage der vorangegangenen theoretischen Vorüberlegungen und der Schilderung des Kontextes dieser Studie der Darlegung des Untersuchungsmodells und der zentralen Fragestellungen dieser Arbeit.

5.1 Untersuchungsmodell

Zentrale Zielsetzung dieser Arbeit ist es, wesentliche Bedingungsfaktoren der Wissenskommunikation in der Matrixorganisation zu identifizieren und in ihren Zusammenhängen mit der Wissenskommunikation und Wissensnutzung zu analysieren. Bedingungsfaktoren werden dabei auf organisationaler Ebene (z.B. Unterstützung durch die Führungskraft, Komplexität der Organisationsstruktur), technischer Ebene (z.B. Systemqualität) und individueller Ebene (z.B. Motivation, Erfahrung mit der Tätigkeit) in Zusammenhang mit der Qualität der Wissenskommunikation betrachtet (vgl. zu den Zusammenhängen die Abschnitte 3.2.1, 3.2.2, 3.2.3). Die eingeschätzte Qualität der Wissenskommunikation sowie deren organisationale, technische und individuelle Bedingungsfaktoren werden anhand eines Beispiels aus der Luftfahrtindustrie untersucht.

Die spezifische Struktur der Matrixorganisation mit ihren parallel liegenden Dimensionen (bspw. der Fachabteilung und des Programms) soll dabei insofern berücksichtigt werden, dass Aspekte der Qualität der Kommunikation und spezifische Bedingungen, wenn notwendig, auf diesen beiden Dimensionen - Fachabteilung und Programm getrennt voneinander betrachtet werden.

Da Wissenskommunikation eine wesentliche Voraussetzung für die Wissensnutzung (vgl. Abschnitt 2.1.5) und die Wissensnutzung wiederum den Schlüsselfaktor für den Erfolg von Produktentwicklungsprozessen darstellt (vgl. Abschnitt 2.2.2), wird der Zusammenhang der Qualität der Wissenskommunikation und der Wissensnutzung ebenso analysiert.

Abbildung 5.1 zeigt das Untersuchungsmodell dieser Arbeit, untergliedert in die Untersuchungsteile A, B, C, D und E. Die jeweiligen Untersuchungsteile und verwendeten Variablen werden im Folgenden genauer dargelegt.

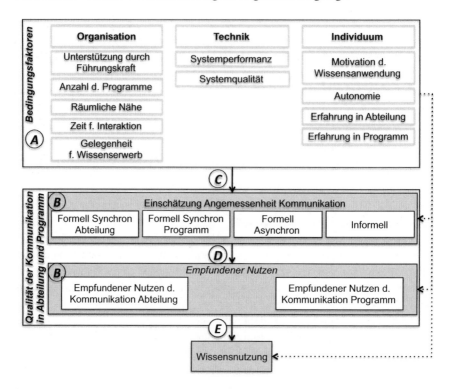

Abbildung 5.1: Untersuchungsmodell

5.1.1 Untersuchungsteil A - Bedingungsfaktoren der Wissenskommunikation

Die Bedingungsfaktoren werden in Untersuchungsteil A deskriptiv untersucht, wobei die Aspekte der Matrixorganisation, und somit Bedingungen der Wissenskommunikation, sich in Anlehnung an von Rosenstiel (2007) und Reinmann-Rothmeier (2001) auf Ebene der Organisation, der Technik und des Individuums unterscheiden lassen.

Bedingungen auf organisationaler Ebene

Als wesentliche Bedingungsfaktoren auf organisationaler Ebene werden im Untersuchungsmodell die Faktoren Unterstützung durch die Führungskraft, die Anzahl an Programmmitgliedschaften sowie zeitliche und räumliche Bedingungsfaktoren berücksichtigt.

Die *Unterstützung durch die Führung* ist ein prägender Bedingungsfaktor auf organisationaler Ebene (Abschnitt 2.1.2.1, 2.3.1.2 und 3.2.1.2). Die Führungskraft stellt einerseits die Ressourcen für Wissenskommunikation zur Verfügung, anderseits kommt ihr auch eine entscheidende Rolle bei der Unterstützung und Förderung der Wissenskommunikation der Mitarbeiter zu. Von daher wird die Unterstützung in Bezug auf Wissensaustausch durch die Führung als Variable auf Ebene der organisationalen Bedingungen betrachtet.

Die Variable *"Anzahl an Programmmitgliedschaften"* dient dazu, die Komplexität der Matrixstruktur adäquat abzubilden. Mitarbeiter sind in Matrixorganisationen in verschiedenen Organisationseinheiten parallel eingesetzt, in der betrachteten Organisation aus der Luftfahrtbranche jeweils in der Fachabteilung und in mindestens einem Programm. Es arbeiten bestimmte Mitarbeiter aber auch in mehren Programmen parallel, während andere Mitarbeiter ausschließlich in einem Programm eingesetzt sind (vgl. dazu auch Kapitel 4). Die *"Anzahl der Programmmitgliedschaften"* soll genau diese unterschiedlichen Ausprägungen an struktureller Komplexität in Bezug auf die wahrgenommene Qualität der Wissenskommunikation erfassen.

Bedingungen der *Zeit* und der *räumlichen Nähe* sind wesentliche Ressourcen und Voraussetzungen für die Wissenskommunikation und damit wichtige Bedingungsfaktoren, die es in ihrem Zusammenhang mit der Qualität der Wissenskommunikation zu betrachten gilt.

So weisen empirische Befunde darauf hin, dass insbesondere die *räumliche Nähe* eine Schlüsselrolle bei der Lösung komplexer Problemstellungen in Produktentwicklungsprozessen einnimmt, da sie die Wahrscheinlichkeit synchroner informeller Kommunikation erhöht, welche hier besonders bedeutsam ist (vgl. Abschnitt 2.3.1.4 und Allen & Henn, 2007).

Zeit ist eine der zentralen Voraussetzungen, dass Wissenskommunikation überhaupt stattfinden kann. Dabei ist sowohl die Zeit für den Austausch selbst (*Zeit für Interaktion*), als auch für die *Gelegenheit das Wissen zu erwerben*, also das Aufgenommene zu verarbeiten (vgl. Abschnitt 3.2.1.4). Diesem Aspekt kommt in der Matrixorganisation besondere Bedeutung zu, da zwar zum Einen die Gelegenheit für Interaktion und Wissenserwerb durchaus begünstigt erscheinen, zum Anderen aber auch aufgrund der Komplexität und der doppelten Führungsstruktur zeitliche

Ressourcen auch besonders knapp sind (vgl. zu den möglichen negativen Auswirkungen der Matrixorganisation Abschnitt 3.1.6).

Bedingungen auf Ebene der Technik

Auf Ebene der Technik werden Bedingungen der Wissenskommunikation be IT- und Anwendungssystemen, die *"Systemperformanz"* und die *"Systemqualität"*, erfasst. Auf Ebene der *Systemperformanz* sind die Zuverlässigkeit, Benutzerfreundlichkeit und Schnelligkeit der IT-Systeme erfasst (vgl. Abschnitte 2.3.2 und 3.2.2), auf Ebene der *Systemqualität* Qualitätsmerkmale wie Verständlichkeit und Nützlichkeit der Inhalte (vgl. Abschnitte 2.3.2 und 3.2.2). IT-Systeme sind über die Bereitstellung von medialen Kommunikationswegen und der Speicherung von objektivierten Wissensbeständen wichtig für die Kommunikation (vgl. Abschnitt 2.3.2 und 3.2.2). Da in der Matrixorganisation wie in jeder Organisationsform Teile des Wissens externalisiert werden und diese Informationen wie beispielsweise Pläne und Zeichnungen formal und langfristig abgelegt werden müssen, stellen die IT- und Anwendungssysteme einen wichtigen Teil der Kommunikation dar (vgl. Abschnitt 2.2.2).

Bedingungen auf Ebene des Individuums

Auf Ebene des Individuums sind folgende Bedingungen der Wissenskommunikation für die Matrixorganisation zu spezifizieren: Einerseits ist die *Motivation der Wissensanwendung*[1] in Verbindung mit der empfundenen *Autonomie* ein wesentlicher förderlicher Bedingungsfaktor für Wissenskommunikation (vgl. Abschnitte 2.3.3.1 und 3.2.3.1), andererseits über die Erfahrung, die ein Mitarbeiter besitzt (vgl. Abschnitt 2.3.3.2 und 3.2.3.2). Diese motivationalen Bedingungen scheinen gerade in der Matrixorganisation begünstigt, da hier von einer hohen Motivation und Autonomie ausgegangen werden kann (vgl. Abschnitte 3.1.6 und 3.2.3.1).

Die *Erfahrung* ist wesentlich für die Möglichkeit der Wissenskommunikation, sowohl im Aufnehmen von neuen Situationen und Wissen als auch im Weitergeben des Wissens (vgl. Abschnitte 2.3.3.2 und 3.2.3.2). Dabei wird die Erfahrung unter Berücksichtigung der beiden Dimensionen der untersuchten Matrixorganisation in die *Erfahrung in der Abteilung* und die *Erfahrung im Programm* unterschieden.

---

[1] Die Motivation der Wissensanwendung wird hier verwendet, da eine Verwendung einer Skala der allgemeinen Arbeitsmotivation aus forschungspraktischen Gründen nicht gewählt werden konnte. Somit muss mit der Erhebung der Motivation über ein Item, das die Motivation der Wissensanwendung abfrägt, vorlieb genommen werden.

5.1.2 Untersuchungsteil B - Wahrgenommene Qualität der Kommunikation

Als weiterer Schwerpunkt der Untersuchung soll die wahrgenommene Qualität der Kommunikation in der Matrixorganisation betrachtet werden. Die Qualität der Kommunikation wird anhand von zwei zentralen Aspekten erfasst: Einerseits durch die Einschätzung der *Angemessenheit der Kommunikation* und andererseits durch den *empfundenen Nutzen der Kommunikation* (vgl. Abschnitt 2.1.5.1).

Angemessenheit der Kommunikation
Die Angemessenheit der Kommunikation wird in die *Angemessenheit der formellen synchronen Kommunikation*, die *Angemessenheit der formellen asynchronen Kommunikation* und die *Angemessenheit der informellen Kommunikation* unterteilt. Wie in den Abschnitten 2.1.3 und 2.1.5 dargestellt und in Tabelle 5.1 zusammengefasst, fasst die *formelle synchrone Kommunikation* Formen des geplanten, zeitgleichen Austauschs zusammen, Beispiele hierfür wären Besprechungen oder Jour Fixes. Die *formelle asynchrone Kommunikation* ist technikgestützt und zeitversetzt möglich, Beispiele sind Berichte, Memorandi oder E-Mails. *Informelle Kommunikation* findet ungeplant und zeitgleich statt, beispielsweise bei Treffen auf dem Gang, in der Kaffeeküche oder beim Mittagessen.

Tabelle 5.1: Berücksichtigte Kommunikationsformen bei der Einschätzung der Angemessenheit der Kommunikation

Indikator	Erklärung
Angemessenheit der ..	
.. formellen synchronen Kommunikation	formeller, geplanter Austausch, bspw. Besprechungen
.. formellen asynchronen Kommunikation	asynchrone Kommunikation, bspw. Memorandi, E-Mails, Berichte
.. informellen Kommunikation	ungeplante Kommunikation, bspw. Treffen in der Kaffeeküche

Zur Differenzierung zwischen Abteilung und Programm
Die Gleichzeitigkeit der zwei Berichtslinien in der Matrixorganisation, hier der Fachabteilung und des Programms (vgl. Kapitel 3), bestimmt das Untersuchungsdesign dieser Arbeit. Der Kontext der Matrixorganisation in der untersuchten Organisation bietet über ihre zwei Dimensionen der Fachabteilung und des Pro-

gramms die Möglichkeit, den Unterschied der Kommunikation in diesem Dimensionen zeitgleich und unter sonst gleichen Bedingungen zu erheben.

Die kommunizierten Inhalte können hierbei, wie in Kapitel 4 dargestellt, differieren: Während in der Fachabteilung großteils fachspezifische Sachthemen (im Fachgebiet) diskutiert werden, sind bei der Arbeit im Programm sowohl koordinative Aspekte als auch Kommunikation über Sachthemen, die zwei Fachabteilungen berühren, möglich.

Empfundener Nutzen der der Kommunikation
Der empfundene Nutzen der Kommunikation wird in den *empfundenen Nutzen der Kommunikation* in der Abteilung und den *empfundenen Nutzen der Kommunikation* im Programm unterschieden (vgl. auch Abschnitt 2.1.5). Der empfundene Nutzen der Kommunikation stellt dabei die gesamthafte Beurteilung der Nutzung aller Kommunikationstypen durch die Mitarbeiter dar.

5.1.3 Untersuchungsteile C und D - Zusammenhänge der Bedingungsfaktoren mit der Qualität der Kommunikation

Es finden sich theoretische und empirische Hinweise (vgl. Abschnitte 2.1.5, 2.2.3), dass organisatorische, technische und individuelle Bedingungsfaktoren in einem Zusammenhang mit der *Qualität der Kommunikation* stehen. So sind beispielsweise die *Unterstützung durch die Führungskraft* (Edler, 2003; Heisig & Vorbeck, 2001; Holsapple & Joshi, 2000; Helm et al., 2007), die *IT-Systeme* (Bullinger et al., 1997; Davenport & Prusak, 1998; Helm et al., 2007) und die *Motivation* (Davenport & Prusak, 1998; Helm et al., 2007; Scholl & Heisig, 2003) wesentliche Bedingungsfaktoren für die *Qualität der Kommunikation*.

In den Untersuchungsteilen C und D werden die Zusammenhänge der Bedingungsfaktoren auf die *Angemessenheit der Kommunikation* untersucht, wobei die *formelle synchrone, formelle asynchrone* und *informelle Angemessenheit der Kommunikation* auch eine wesentliche Voraussetzung für den *empfundenen Nutzen der Kommunikation* darstellen, weshalb dieser Zusammenhang in einem zweiten Schritt untersucht wird.

5.1.4 Untersuchungsteil E - Zusammenhang der Qualität der Kommunikation mit der Wissensnutzung

Neben dem zentralen Ziel der Arbeit, Bedingungen für differenzierte Wissenskommunikationsaspekte zu untersuchen, soll darüber hinausgehend ergänzend das eigentliche Ziel der Wissenskommunikation, die unmittelbare Anwendung des Wissens, die *Wissensnutzung*, in die Analyse mit einbezogen werden. Die *Wissensnutzung* stellt das Ziel jeder organisationalen Tätigkeit dar, da nur durch sie ein Produkt entstehen kann. Die Einschätzung, wie gut die Anwendung des kommunizierten Wissens gelingt, ist ein Hinweis auf die Qualität der Wissenskommunikation, der Kontext der Matrixorganisation bietet dabei die Gelegenheit, die Dimensionen der Fachabteilung und des Programms in ihrem Zusammenhang mit der *Wissensnutzung* zu analysieren.

5.2 Fragestellungen der Untersuchung

Im Folgenden sind die wesentlichen Fragestellungen und dazugehörigen Annahmen der jeweiligen Untersuchungsschwerpunkte und Teile vorgestellt. Gemäß der fünf Untersuchungsschwerpunkte und -teile lassen sich folgende Hauptfragestellungen formulieren:

A) Wie schätzen Mitarbeiter die organisationalen, technischen und individuellen Bedingungsfaktoren der Kommunikation ein?
B) Wie schätzen die Mitarbeiter die Qualität der Kommunikation in der Matrixorganisation ein?
C) Inwieweit besteht ein Zusammenhang zwischen organisationalen, technischen und individuellen Bedingungen der Matrixorganisation und der Angemessenheit der Kommunikation?
D) Inwieweit besteht zwischen der Angemessenheit der Kommunikation und dem empfundenen Nutzen der Kommunikation ein Zusammenhang?
E) Inwieweit besteht zwischen dem empfundenen Nutzen der Kommunikation und der Wissensnutzung ein Zusammenhang?

Diese Hauptfragestellungen werden im Folgenden differenziert dargelegt. Da wenige empirische Untersuchungen, die sich spezifisch der Wissenskommunikation in der Matrixorganisation widmen, und auch allgemein wenig Beiträge aus dem Feld der Forschung zur Matrixorganisation nach 1990 existieren, fehlt eine breite empirische Basis, um Hypothesen formulieren zu können. Vielmehr werden im Folgenden auf Basis theoretischer Überlegungen und empirischer Einzelbefunde, soweit möglich, Erwartungen formuliert, welche den explorativen Charakter der Studie damit auch unterstreichen. Aus diesem Grunde werden im ersten Teil der

Untersuchung auch Einzelbefunde genannt, bevor im zweiten Teil die Gesamtmo-
delle berechnet werden.

**Untersuchungsteil A - Wie schätzen Mitarbeiter die organisationalen, techni-
schen und individuellen Bedingungsfaktoren der Kommunikation ein?**
In einem ersten Analyseschritt wird betrachtet, wie die Bedingungsfaktoren in der
Matrixorganisation wahrgenommen und eingeschätzt werden. Es ergeben sich die
folgenden Untersuchungsfragen:

A1) Wie schätzen die Mitarbeiter Aspekte der *Unterstützung durch die
Führungskraft* ein?

A2) Wie schätzen die Mitarbeiter *zeitliche und räumliche Bedingungen* der
Matrixorganisation ein?

A3) Wie schätzen die Mitarbeiter die *technischen Aspekte* der Matrixorganisation ein?

A4) Wie schätzen die Mitarbeiter die *individuellen Aspekte* der Matrixorganisation ein?

A5) Inwieweit unterscheiden sich die genannten Aspekte bezüglich der
Zahl der Programmmitgliedschaften?

In der Untersuchung werden durch die duale Führungsstruktur und den auf die
Mitarbeiter verlagerten Druck der Arbeitspriorisierung in der dualen Struktur eher
niedrige Werte für die *Unterstützung durch die Führungskraft* erwartet (vgl. Abschnitt 3.2.3).

Die zeitlichen Rahmenbedingungen *Zeit für Interaktion* und *Gelegenheit für
Wissenserwerb* sollten von den Mitarbeitern niedrig eingeschätzt werden, da durch
die duale Führungsstruktur in Matrixorganisationen häufig Zeitprobleme auftreten
können und diese Ressourcenkonflikte oftmals auf Ebene des Mitarbeiters verlagert werden (vgl. hierzu Abschnitt 2.3.1.4). Die *räumliche Nähe* wurde nur dichotom erhoben, insofern ist für diesen deskriptiven Teil der Untersuchung keine
Qualitätsaussage möglich.

Für die technischen Aspekte *(Systemperformanz, Systemqualität)* lässt sich keine spezifische Erwartung formulieren. Für eine steigende Anzahl von Programmmitgliedschaften ist jedoch aufgrund der Komplexität der Speichersysteme und
der somit potentiell vorhandenen "Orientation Barrier" (Bromme et al., 2005, vgl.
dazu auch Abschnitt 2.3.2) eine niedrigere Einschätzung der technischen Bedingungsfaktoren zu erwarten.

Die Einschätzungen zu *Motivation* und *Autonomie* sollten sich durch die direkten Kommunikationsmöglichkeiten der Matrixorganisation eher im hohen Bereich der Antwortskala befinden (vgl. Abschnitt 3.2.3).

Untersuchungsteil B - Wie schätzen die Mitarbeiter die *Qualität der Kommunikation* in der Matrixorganisation ein?

In einem zweiten Analyseschritt ist von Interesse, wie die Mitarbeiter die *Angemessenheit der Kommunikation* in der Matrixorganisation beurteilen, wobei, wie in Abschnitt 2.1.3.2 dargestellt, die formelle synchrone (beispielsweise Besprechungen), formelle asynchrone (z.b. Berichte und E-Mails) und informelle (beispielsweise Gespräche in der Kaffeeküche) Ebene der Kommunikation in die Analyse einbezogen werden.

> B1) Wie angemessen schätzen die Mitarbeiter die *formelle synchrone Kommunikation in der Abteilung* und *im Programm* ein?
> B2) Wie angemessen schätzen die Mitarbeiter die *formelle asynchrone Kommunikation* ein?
> B3) Wie angemessen schätzen die Mitarbeiter die *informelle Kommunikation* ein?
> B4) Wie schätzen die Mitarbeiter den *Nutzen der Kommunikation in der Abteilung* und *im Programm* ein?

Von Interesse ist zudem, ob und wie stark sich die Einschätzung der *Angemessenheit der Kommunikation* zwischen Abteilung und Programm unterscheidet, da sich die Inhalte der Kommunikation zwischen den Dimensionen, wie in Kapitel 5 beschrieben, unterscheiden können (vgl. auch Abschnitt 3.1.4). Dabei ist bei der Kommunikation in der Abteilung eher der Austausch von Sachwissen und Erfahrung wichtig, um auch kurzfristig auftauchende Probleme auf Detailebene zu lösen. Dies setzt eine gute informelle Kommunikation voraus, wobei als Grundlage auch gespeicherte Dokumente, also formelle asynchrone Kommunikation, genutzt wird.

Für die Kommunikation in den Programmen ist der Aspekt der Koordination, sowohl in Projektfragen als auch technisch (auf einem Niveau zwischen Fachabteilungen) wichtig, weshalb hier formelle Kommunikationsformen präsenter als in der Abteilung sein sollten (vgl. Abschnitt 3.1.4).

Auch wenn angenommen werden kann, dass insbesondere die informelle synchrone Kommunikation durch die dezentralen Strukturen der Matrixorganisation besonders begünstigt erscheint (vgl. Abschnitt 3.1.6 und 3.2), bleibt offen, ob dieses objektive Kriterium auch subjektiv so wahrgenommen wird. Da im Zentrum der vorliegenden Arbeit die subjektiv wahrgenommene *Qualität der Kommunikation* auf Ebene der Mitarbeiter steht, werden zu dieser deskriptiven Fragestellung keine spezifischen Annahmen formuliert.

Untersuchungsteil C - Inwieweit besteht ein Zusammenhang zwischen organisationalen, technischen und individuellen Bedingungen der Matrixorganisation und der Angemessenheit der Kommunikation?
Der dritte Schwerpunkt legt den Fokus auf die organisationalen, technischen und individuellen Bedingungen der Kommunikation und ihren Zusammenhang mit der Angemessenheit der Kommunikation. Es ist zu vermuten, dass die Wahrnehmung der *Angemessenheit der formellen und informellen Kommunikation* durch die Bedingungsfaktoren dabei unterschiedlich stark beeinflusst wird.

C1) Inwieweit besteht ein Zusammenhang zwischen der *Unterstützung durch die Führung* und der Einschätzung der *Angemessenheit der Kommunikation in der Abteilung* und *im Programm*?
C2) Inwieweit besteht ein Zusammenhang zwischen der *Anzahl der Programmmitgliedschaften*, der *räumlichen Nähe* und der *Einschätzung der Angemessenheit der Kommunikation in der Abteilung* und *im Programm*?
C3) Inwieweit besteht ein Zusammenhang zwischen der *Zeit für Interaktion*, der *Gelegenheit für Wissenserwerb* und der Einschätzung der *Angemessenheit der Kommunikation in der Abteilung* und *im Programm*?

Auf Ebene der organisationalen Bedingungsfaktoren wird die *Unterstützung durch die Führungskraft* betrachtet. Hinsichtlich des Führungsverhaltens lässt sich auf Basis theoretischer Überlegungen zwar annehmen, dass eine hohe *Unterstützung durch die Führungskraft* in einem positiven Zusammenhang mit der wahrgenommenen *Angemessenheit der Kommunikation* steht (vgl. dazu Abschnitt 3.2.1.2), allerdings scheint gerade diese Unterstützung durch die duale Führungsstruktur wieder gefährdet zu sein (zu Machtkämpfen etc. vgl. Abschnitt 3.2.1.2 und Davis & Lawrence, 1977). Insofern wird in dieser Arbeit ein positiver Zusammenhang zwischen der *Unterstützung durch die Führungskraft* und der Angemessenheit der Kommunikation angenommen.

Eine Annahme für den Zusammenhang der *Anzahl von Programmmitgliedschaften* mit der Angemessenheit der Kommunikation wird nicht getroffen, da es zwar theoretische Aussagen gibt, die einen positiven Zusammenhang über eine gesteigerte Kommunikationsfrequenz unterstützen (vgl. Abschnitt 3.2.1.3), diese jedoch eher unspezifisch gehalten sind, und für die Unterscheidung von formeller synchroner (z.B. Besprechungen), formeller asynchroner (z.b. Berichte und E-Mails) und informeller (z.b. Gespräche in der Kaffeeküche) Kommunikation als nicht ausreichend angesehen werden.

Es wird erwartet, dass die *räumliche Nähe* in spezifischen Zusammenhängen mit der eingeschätzten *Angemessenheit der Kommunikation* in Bezug auf die verschiedenen betrachteten Formen (formelle und informelle) steht. Die *räumliche Nähe* sollte mit der *Angemessenheit der formellen synchronen Kommunikation* und der *Angemessenheit der formellen asynchronen Kommunikation*, bedingt durch die zentrale Planung der Gesprächstermine und die räumliche Unabhängigkeit der Kommunikation über IT-Systeme (vgl. Abschnitt 3.2.1.4) keine oder nur schwach positive Zusammenhänge zeigen.

Mit der *informellen Kommunikation* sollte, da diese ungeplant und spontan stattfindet und große räumliche Abstände folglich den informellen Kommunikationsfluss behindern können (vgl. Allen, 1984; Allen & Hauptman, 1987; Allen & Henn, 2007), der Zusammenhang der *räumlichen Nähe* stark positiv sein. Zudem können Mitarbeiter die Erfahrung eines Kollegen leichter einschätzen, wenn sie räumlich nahe zu ihrem Arbeitsplatz positioniert sind und sie öfter mit diesem in Kontakt stehen (Su, 2012).

Die zeitlichen Ressourcen, also die *Zeit für Interaktion* und die *Gelegenheit für Wissenserwerb*, sollten in einem positiven Zusammenhang mit der empfundenen *Angemessenheit der Kommunikation* stehen. Die Zeit für Interaktion wird in diversen Studien (vgl. dazu bspw. Hall & Sapsed, 2005, Helm et al. (2007), Scholl & Heisig, 2003 und Abschnitt 3.2.1.4) als zentraler Erfolgsfaktor für Kommunikation genannt.

C4) Inwieweit besteht ein Zusammenhang zwischen den *technischen Bedingungsfaktoren* und der Einschätzung der *Angemessenheit der Kommunikation in der Abteilung* und *im Programm*?

Auf Ebene der Technik scheinen eine hohe *Systemperformanz* und *Systemqualität* ein entscheidender Erfolgsfaktor für (vor allem asynchrone) Wissenskommunikation zu sein (vgl. 3.2.2), von daher wird ein positiver Zusammenhang zwischen diesen beiden technischen Bedingungen und der *Angemessenheit der formellen asynchronen Kommunikation* erwartet.

C5) Inwieweit besteht ein Zusammenhang zwischen *individuellen Bedingungsfaktoren* und der Einschätzung der *Angemessenheit der Kommunikation in der Abteilung* und *im Programm*?

Auf Ebene der individuellen Bedingungen wird angenommen, dass eine hohe *Motivation* und empfundene *Autonomie* mit einer hohen eingeschätzten Angemessenheit der Kommunikation einhergeht. Ebenso sollte die *Erfahrung* eines Individuums eine förderliche Bedingung der Wissenskommunikation in der Matrixorganisation darstellen und damit in einem positiven Zusammenhang mit der *Angemessenheit der Kommunikation* stehen (vgl. Abschnitt 3.2.3).

C6) Inwiefern bestehen gemeinsame Zusammenhänge der organisationalen, technischen und individuellen Bedingungsfaktoren mit der *Angemessenheit der Kommunikation in der Abteilung* und *im Programm*?

Während in den vorigen Fragestellungen die Zusammenhänge der einzelnen Bedingungsfaktoren auf die *Angemessenheit der Kommunikation* analysiert wurden, soll abschließend der gemeinsame Einfluß der organisationalen, technischen und individuellen Bedingungsfaktoren untersucht werden.

Untersuchungsteil D - Inwieweit besteht zwischen der Angemessenheit der Kommunikation und dem empfundenen Nutzen der Kommunikation ein Zusammenhang?
Der vierte Schwerpunkt legt den Fokus auf den Zusammenhang der *Angemessenheit der formellen und informellen Kommunikation* mit dem *empfundenen Nutzen der Kommunikation*.
Jede der drei genannten Kommunikationsformen (formell synchron, formell asynchron, informell) besitzt für sich Auswirkungen auf das Empfinden der Mitarbeiter, wie hoch der Nutzen der Kommunikation in der Organisationseinheit (also der Fachabteilung oder dem Programm) ist. Wenn für die drei Teilbereiche der *Kommunikation (formell synchron, formell asynchron, informell)* eine hohe Angemessenheit vorliegt, sollte die Kommunikation im Ergebnis und im Gesamten

einen hohen empfundenen *Nutzen* besitzen. Dabei ist jedoch für moderierende Effekte durch die organisationalen, technischen und individuellen Bedingungsfaktoren zu kontrollieren.

D1) Inwieweit besteht zwischen der *formellen synchronen Kommunikation in der Abteilung* und *im Programm* und dem *empfundenen Nutzen der Kommunikation in der Abteilung* und *im Programm* ein Zusammenhang?

D2) Inwieweit besteht zwischen der *formellen asynchronen Kommunikation* und dem *empfundenen Nutzen der Kommunikation in der Abteilung* und *im Programm* ein Zusammenhang?

D3) Inwieweit besteht zwischen der *informellen Kommunikation* und dem *empfundenen Nutzen der Kommunikation in der Abteilung* und *im Programm* ein Zusammenhang?

D4) Welche der drei Unterarten hat den stärksten Einfluß auf den *empfundenen Nutzen der Kommunikation in der Abteilung* und den *empfundenen Nutzen der Kommunikation im Programm*?

Untersuchungsteil E - Inwieweit besteht zwischen dem empfundenen Nutzen der Kommunikation und der Wissensnutzung ein Zusammenhang?
Im fünften Untersuchungsteil wird der Zusammenhang des *empfundenen Nutzens der Kommunikation* mit der *Wissensnutzung* untersucht.

E1) Inwieweit besteht zwischen dem *empfundenen Nutzen der Kommunikation in der Abteilung, dem empfundenen Nutzen im Programm* und der *Wissensnutzung* ein Zusammenhang?

E2) Inwieweit wird der Zusammenhang zwischen dem *empfundenen Nutzen der Kommunikation in der Abteilung, dem empfundenen Nutzen im Programm* und der *Wissensnutzung* von organisationalen, technischen und individuellen Bedingungsfaktoren moderiert?

Zwischen dem *empfundene Nutzen der Kommunikation* sollte ein positiver Zusammenhang mit der *Wissensnutzung* bestehen (vgl. auch Abschnitt 2.1.5.1). Auch hier sind, wie bei Fragestellung D, moderierende Effekte der organisationalen, technischen und individuellen Bedingungsfaktoren auf diesen Zusammenhang anzunehmen.

6 Methodik

Im Folgenden wird ein Überblick über Eigenschaften der Stichprobe und die angewandten statistischen Verfahren gegeben.

6.1 Zur Durchführung als Feldstudie

Feldstudien bieten gegenüber Laborstudien den Vorteil, dass sie in der natürlichen Umgebung der Teilnehmer stattfinden und somit eine generell höhere externe Validität und höhere Generalisierbarkeit aufweisen (Bortz & Döring, 2005; Bortz & Schuster, 2010). Zudem lässt sich der Untersuchungsgegenstand, eine komplexe Organisation im Luft- und Raumfahrtsektor, nicht einfach in einem Laborexperiment nachstellen. Als Nachteil kommt eine potentiell niedrigere interne Validität der Studie im Vergleich zu einem Laborexperiment zum Tragen, da die Kontrolle für Störvariablen schwer möglich ist und allenfalls über statistische Methoden erfolgen kann (Bortz & Schuster, 2010). Die Interpretation der Ergebnisse muss dementsprechend vorsichtig erfolgen.

6.2 Durchführung der Befragung

Die Population umfasst alle festangestellten und alle in Arbeitnehmerüberlassung[1] tätigen Mitarbeiter des Entwicklungsbereichs. Die Zahl der potentiellen Teilnehmer betrug zum Zeitpunkt der Erhebung 200. Die Umfrage wurde online mittels LimeSurvey[2] durchgeführt, die Mitarbeiter hatten etwa drei Wochen Zeit für die Beantwortung. Die Verwendung von LimeSurvey ermöglichte eine anonyme Teilnahme bei gleichzeitiger Möglichkeit, die noch nicht teilnehmenden Personen gezielt per Mail anzusprechen (limesurvey.org, 2011). Die Befragung wurde anhand der Kriterien der "Total Design Method" (Schnell, Hill & Esser, 2011) geplant, so wurde die Befragung über eine offizielle Mail mit Logo der Universität und

---

[1]Ein Mitarbeiter (Entliehener) wird von seinem Arbeitgeber (Verleiher) an ein anderes Unternehmen (Entleiher) gegen Entgelt verliehen, um dort Arbeitsleistungen zu erbringen (§ 1 Arbeitnehmerüberlassungsgesetz).

[2]Nähere Informationen unter http://limesurvey.org.

der Organisation angekündigt, der Fragebogen mit Anschreiben danach per Mail zugesendet, und zudem eine Erinnerungsmail nach einem bestimmten Zeitraum versandt.

Die Zusicherung der Anonymität ist einer der Faktoren, die die Rate der Responsivität erhöht (Schnell et al., 2011). Die Nennung der Institution, in diesem Fall der Ludwig-Maximilians-Universität München, kann ebenso einen positiven Einfluss auf die Rücklaufquote haben (Bortz & Döring, 2009; Hyman, 2000; Jones, 1979) wie eine umfassende Information der Mitarbeiter über Sinn und Zweck der Umfrage (Bortz & Döring, 2009). Eine Erinnerung für noch nicht Antwortende erhöht den Rücklauf nochmals (Bortz & Döring, 2009; Schnell et al., 2011)[3].

Resultierend aus den oben genannten Gründen erhielten die Mitarbeiter vorab eine Informations-E-Mail des Bereichsleiters, dass eine freiwillige, anonyme Umfrage durchgeführt würde, und im Anschluss eine E-Mail mit einem Informationstext zur Umfrage und einem Link zur Umfrage. Sowohl im Text der Mail als auch auf der Begrüßungsseite des Fragebogens wurde auf die Ludwig-Maximilians-Universität München als durchführende Institution verwiesen.

Die Teilnahme an der Studie war freiwillig, sie durfte während der Arbeitszeit beantwortet werden. Nach einer Woche wurde eine Erinnerungs-E-Mail an die noch nicht Antwortenden automatisch verschickt, außerdem wurde eine Woche vor Ende der Befragung in Team-Besprechungen vom Management die Wichtigkeit der Teilnahme nochmals betont. Aufgrund der Maßnahmen antworteten 171 Personen, was einer Quote von etwa 86 Prozent entspricht.

6.3 Merkmale der Stichprobe

Die Merkmale der Stichprobe werden im Folgenden vorgestellt. Wie in Tabelle 6.1 dargestellt, stammen 76 Personen (44 Prozent) aus der Abteilung Konstruktion, 48 Personen (28 Prozent) aus der Abteilung Festigkeit und 17 Personen (10 Prozent) aus der Abteilung Systeme. Acht Personen (fünf Prozent) sind aus der Abteilung Airworthiness, neun Personen (fünf Prozent) aus den aus Anonymitätsgründen (Abteilungsgröße <6) zusammengelegten Abteilungen Test, Technology und Chief Engineering. 13 Personen (acht Prozent) haben sich keiner Abteilung zugeordnet ("Sonstiges").

---

[3]Die genannten Autoren beziehen sich in den Texten auf postalische Befragungen, die empirischen Befunde sollten allerdings auf eine Online-Befragung, die ebenso schriftlich bearbeitet wird wie eine postalische Befragung, ähnliche Effekte haben.

Tabelle 6.1: Verteilung nach Abteilungen

Abteilung	Häufigkeit	%
Konstruktion	76	.44
Festigkeit	48	.28
Systeme	17	.10
Airworthiness	8	.05
Tests/Technology	9	.05
Sonstiges	13	.08
Summe	171	1.00

In Tabelle 6.2 sind die Zugehörigkeiten zu den Programmen dargestellt. 43 Personen (25 Prozent[4]) sind Mitglied in Programm 1, 94 Personen (54 Prozent) Mitglied in Programm 2, in Programm 3 sind 50 Personen Mitglied (29 Prozent), in Programm 4 55 Personen (32 Prozent), in keinem Programm zugeordnet sind 14 Personen (8 Prozent, dies können Abteilungssekretariate oder Führungskräfte der Fachabteilungen sein).

Tabelle 6.2: Verteilung nach Programmzugehörigkeit

Programm	Häufigkeit	%[a]
Programm 1	43	.25
Programm 2	94	.54
Programm 3	50	.29
Programm 4	55	.32
Sonstige	14	.08
Summe	256	

Anmerkungen: Mehrfachantworten möglich;
[a]: bezogen auf die Teilnehmerzahl N=171

Die Verteilung nach Art der Anstellung ist in Tabelle 6.3 dargestellt. 94 Personen (55 Prozent der Antwortenden) sind festangestellt, 61 Personen (35 Prozent) sind in Arbeitnehmerüberlassung tätig und 15 Personen (neun Prozent) sind in sonstigen Arbeitsverhältnissen beschäftigt (beispielsweise Praktikanten/ Diplomanden).

---

[4]Bei dieser Frage sind Mehrfachantworten möglich.

Die Verteilung ist für die Luftfahrtindustrie mit ihrem hohen Anteil an Leiharbeits-
kräften typisch, da in den verschiedenen Projektphasen eine hohe Flexibilität im
Personalauf- und -abbau vorhanden sein muss. Die daraus resultierenden Probleme
für das Wissensmanagement werden sich im Folgenden noch zeigen.

Tabelle 6.3: Häufigkeit nach Anstellungsverhältnis

Art der Anstellung	Häufigkeit	%
festangestellt	94	.55
Leiharbeit	61	.35
Sonstiges	15	.09
Fehlend	1	.01
Summe	171	1.00

6.4 Untersuchungsinstrumente und Skalen

Im Folgenden werden der Fragebogen und die verwendeten Skalen der Studie vorgestellt. Der Fragebogen umfasst 97 geschlossene Items, die die subjektive Zu-
stimmung oder Ablehnung auf einer Skala von eins ("trifft überhaupt nicht zu") bis
fünf ("trifft absolut zu") erfassen. Zur Vermeidung von Antworttendenzen wurden
einige Items negativ formuliert, was für die Erstellung Likert-summierter Ratings
angeraten ist[5] (Schnell et al., 2011).

Die Items und daraus errechneten Skalen werden im Folgenden als intervallskaliert behandelt, da der semantische Abstand zwischen den Bewertungsstufen als
äquidistant aufgefasst werden kann (Bortz & Döring, 2005). Eine offene Frage
am Ende des Fragebogens ermöglichte den Teilnehmern, ihre Meinung frei auszu-
drücken, 33 Personen (19 Prozent) nutzten diese Möglichkeit.

Die Analyse der Annahmen erfolgt auf Ebene von Skalen, die aus den Einzelitems errechnet werden. Die Skalenbildung erfolgte über eine ungewichtete Mittel-
wertberechnung in SPSS 20. Bei einem Fall wird für die Berechnung einer Skala
ein Missing gewertet, sobald eines der einfließenden Items ein Missing enthält[6].

Die Güte der Skala wird mangels einer Pre-Studie[7] mit der internen Konsistenz

---

[5]genaugenommen handelt es sich bei einer Erhebung ohne explizite Item-Analyse definitionsgemäß
um keine Likert-Skala (Schnell et al., 2011)
[6]SPSS-Syntax: mean.X(item1,item2,item3,...,itemX)
[7]Eine Pre-Studie hätte entweder die Population für die Hauptbefragung verringert und damit auch
Personen von der Befragung, die auch im Betrieb Auswirkungen hat, ausgeschlossen, oder wäre

erfasst, die Maßzahl Cronbachs Alpha ist in Tabelle 6.4 aufgeführt[8]. Die Reliabilitätskoeffizienten sind mit Werten von $\alpha = .68$ bis $\alpha = .95$ gut bis sehr gut (Bortz & Döring, 2005)[9].

Tabelle 6.4: Itemanzahl und Reliabilitätskoeffizienten der genutzten Skalen und Indikatoren

	Item-zahl	α^a
Ebene der Organisation		
Unterstützung d. Führungskraft	3	.74
Anzahl Programmmitgliedschaften	1	-
Räumliche Nähe	1	-
Zeit für Interaktion	3	.86
Gelegenheit für Wissenserwerb	6	.83
Ebene der Technik		
Systemperformanz	4	.87
Systemqualität	8	.90
Ebene des Individuums		
Motivation der Wissensanwendung	1	-
Autonomie	1	-
Erfahrung Abteilung	1	-
Erfahrung Programm	1	-
Qualität der Kommunikation		
Angemessenheit formelle synchrone Kommunikation Abt.	3	.75
Angemessenheit formelle synchrone Kommunikation Prog.	3	.68
Angemessenheit formelle asynchrone Kommunikation	7	.89
Angemessenheit informelle Kommunikation	3	.77
Empfundener Nutzen Kommunikation Abt.	3	.90
Empfundener Nutzen Kommunikation Prog.	3	.86
Wissensnutzung		
Wissensnutzung	6	.95

Anmerkungen: [a] - Cronbachs α; Abt. - Abteilung; Prog. - Programm

---

mit Studenten durchgeführt worden, was keine vergleichbare Population gewesen wäre.

[8]im Anhang in der Tabelle A.1 sind die in die Faktoren einfließenden Variablen dargestellt

[9]Die Diskussion, ob Cronbachs Alpha allein als Qualitätsmaß ausreichend ist (dazu Cortina, 1993 und Schmitt, 1996) wird aufgrund der theoretischen Fundierung der Faktorerstellung nicht beachtet.

Bei Likert-skalierten Variablen kann Intervallskalenniveau angenommen werden (Bortz & Döring, 2005). Dies gilt allerdings nur für die aus mehreren Einzelitems errechneten Skalen, bei einzelnen Items wird bei konservativer Betrachtung Ordinalskalenniveau angenommen (Schnell et al., 2011).

Bedingungsfaktoren auf organisationaler Ebene Die Einschätzung der Mitarbeiter zum Verhalten der Führungskraft in Bezug auf Ermunterung zum und Unterstützung des Wissensaustauschs ist in Skala *Unterstützung durch die Führungskraft* erfasst.

Die Skala *Zeit für Interaktion* befasst sich mit der Frage, ob genügend Zeitressourcen für den Austausch von Wissen mit Kollegen vorhanden ist.

Die Skala *Gelegenheit für Wissenserwerb* beschreibt Möglichkeiten des Lernens, beispielsweise über Fortbildungen, während der täglichen Arbeit oder durch wissenschaftliche Veröffentlichungen. Da, wie in Kapitel 2.3 dargestellt, eine Kommunikation von Wissen erst erfolgt ist, wenn der Empfänger die erhaltene Information verarbeitet hat, und dieser Vorgang als synonym zu einem Lernvorgang betrachtet werden kann (Mandl & Krause, 2001; Reinmann-Rothmeier & Mandl, 1998c), ist dies eine wesentliche Voraussetzung für Wissenskommunikation und Wissensnutzung.

Bedingungsfaktoren auf technischer Ebene Mit den IT- und Anwendungssystemen beschäftigen sich die Skalen der *Systemperformanz* und *Systemqualität*. Erstere erfasst die Einschätzung, wie strukturiert die Daten sind und wie schnell sie gefunden und aufgerufen werden können. Die *Systemqualität* erfasst die Einschätzung, wie hilfreich, verständlich und relevant die Informationen im System sind.

Bedingungsfaktoren auf individueller Ebene Die empfundene *Motivation der Wissensanwendung*, die empfundene *Autonomie* und die *Erfahrung in der Abteilung* und *im Programm* bestehen aus Einzelitems.

Angemessenheit der Kommunikation Die Skala der *Angemessenheit der formellen synchronen Kommunikation in Abteilung* und *im Programm* befasst sich mit den offiziellen Kommunikationsformen in der Organisationseinheit wie beispielsweise Besprechungen und der Einschätzung durch die Mitarbeiter.

Die Skala der *Angemessenheit der formellen asynchronen Kommunikation* erfasst die Einschätzung, wie gut dokumentiert beispielsweise Forschungsergebnisse, Erfahrungen und Expertisegebiete von Kollegen werden und sind.

Die *Angemessenheit der informellen Kommunikation* erfasst die Einschätzung zu informellen Kommunikationsgelegenheiten wie Treffen am Kaffeeautomaten oder der Austausch beim Mittagessen.

Empfundener Nutzen der Kommunikation   Der *empfundene Nutzen der Kommunikation in der Abteilung* und *der empfundene Nutzen der Kommunikation im Programm* befasst sich mit der Frage, wie der Austausch zwischen Mitarbeitern in der Organisationseinheit beurteilt wird, sowohl zwischen Mitarbeitern als auch zwischen Mitarbeitern und Führungskraft.

Wissensnutzung   Die Skala der *Wissensnutzung* erfasst die Einschätzung der Möglichkeiten der Anwendung neu erworbenen Wissens durch den Antwortenden. und der Nutzung von Erfahrungen in der Untersuchungseinheit.

6.5 Vorgehen und Auswertungsmethoden

Für die Auswertung der Fragestellungen wurden SPSS 20 und R 2.15.2 verwendet. Alle Berechnungen der deskriptiven Analyse, t-Tests und Korrelationen wurden in SPSS berechnet. Aufgrund der besseren Möglichkeit der Residuenanalyse wurde für die multiple lineare Regression R verwendet[10].

Die statistische Auswertung erfolgt mit mehreren Methoden, die hinsichtlich ihrer Möglichkeiten der Interpretation, ihrer Komplexität, aber auch der damit verbundenen statistischen Annahmen zur benötigten Datenqualität, auf verschiedenen Stufen stehen. Die Auswertung erfolgt in einem ersten Schritt deskriptiv, um die Verteilung der Antworten mit Werkzeugen, die wenige statistische Annahmen benötigen (vgl. Schnell (1994)), zu analysieren. Dies erlaubt zudem, die einzelnen Variablen detailliert zu betrachten.

In einem zweiten Analyseschritt werden die Zusammenhänge der Prädiktorvariablen und der abhängigen Variablen untersucht, wobei Korrelationen und, zur Drittvariablenkontrolle und einer Aussage über die Effektstärke, lineare, multivariate Regressionen berechnet werden (vgl. dazu Brosius, 2011 und Bortz & Schuster, 2010).

---

[10]Die Skalen wurden in R separat berechnet. Für die Berechnung wurde die Standardeinstellung für den Umgang mit Missings verwendet, der fehlende Wert wird vor dem Berechnen des Skalenmittelwerts entfernt. Die Formel lautet $Xfaktor < -rowMeans(X[, c("xy1", "xy2", "xy", "xy", "xy")], na.rm = TRUE)$. Dies führte zu einer höheren Fallzahl im Vergleich zur Skalenerstellung unter SPSS. Es gilt die Annahme, dass die Missing Values zufällig verteilt sind *"Missing at Random"* (Rubin, 1976), also der datengenerierende Prozess nicht von den interessierenden Variablen abhängt (Schnell, 1986).

150   6 Methodik

6.5.1 Test auf Normalverteilung

Das Vorliegen einer Stichprobe, in der die interessierenden Merkmale normalverteilt sind, ist Voraussetzung für weiterführende statistische Analysen wie die Produkt-Moment-Korrelation (Bortz & Schuster, 2010). Der Signifikanztest der Produkt-Moment-Korrelation für Korrelationskoeffizienten ist zwar robust gegenüber einer Verletzung der Verteilungsannahme, bei parametrischen Auswertungsmethoden ist die Normalverteilung aber ein kritisches Kriterium (Bortz & Schuster, 2010).

Tabelle 6.5: Kolmogoroff-Smirnov-Test

Skala	p^a
Ebene der Organisation	
Unterstützung d. Führungskraft	.01
Zeit für Interaktion	.00
Gelegenheit für Wissenserwerb	.00
Ebene der Technik	
Systemperformanz	.00
Systemqualität	.20
Qualität der Kommunikation	
Angemessenheit formelle synchrone Kommunikation Abteilung	.00
Angemessenheit formelle synchrone Kommunikation Programm	.00
Angemessenheit der formellen asynchronen Kommunikation	.05
Angemessenheit informelle Kommunikation	.00
Empfundener Nutzen Kommunikation Abteilung	.00
Empfundener Nutzen Kommunikation Programm	.00
Wissensnutzung	
Wissensnutzung	.04

Anmerkungen. [a] Signifikanzkorrektur nach Lilliefors

Die Prüfung der Normalverteilung erfolgt mit dem Kolmogoroff-Smirnov-Test[11] mit einer Signifikanzkorrektur nach Lilliefors (Bortz & Schuster, 2010; Brosius, 2011; Lilliefors, 1967), die bei größeren Stichproben (>50) empfohlen ist (Brosius, 2011). Für den Großteil der Skalen (Tabelle 6.5) mit Ausnahme der Skala der

---

[11]Die Schreibweise des Namens *Kolmogoroff* bzw. *Kolmogorov* variiert von Quelle zu Quelle. Analog zur Schreibweise in Kolmogoroff (1936) wird in dieser Arbeit die erstgenannte Form verwendet.

Systemqualität (p=.20) ist dem Test zufolge die Annahme der Normalverteilung abzulehnen.

Da der Test die Annahme der perfekten Normalverteilung überprüft, wird zusätzlich eine graphische Auswertung mittels eines Q-Q-Plots vorgenommen (Brosius, 2011). Die Plots (siehe Abschnitt A.2 im Anhang) zeigen eine leichte Abweichung von der Normalverteilung, die aber im akzeptablen Bereich bleibt[12]. Aus diesem Grund wird Pearsons r in dieser Arbeit verwendet.

6.5.2 Deskriptiv- und Inferenzstatistik

Die Datenanalyse erfolgt in mehreren Schritten. Das mehrstufige Vorgehen bietet den Vorteil, dass die einzelnen Variablen und deren einzelnen Zusammenhänge im Detail analysiert werden können. Die anschließende multivariate Regression bietet wiederum den Vorteil, den Einfluss mehrerer Variablen gemeinsam und kontrolliert zu analysieren. In der Interpretation wird der Regressionsanalyse aufgrund der Kontrolle der Drittvariablen der Vorzug gegeben.

In den ersten Schritten (Graphische Analyse und Subgruppenanalyse) werden in den Untersuchungsteilen A und B Informationen über die Verteilung der Antworten im unbearbeiteten Zustand und ohne einschränkende methodische Annahmen komplexerer Instrumente gewonnen. Die graphische Analyse, ergänzt um eine Subgruppenanalyse, kann einen ersten Überblick über die Verteilung der Werte vermitteln (Schnell et al., 2011).

Mittels t-tests, der Produkt-Moment-Korrelation und linearen Regression werden im Anschluss aufwändigere und in Bezug auf die Anforderungen an die Qualität der Daten anspruchsvollere Methoden zum in Beziehung setzen der Variablen untereinander verwendet (Brosius, 2011). Im Folgenden werden die verwendeten Methoden und der Umgang mit den Ergebnissen in dieser Arbeit kurz vorgestellt.

Graphische Analyse Bei der graphischen Analyse werden für einen Überblick über die Verteilung der Werte der Variablen Boxplots verwendet. Diese bieten die Möglichkeit, auf einen Blick eine Vielzahl der Verteilungswerte zu erfassen, speziell den Median, das 1. und 3. Quartil, ebenso die Symmetrie, Schiefe und Lage und die Zahl extremer Beobachtungen (Schnell, 1994). Im Vergleich zu Histogrammen sind Boxplots durch die Verwendung der Quartile unempfindlicher gegenüber Ausreißern (Brosius, 2011).

---

[12]vgl. dazu die Beispiele bei Faraway, 2005, der auch darauf hinweist, dass nur "long-tailed" Verteilungen starke Störungen bei linearen Regressionen hervorrufen können, welche in den Q-Q-Plots sicherlich nicht vorliegen

Der Median des Boxplots wird dabei durch die Linie in der Box dargestellt, die Grenzen der Box bilden die "Hinges" bzw. die Quartile[13]. Die Linien zwischen Box und Endpunkt der senkrechten Linien sind die "Whisker" (Schnell, 1994), deren Länge definitionsgemäß $1,5 * upperhinge$ und $1,5 * lowerhinge$ beträgt (Schnell, 1994). Alle Werte außerhalb der Box und der Whisker werden als Ausreißer betrachtet (Schnell, 1994).

Subgruppenanalyse Eine Subgruppenanalyse stellt eine einfache Möglichkeit zum Vergleich deskriptiver Statistiken wie Mittelwerten dar (Schnell et al., 2011). Die Kreuztabellen werden ergänzend zu den Boxplots verwendet, um einen Überblick über die Verteilung der Werte zwischen den zwei jeweils interessierenden Variablen zu geben.

Korrelation Für eine Überprüfung eines statistischen Zusammenhangs zwischen zwei Variablen werden Produkt-Moment-Korrelationen berechnet. Je nach Skalenniveau ist die Verwendung von Pearsons r oder robusteren, nicht-parametrischen Korrelationskoeffizienten angebracht (Bortz & Schuster, 2010). Sind die Daten intervallskaliert oder dichotom, so kann Pearsons r verwendet werden (Bortz & Schuster, 2010). Pearsons r ist jedoch sowohl gegenüber einer Verletzung der Verteilungsannahme als auch gegenüber Verletzungen des vorausgesetzten Intervallskalenniveaus relativ robust (Bortz & Schuster, 2010). Die Stärke des Zusammenhangs wird anhand der in Tabelle 6.6 dargestellten Richtwerte nach Cohen (1977) interpretiert.

Tabelle 6.6: Richtwerte zur Interpretation der Korrelationen nach Cohen (1977)

r	Interpretation
.10 - .29	schwacher Zusammenhang
.30 - .49	mittlerer Zusammenhang
.50 - 1.0	starker Zusammenhang

6.5.3 Multivariate Statistik

Vorgehen bei der linearen Regression Regressionen bieten den Vorteil, dass sie den Effekt von Variablen auf oder die Beziehung zwischen erklärenden Variablen und Zielvariablen ermöglichen (Faraway, 2005), zudem ermöglichen sie eine

---

[13]Hinges und Quartile sind laut Schnell (1994, S. 18) unterschiedlich definiert, in der Praxis unterscheiden sie sich aber nur minimal.

generelle Beschreibung der Datenstruktur (Faraway, 2005). Multiple Regressionen bieten zudem die Möglichkeit, Beziehungen zwischen mehr als zwei Prädiktorvariablen auf eine Kriteriumsvariable zu untersuchen (Bortz & Schuster, 2010) und zugleich für Drittvariablen statistisch zu kontrollieren (Bortz & Schuster, 2010). Aufgrund der Komplexität der Zusammenhänge der in dieser Arbeit betrachteten Themen ist die multivariate Regression ein passendes Werkzeug. Die für Regressionen mindestens notwendige Fallzahl erfüllt die Studie mit einem N von 171 (vgl. Bortz & Döring, 2005).

In einem Regressionsmodell wird der Einfluss der Prädiktorvariablen auf die Kriteriumsvariable untersucht (Bortz & Schuster, 2010), um die Güte der Modellpassung zu prüfen, ist eine gängige Wahl R^2 (Faraway, 2005). Speziell bei multivariaten Regressionen erhöht sich R^2 automatisch mit steigender Anzahl der Prädiktorvariablen (Kohler & Kreuter, 2012), weshalb ein korrigierter Wert (R^2_{korr}) eine bessere Schätzung des wahren Erklärungswerts liefert (Kohler & Kreuter, 2012, Bortz & Schuster, 2010). Dies ist in dieser Untersuchung mit einer großen Menge von verwendeten Variablen von Bedeutung.

Überprüfung der Voraussetzung der linearen Regression Eine Voraussetzung der linearen Regression ist das Fehlen systematischer Tendenzen in den Residuen[14], da ansonsten systematische Tendenzen auf die abhängige Variable wirken, die nicht im Regressionsmodell enthalten sind (Schnell et al., 2011). Aus diesem Grund ist vor der inhaltlichen Interpretation von Regressionsmodellen eine Residuenanalyse durchzuführen, um die Güte des Regressionsmodells zu prüfen (Schnell et al., 2011). Eine adäquate und schnelle Methode hierfür ist der Q-Q-Plot, der die Quantile der Residuen mit den Quantilen einer Normalverteilung vergleicht[15] (Faraway, 2005).

Die Q-Q-Plots der Residuen sind im Anhang im Abschnitt A.3 dargestellt. Die Verteilung der Variablen entspricht nicht einer perfekten Normalverteilung, ist aber noch auf einem akzeptablen Niveau für eine lineare Regressionsanalyse, da leichte Nicht-Normalität ignoriert werden kann, und nur long-tailed-Verteilungen starke Probleme bei der Regressionsanalyse verursachen (Faraway, 2005).

---

[14] genauer gesagt herrscht die Annahme der Normalverteilung der Fehler im Test und bei den Konfidenzintervallen (Faraway, 2005). Die lineare Regression setzt voraus, dass die Fehler einen Erwartungswert von Null haben, eine konstante Varianz aufweisen, und untereinander unkorreliert sind (Gauss-Markov-Theorem, Kohler & Kreuter, 2012, S. 270). Da die Fehler unbeobachtbare Einflüsse sind, werden die (beobachtbaren) Residuen als Ersatz für die Fehler verwendet (Kohler & Kreuter, 2012).

[15] Eine weitere Möglichkeit ist der Shapiro-Wilk-Test ((Faraway, 2005). Dieser ist allerdings bei kleinen Fallzahlen eingeschränkt interpretierbar, eine zusätzliche Betrachtung der Q-Q-Plots ist angebracht (Faraway, 2005)

7 Ergebnisse und Diskussion

In diesem Kapitel werden die in Kapitel 5 formulierten Fragestellungen empirisch überprüft. Wie in Kapitel 6 dargestellt, werden die Fragestellungen dabei schrittweise mittels Werkzeugen nach ansteigender Komplexität, aber somit auch steigender statistischer Annahmen zur Datenqualität, analysiert. Dabei werden in einem ersten Schritt eine explorative Datenananalyse und anschließend eine konfirmatorische Datenanalyse durchgeführt. In Anlehnung an Schnell (1994) wird dabei auch Wert auf eine umfassende graphische Prüfung gelegt.

7.1 Untersuchungsteil A - Einschätzung der organisationalen, technischen und individuellen Bedingungsfaktoren

In diesem Abschnitt werden die Ergebnisse zu den Fragestellungen des Untersuchungsteils A (Fragen A1 bis A4) berichtet. Dabei handelt es sich um die Einschätzung der Mitarbeiter bezüglich der Unterstützung durch die Führung, zeitlicher, räumlicher, technischer und individueller Bedingungen der Wissenskommunikation.

7.1.1 Deskriptive Analyse

Die Analyse der deskriptiven Maßzahlen der Bedingungsfaktoren der Kommunikation (Tabelle 7.1) zeigt eine Fallzahl zwischen 106 und 147. Die arithmetischen Mittel streuen über die Bedingungsfaktoren hinweg stark im Bereich von 2.25 bis 4.02.

Die Boxplot-Analyse (Abbildung 7.1) bietet einen schnellen Überblick über die Verteilung der Werte der Variablen[1]. Die Boxplots in Abbildung 7.1 zeigen ebenso stark differierende Bewertungen der Bedingungsfaktoren der Wissenskommunikation.

---

[1] Auf einen Blick ist die Verteilung der Werte einer Variablen zu erfassen, speziell des Medians, des 1. und 3. Quartils, ebenso die Symmetrie, Schiefe und Lage und die Zahl extremer Beobachtungen (Schnell, 1994, 18)

Tabelle 7.1: Deskriptive Werte zu den Bedingungsfaktoren der Kommunikation

	N	M[a]	SD
Organisationale Bedingungen			
Unterstützung durch Führungskraft	127	3.36	0.93
Zeit für Interaktion	147	3.43	0.91
Gelegenheit für Wissenserwerb	106	2.57	0.86
Technische Bedingungen			
Systemperformanz	144	2.25	0.84
Systemqualität	116	2.95	0.81
Individuelle Bedingungen			
Motivation d. Wissensanwendung	147	4.02	1.01
Autonomie	147	3.73	1.04

Anmerkungen. M - Arithmetisches Mittel. [a] - Wertebereich von 1 = "trifft gar nicht zu" bis 5 = "trifft absolut zu"

Organisationale Bedingungen   Im Folgenden soll ein Überblick über die organisationalen Bedingungsfaktoren gegeben werden.

A1) Wie schätzen die Mitarbeiter Aspekte der *Unterstützung durch die Führungskraft* ein?

A2) Wie schätzen die Mitarbeiter *zeitliche und räumliche Bedingungen* der Matrixorganisation ein?

Unterstützung durch die Führung   Das arithmetische Mittel des *Führungseinflusses* liegt bei 3.36, die Standardabweichung bei 0.93. Im Boxplot (Abbildung 7.1) zeigt sich, dass die Antworten normalverteilt sind, die Box jedoch leicht in Richtung der positiven Antwortwerte ("5", "trifft zu") verschoben ist.

Zeitliche und räumliche Bedingungen   Die arithmetischen Mittel der *Zeit für Interaktion* (M=3.43, SD=0.91) und der *Gelegenheit für Wissenserwerb* (M=2,57, SD=0.86) unterscheiden sich deutlich.

Die Boxplots in Abbildung 7.1 zeigen ein ähnliches Bild, sowohl Median als auch die Box der *Zeit für Interaktion* sind weiter im höheren Antwortbereich ("5") als bei der Skala *Gelegenheit für Wissenserwerb*.

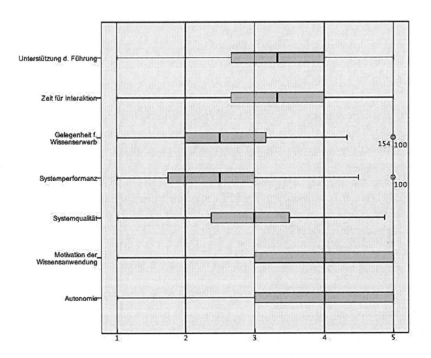

Abbildung 7.1: Boxplots der Bedingungsfaktoren der Wissenskommunikation (Wertebereich von 1 = "trifft gar nicht zu' bis 5 = "trifft absolut zu")

Für die *räumliche Nähe* ist eine Darstellung analog zu den anderen Bedingungen aufgrund der Dichotomität der Variable nicht angebracht. In Tabelle 7.2 ist deshalb nur die Fallzahl für einen Arbeitsplatz in der Abteilung (N=38) und im Programm (N=133) angegeben.

Tabelle 7.2: Häufigkeitsverteilung für die räumliche Nähe

	N
Arbeitsplatz in der Abteilung	38
Arbeitsplatz im Programm	133

A3) Wie schätzen die Mitarbeiter die *technischen Aspekte* der Matrixorganisation ein?

Technische Bedingungen   Für die *Systemperformanz* liegt das arithmetische Mittel bei 2.25 bei einer Standardabweichung von 0.84, während die *Systemqualität* ein arithmetisches Mittel von 2.95 und eine Standardabweichung von 0.81 aufweist.

Bei der Analyse der Boxplots (Abbildung 7.1) liegen sowohl Box als auch Median der *Systemperformanz* im Vergleich zur *Systemqualität* deutlich im niedrigen Bereich der Bewertungsskala ("1", "trifft gar nicht zu"). Auffällig ist, dass beide Skalen leicht linksschief sind.

A4) Wie schätzen die Mitarbeiter die *individuellen Aspekte* der Matrixorganisation ein?

Individuelle Bedingungen   Die individuellen Bedingungsfaktoren teilen sich in die *Motivation der Wissensanwendung*, der *empfundenen Autonomie* und der *Erfahrung in der Abteilung* und der *Erfahrung im Programm* auf.

Motivation der Wissensanwendung und empfundene Autonomie   Sowohl das arithmetische Mittel der *Motivation der Wissensanwendung* (M=4.02, SD=1.01) als auch der *empfundenen Autonomie* (M=3.73, SD=1.04) liegen deutlich höher als die arithmetischen Mittel der anderen Bedingungsfaktoren. Im Boxplot (Abbildung 7.1) zeigt sich, dass beide Mediane bei 4.0 und die Boxen im hohen Bereich zwischen 3 und 5 liegen.

Erfahrung in Abteilung und Programm   Die Dauer der Zugehörigkeit nach Funktion und Programm ist in Tabelle 7.3 dargestellt. Um speziell die wichtige Einarbeitungsphase detailliert erfassen zu können, und um die Zahl der Antwortmöglichkeiten klein zu halten, wurde hierzu ein Sechs-Monats-Raster bis zu 24 Monaten gewählt. 18 Prozent sind zum Befragungszeitpunkt bis zu einem halben Jahr in der *Funktion* tätig gewesen, vierzehn Prozent sieben bis zwölf Monate.

Tabelle 7.3: Häufigkeitsverteilung zur Erfahrung in Abteilung und Programm

Zeitraum	Funktion Häufigkeit	%	Programm Häufigkeit	%
0-6 Monate	31	.18	36	.21
7-12 Monate	24	.14	25	.15
13-18 Monate	5	.03	11	.06
19-24 Monate	14	.08	14	.09
>24 Monate	97	.57	83	.49
Summe	171	1.00	171	1.00

Drei Prozent sind dreizehn bis 18 Monate in der Funktion tätig, acht Prozent 19 bis 24 Monate. Über 24 Monate arbeiten 57 Prozent in der Abteilung.

Im *Programm* arbeiten 21 Prozent seit weniger als einem halben Jahr, fünfzehn Prozent zwischen sieben und zwölf Monaten. Dreizehn bis achtzehn Monate arbeiten sechs Prozent, 19 bis 24 Monate neun Prozent der teilnehmenden Personen im aktuellen Programm. 49 Prozent arbeiten seit mehr als 2 Jahren in diesem.

Somit sind für diese Untersuchung sowohl eine ausreichend große Zahl von Antworten von relativ neuen, unerfahrenen Mitarbeitern als auch langjährigen, erfahrenen Mitarbeitern in der Auswertung enthalten.

7.1.2 Unterschiede der Auswirkung der Anzahl der Programmmitgliedschaften auf die Bedingungsfaktoren

A5) Inwieweit unterscheiden sich die genannten Aspekte bezüglich der *Zahl der Programmmitgliedschaften*?

Anzahl der Programmmitgliedschaften In Tabelle 7.4 ist die Verteilung nach *Anzahl der Programmmitgliedschaften* dargestellt. Der überwiegende Teil der Befragten arbeitet in einem Programm (71 Prozent), 47 Personen (28 Prozent) sind in mehr als einem Programm tätig. 2 Personen (1 Prozent) sind in keinem Programm beschäftigt und nur für die Abteilung tätig. Die Variable wird im Folgenden aus pragmatischen Gründen als dichotome Variable mit den Ausprägungen *Mitgliedschaft in einem Programm* (38 Prozent Anteil) und *Mitgliedschaft in mehreren*

Tabelle 7.4: Verteilung nach Anzahl der Programmmitgliedschaften

Anzahl Programmmitgliedschaften	Häufigkeit	%
0	2	.01
1	122	.71
2	24	.14
3	15	.09
4	8	.05
Summe	171	1.00

Programmen (71 Prozent Anteil) verwendet.

Ein t-Test ergibt, dass sich die Bedingungsfaktoren der Wissenskommunikation teilweise danach unterscheiden, ob die Mitarbeiter in einem oder in mehreren Programmen eingesetzt sind (vgl. Tabelle 7.5).

Tabelle 7.5: t-Test- Anzahl der Programmmitgliedschaften und organisationale, technische und individuelle Bedingungsfaktoren

Faktor	t	df	Sig.
Anzahl Programmmitgliedschaften			
Organisationale Ebene			
Unterstützung durch Führungskraft	1.49	125	.14
Zeit für Interaktion	**3.61**	145	.00
Gelegenheit für Wissenserwerb	**1.96**	104	.05
Technische Ebene			
Systemperformanz	**2.22**	142	.03
Systemqualität	**2.16**	114	.03
Individuelle Ebene			
Motivation der Wissensanwendung	1.59	146	.12
Autonomie	0.03	147	.97

Anmerkungen. Sig. = Signifikanz

Für die *Zeit für Interaktion* (t(145) = 3.61; p<.05), die *Gelegenheit für Wissenserwerb* (t(104) = 1.96; p<.05), die *Systemperformanz* (t(142) = 2.22; p<.05) und die *Systemqualität* (t(114) = 2.16; p<.05) ist der Unterschied zwischen den Gruppen

"Mitgliedschaft in einem Programm" und "Mitgliedschaft in mehreren Programmen" statistisch signifikant.

Für die *Unterstützung durch die Führung* ist der Unterschied der Gruppen statistisch nicht signifikant. Ebenso ist für die *Motivation der Wissensanwendung* und die *empfundene Autonomie* der Unterschied der Gruppen statistisch nicht signifikant.

7.1.3 Zusammenfassung und Diskussion Untersuchungsteil A

In diesem ersten Untersuchungsteil werden die Bedingungsfaktoren in ihrer Beurteilung durch die antwortenden Mitarbeiter dargestellt.

Auffällig ist, dass die jeweiligen individuellen, organisationalen und technischen Bedingungsfaktoren nur teilweise die Erwartungen bestätigen und sich in ihrer Ausprägung sehr voneinander unterscheiden. Auf organisationaler Ebene wird die *Unterstützung durch die Führung* als angemessen eingeschätzt, was der theoretischen Annahme, dass die *Unterstützung durch die Führung* eher niedrig eingeschätzt wird (vgl. Abschnitt 3.2.3 und 5.2), widerspricht.

Die *Zeit für Interaktion* wird als angemessen eingeschätzt, während die *Gelegenheit für den Wissenserwerb* niedriger als die *Zeit für Interaktion* beurteilt wird.

Die Annahme, dass die zeitlichen Ressourcen niedrig bewertet werden, ist nicht pauschal zu bestätigen: Die *Zeit für Interaktion* wird als angemessen wahrgenommen, die *Gelegenheit für den Wissenserwerb* jedoch niedrig bewertet. Dies kann darauf hindeuten, dass zwar Zeit für den Austausch vorhanden ist, aber die Zeitressourcen, um diesen Austausch vor- und nachzubereiten und das ausgetauschte Wissen zu durchdenken und auf die eigene Situation anzuwenden, fehlt, ebenso wie entsprechende Angebote, das Wissen zu erwerben und zu erweitern. Die Bedingungsfaktoren der *Unterstützung durch die Führungskraft* (Edler, 2003; Heisig & Vorbeck, 2001; Helm et al., 2007) und der Ressource der Zeit, hier erfasst über die *Zeit für Interaktion* und *Gelegenheit für Wissenserwerb*, werden in der Literatur als wichtig für die Qualität der Wissenskommunikation angesehen (vgl. bspw. Bullinger et al., 1998; Edler, 2003; Helm et al., 2007; Scholl & Heisig, 2003 und die Abschnitte 2.3.1.2 und 2.3.1.4). Insofern ist die unterschiedliche Bewertung der *Zeit für Interaktion* und der *Gelegenheit für Wissenserwerb* ein interessantes Detail, das für die weitere Analyse von Bedeutung sein kann, indem diese beiden Variablen der Zeit getrennt betrachtet werden.

Bei den technischen Bedingungsfaktoren wird die *Systemqualität* höher als die *Systemperformanz*, und damit die Schnelligkeit und "Usability" der IT-Systeme, beurteilt. Dieser Unterschied der Bewertung ist interessant, da somit die in den IT-Systemen enthaltenen Inhalte als angemessen, aber durch die Auslegung und

Performanz der IT-Systeme als nicht zugänglich empfunden werden. Diese Einschätzung könnte durch die Matrixorganisation verursacht sein (vgl. Davis & Lawrence, 1977 und Abschnitt 2.3.2), da Abteilungen und Programme differierende IT-Systeme besitzen und somit eine zufriedenstellende Strukturierung nicht mehr gegeben ist, da zusätzlich bei Einsatz in mehreren Programmen auch bei diesen noch differierende Systeme eingesetzt werden. Die unterschiedliche Bewertung der Performanz und Qualität der IT-Systeme geben einen ersten Hinweis auf die Korrektheit der Annahme, dass diese mit der Wissenskommunikation in einem positiven Zusammenhang stehen (vgl. Davis & Lawrence, 1977; Bullinger et al., 1997; Heisig & Vorbeck, 2001; Scholl & Heisig, 2003).

Bei den individuellen Bedingungsfaktoren werden sowohl die *Motivation der Wissensanwendung* als auch die *empfundene Autonomie* hoch bewertet, was die Annahme einer Verbesserung dieser beiden Faktoren durch die verbesserten Kommunikationsmöglichkeiten in der Matrixorganisation stützt (vgl. Davis & Lawrence, 1977; Galbraith, 1971; Schreyögg, 2008 und Abschnitt 5.2).

Bei Analyse der Unterschiede der Bedingungsfaktoren nach dem Kriterium der *Anzahl der Programmmitgliedschaften* zeigt sich, dass der Großteil der Bedingungsfaktoren, genauer die *Zeit für Interaktion*, die *Gelegenheit für Wissenserwerb*, die *Systemperformanz* und die *Systemqualität* bei *Mitgliedschaft in mehreren Programmen* niedriger eingeschätzt werden als bei nur *einer Programmmitgliedschaft*.

Ein Grund hierfür könnte sein, dass die Mitarbeiter bei *Mitgliedschaft in mehreren Programmen* in Zeitnot geraten, da sie nicht "nur" für Fachabteilung und Programm arbeiten und dort kommunizieren, sondern zusätzlich noch in ein oder zwei zusätzlichen Programmen Aufgaben haben, in diesen kommunizieren und sich auch an die dortigen Systeme und Prozesse halten müssen. Dies könnte ein Effekt der Matrixorganisation sein, da mit zunehmenden Komplexitätsgrad der Organisation durch Zuteilung zu mehreren Programmen (vgl. Abschnitt 5.2) Zeitlimitierungen eintreten, die die Leistungsfähigkeit einschränken (vgl. bspw. Hall & Sapsed, 2005; Cross & Baird, 2000 und Abschnitt 2.3.1.4). Ebenso ist durch die erhöhte Komplexität und vermehrte Kommunikation in mehrere Richtungen, also in der Fachabteilung und in mehrere Programme zugleich, eine Informationsüberflutung und somit Überforderung der Mitarbeiter möglich (vgl. Reinmann-Rothmeier & Mandl, 1998a).

7.2 Untersuchungsteil B - Einschätzung der Qualität der Kommunikation

Den zweiten Teil der Analyse (Fragestellungen B1 bis B4) bildet eine deskriptive Beschreibung der Einschätzung der *Qualität der Kommunikation*: Dabei wird diese zum einen durch die *empfundene Angemessenheit der formell synchronen (bspw. Besprechungen), formell asynchronen (bspw. Berichte) und informellen Kommunikation (bspw. in der Kaffeeküche)* betrachtet, zum anderen durch den *empfundenen Nutzen der Kommunikation*. Dabei werden jeweils die Einschätzungen dieser Variablen analysiert, und, um der Komplexität der Matrixorganisation Rechnung zu tragen, diese auch nach den Dimensionen Abteilung und Programm differriert.

7.2.1 Deskriptive Analyse

In Tabelle 7.6 sind für einen ersten Überblick werden im Folgenden deskriptive Maßzahlen der *Angemessenheit* und des *wahrgenommenen Nutzens der Kommunikation* dargestellt. Durch Missings in den Items, die die Skalen bilden, schwankt die Anzahl der Fälle zwischen 114 und 145. Die arithmetischen Mittel der Variablen liegen großteils nahe beieinander.

Tabelle 7.6: Deskriptive Werte der Angemessenheit und des wahrgenommenen Nutzens der Kommunikation

	N	M^a	SD
Angemessenheit der formellen synchronen Kommunikation in der Abteilung (z.B. Besprechungen)	142	3.04	0.90
Angemessenheit der formellen synchronen Kommunikation im Programm (z.B. Besprechungen)	138	3.02	0.88
Angemessenheit der formellen asynchronen Kommunikation (z.B. Berichte)	114	2.65	0.83
Angemessenheit der informellen Kommunikation (z.B. Kaffeeküche)	144	3.11	0.93
Empfundener Nutzen Kommunikation Abteilung	140	2.88	1.03
Empfundener Nutzen Kommunikation Programm	145	2.95	0.94

Anmerkungen. M - Arithmetisches Mittel. [a] - Wertebereich von 1 = "trifft gar nicht zu" bis 5 = "trifft absolut zu"

Der Boxplot zeigt, dass die Skala der *Angemessenheit der formellen synchronen*

Kommunikation in der Abteilung und der *asynchronen Kommunikation* normalverteilt sind, während die *Angemessenheit der informellen Kommunikation* rechtsschief verteilt ist. Die Skalen des *empfundenen Nutzens der Kommunikation in der Abteilung* und *im Programm* sind linksschief verteilt.

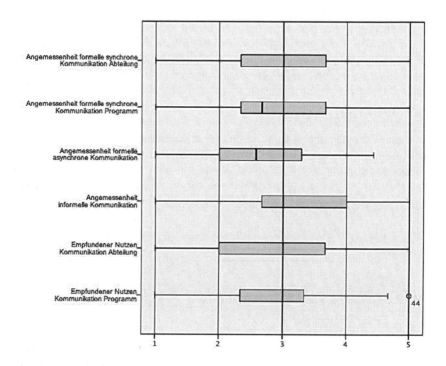

Abbildung 7.2: Boxplots der Skalen der Angemessenheit und des empfundenen Nutzens der Kommunikation (Wertebereich von 1 = "trifft gar nicht zu' bis 5 = "trifft absolut zu")

B1) Wie angemessen schätzen die Mitarbeiter die *formelle synchrone Kommunikation in der Abteilung* und die*formelle synchrone Kommunikation im Programm* ein?

Angemessenheit der formellen synchronen Kommunikation   Die *Angemessenheit der formellen synchronen Kommunikation in der Abteilung* und *im Programm* (bspw. Besprechungen) werden ähnlich eingeschätzt, das arithmetische Mittel liegt bei 3.04 bzw. 3.02, die Standardabweichung bei 0.90 bzw. 0.88. Bei der graphischen Analyse fällt auf, dass die Box der *Angemessenheit der formellen synchronen Kommunikation im Programm* größer ist, die Antworten also weiter streuen, und diese etwas weiter in den Bereich Richtung 2 ragt. Die Einschätzung der *Angemessenheit der formellen synchronen Kommunikation in der Abteilung* ist somit etwas homogener und besser als die des *Programms*. Unter einer vergleichenden Perspektive zwischen Abteilung und Programm ergibt sich für dieses Qualitätsmerkmal kein statistisch signifikanter Unterschied zwischen der *Angemessenheit der formellen synchronen Kommunikation in der Abteilung* und *im Programm* (t(135)=0.78; p=.44).

B2) Wie angemessen schätzen die Mitarbeiter die *formelle asynchrone Kommunikation* ein?

Angemessenheit der formellen asynchronen Kommunikation   Die *Angemessenheit der formellen asynchronen Kommunikation* (bspw. Berichte und E-Mails) ist mit einem arithmetischen Mittel von 2.65 (Standardabweichung 0.83) die am schlechtesten eingeschätzte Variable bei der Qualität der Kommunikation. Eine Unterscheidung nach Abteilung und Programm wurde aufgrund der logischen Struktur der IT-Systeme nicht vorgenommen.

B3) Wie angemessen schätzen die Mitarbeiter die *informelle Kommunikation* ein?

Angemessenheit der informellen Kommunikation   Für die *Angemessenheit der informellen Kommunikation* liegt das arithmetische Mittel bei 3.11 mit einer Standardabweichung von 0.93 (Tabelle 7.6). Der Boxplot in Abbildung 7.2 liegt im Bereich von knapp unter 3 bis über 4 und damit im Bereich einer als angemessenen informellen Kommunikation. Der Median liegt bei 3. Auch bezüglich der *Angemessenheit der informellen Kommunikation* erfolgte keine Unterscheidung in Abteilung und Programm.

B4) Wie schätzen die Mitarbeiter den *Nutzen der Kommunikation in der Abteilung* und den *Nutzen der Kommunikation im Programm* ein?

Empfundener Nutzen der Kommunikation   Der *empfundene Nutzen der Kommunikation in der Abteilung* (M=2.88, SD=1.03) und *der empfundene Nutzen der Kommunikation im Programm* (M=2.95, SD=0.94) wird ähnlich eingeschätzt, die Werte sind im Vergleich zu den anderen Skalen als mittel einzustufen. Bei der Boxplotanalyse zeigt sich, dass die Verteilung der Antworten beim *empfundenen Nutzen der Kommunikation im Programm* homogener als beim *empfundenen Nutzen der Kommunikation in der Abteilung* ist, da die Box kleiner ist. Es lassen sich auch hier keine statistisch signifikanten Unterschiede zwischen Abteilung und Programm feststellen: Eine Überprüfung mittels eines T-Test für abhängige Stichproben ergibt keinen statistisch signifikanten Unterschied zwischen den Werten des *empfundenen Nutzens der Kommunikation in der Abteilung* und *im Programm* (t(138)=-0.84; p=.19).

7.2.2 Zusammenfassung und Diskussion Untersuchungsteil B

Zusammengefasst schätzen die Mitarbeiter die *Angemessenheit der formellen synchronen Kommunikation in der Abteilung* (bspw. Besprechungen), die *Angemessenheit der formellen synchronen Kommunikation im Programm* (bspw. Besprechungen) und die *Angemessenheit der informellen Kommunikation* (bspw. in der Kaffeeküche) als zufriedenstellend ein. Eine negative Ausnahme ist die *formelle asynchrone Kommunikation* (bspw. Berichte und E-Mails) mit deutlich niedrigeren Werten. Hier könnte ein Grund sein, dass die Systeme nicht für beide Dimensionen der Matrixorganisation angepasst sind (vgl. zur Notwendigkeit der Anpassung der IT-Systeme an die Matrix die Abschnitte 3.1.3 und 2.3.2). Die Empfehlung von Davis und Lawrence (1977), alle IT-Systeme und Prozesse auch auf einen

Matrixbetrieb mit den verbundenen zwei organisationsstrukturellen Dimensionen auszurichten wird hier bestätigt.

Die *Angemessenheit der informellen Kommunikation* wird im Vergleich am höchsten bewertet. Dies stützt die aus der Literatur abgeleitete Annahme (vgl. Osterloh & Frost, 2006; Schreyögg, 2008), dass die Matrixstrukturen sich positiv auf die *Angemessenheit der informellen Kommunikation* auswirken sollten.

Für die Mehrzahl der Variablen der *Angemessenheit der Kommunikation* zeigen sich nur geringfügige und statistisch nicht signifikante Unterschiede zwischen Abteilung und Programm: Zwischen der Abteilung und dem Programm unterscheiden sich die Einschätzungen der *Angemessenheit der Kommunikation* und des *empfundenen Nutzens der Kommunikation* kaum, bei der *Angemessenheit der formellen synchronen Kommunikation* ist der Wert für die Abteilung leicht besser als im Programm. Etwas deutlicher ist der Unterschied beim *empfundenen Nutzen der Kommunikation*, hier streuen die Antworten für das Programm weit weniger als für die Abteilung, das Antwortverhalten ist also homogener.

Insgesamt zeigen sich über die Variablen der *Angemessenheit der Kommunikation* sowie dem *empfundenen Nutzen der Kommunikation* sehr unterschiedliche Bewertungen. Eine differenzierte Herangehensweise an spezifische Qualitätsdimensionen scheint also forschungsmethodisch und empirisch sinnvoll.

7.3 Untersuchungsteil C - Zusammenhang der Bedingungsfaktoren mit der Angemessenheit der Kommunikation

Im dritten Teil der Untersuchung soll der Zusammenhang zwischen den organisationalen, technischen und individuellen Bedingungen und der *Angemessenheit der Kommunikation* untersucht werden.

7.3.1 Zusammenhang der organisationalen Bedingungsfaktoren mit der Angemessenheit der Kommunikation

In einem ersten Schritt werden die Zusammenhänge zwischen den organisationalen Bedingungsfaktoren, also der *Unterstützung durch die Führung*, der *Anzahl der Programme*, der *Zeit für Interaktion* und der *Gelegenheit für Wissenserwerb*, mit der *Angemessenheit der Kommunikation* analysiert.

Tabelle 7.7: Korrelation - Organisationale Bedingungsfaktoren mit der Angemessenheit der Kommunikation

	SynKom-A	SynKom-P	AysnKom	InformKom
Unterstützung durch die Führung	.63 (.00)	.43 (.00)	.53 (.00)	.32 (.00)
Anzahl Programme	-.10 (.24)	-.14 (.11)	-.23 (.02)	.07 (.42)
Räumliche Nähe	.10 (.25)	-.04 (.64)	.05 (.58)	-.11 (.21)
Zeit für Interaktion	.40 (.00)	.40 (.00)	38 (.00)	.27 (.01)
Gelegenheit für Wissenserwerb	.47 (.00)	.49 (.00)	.45 (.00)	.27 (.01)

Anmerkungen. Pearsons r. In Klammer Signifikanz (zweiseitig getestet). *SynKom-A*: Angemessenheit der formellen synchronen Kommunikation in der Abteilung; *SynKom-P*: Angemessenheit der formellen synchronen Kommunikation im Programm; *AsynKom*: Angemessenheit der formellen asynchronen Kommunikation; *InformKom*: Angemessenheit der informellen Kommunikation

7.3.1.1 Zusammenhang zwischen der Führung mit der Angemessenheit der Kommunikation

C1) Inwieweit besteht ein Zusammenhang zwischen der *Unterstützung durch die Führung* und der Einschätzung der *Angemessenheit der Kommunikation in der Abteilung* und *im Programm*?

Die Korrelation der *Unterstützung durch die Führung* und der Einschätzung der Angemessenheit der formellen synchronen Kommunikation in der Abteilung ist mit r=.63 (p<.05) stark (vgl. Tabelle 7.7). Die Korrelation mit der *Angemessenheit der formellen synchronen Kommunikation im Programm* ist mit r=.43 (p<.05) mittelstark, aber deutlich schwächer als die in der *Abteilung*. Die Korrelation der *Unterstützung durch die Führung* mit der *Angemessenheit der formellen asynchronen Kommunikation* ist stark (r=.53, p<.05), während die Stärke der Korrelation mit der *Angemessenheit der informellen Kommunikation* mit .32 (p<.05) mittel ist.

7.3.1.2 Zusammenhang zwischen strukturellen und räumlichen Bedingungsfaktoren mit der Angemessenheit der Kommunikation

C2) Inwieweit besteht ein Zusammenhang zwischen der *Anzahl der Programmmitgliedschaften*, der *räumlichen Nähe* und der *Einschätzung der Angemessenheit der Kommunikation in der Abteilung* und *im Programm*?

Die *Anzahl der Programmmitgliedschaften* korreliert mit der *Angemessenheit der formellen synchronen Kommunikation* sowohl in der Abteilung (r=-.19, n.s.) als auch im Programm (r=-.14, n.s.) schwach negativ und statistisch nicht signifikant (vgl. Tabelle 7.7).

Mit der *Angemessenheit der formellen asynchronen Kommunikation* korreliert die *Anzahl der Programmmitgliedschaften* schwach negativ, aber statistisch signifikant (r=-.23, p<.05). Die *Angemessenheit der formellen asynchronen Kommunikation* wird mit steigender *Anzahl der Programme* also abnehmend bewertet.

Die *Anzahl der Programmmitgliedschaften* korreliert mit der *Angemessenheit der informellen Kommunikation* sehr schwach positiv und statistisch nicht signifikant (r=.07, n.s.).

Die *räumliche Nähe* korreliert mit allen vier Variablen der Angemessenheit der Kommunikation sehr schwach und statistisch nicht signifikant (Tabelle 7.7)

7.3.1.3 Zusammenhang der zeitlichen Bedingungsfaktoren und der Angemessenheit der Kommunikation

C3) Inwieweit besteht ein Zusammenhang zwischen der *Zeit für Interaktion*, der *Gelegenheit für Wissenserwerb* und der Einschätzung der *Angemessenheit der Kommunikation in der Abteilung* und *im Programm*?

Die Korrelationen der *Zeit für Interaktion* und der *Gelegenheit für Wissenserwerb* mit der *Angemessenheit der formellen synchronen, formellen asynchronen und informellen Kommunikation* werden im Folgenden untersucht (vgl. Tabelle 7.7).

Es ergeben sich überwiegend mittlere Zusammenhänge zwischen der *Zeit für Interaktion* und den Variablen der *Angemessenheit der Kommunikation*. Dabei sind die Ergebnisse für Abteilung und Programm vergleichbar. Auch die *Gelegenheit für Wissenserwerb* korreliert überwiegend mittelstark mit den Variablen der *Angemessenheit der Kommunikation*. Ausnahme sind die Zusammenhänge der *Zeit für Interaktion* (r=.27, p<.05) beziehungsweise der *Gelegenheit für Wissenserwerb* (r=.27,p<.05) mit der *Angemessenheit der informellen Kommunikation*, die jeweils schwach sind.

7.3.1.4 Zusammenfassung und Diskussion für den Zusammenhang der organisationalen Bedingungsfaktoren und der Angemessenheit der Kommunikation

Die Bedingungsfaktoren zeigen zusammengefasst unterschiedlich starke Zusammenhänge mit der Angemessenheit der Kommunikation.

Unterstützung durch die Führungskraft   Für die *Unterstützung durch die Führung* sind die Befunde aus der Literatur über die Wichtigkeit dieses Bedingungsfaktors für die Kommunikation großteils bestätigt (vgl. zur Wichtigkeit der Führung Abschnitt 3.2.1.2 und bspw. Edler, 2003; Heisig & Vorbeck, 2001; Helm et al., 2007).

Interessant ist die stärkere Korrelation der Führung mit der *Angemessenheit der formellen synchronen Kommunikation in der Abteilung* im Vergleich zum *im Programm*, jedoch kann dies ein Artefakt der Fragestellung sein, da einmal nach dem Bereich, einmal nach der Führungskraft in der Abteilung und einmal allgemein nach dem Vorgesetzten gefragt wird.

Die starke Korrelation der *Unterstützung durch die Führung* mit der Einschätzung der *Angemessenheit der formellen asynchronen Kommunikation* überrascht, stützt aber die Ergebnisse von Duerr et al. (2004), dass Führungskräfte wesentlich auf Strukturierung und Qualität des externalisierten Wissens einwirken (vgl. Abschnitt 2.3.1.2).

Die Korrelation der *Führung* auf die *informelle Kommunikation* ist hingegen schwach, eine Unterstützung der informellen Kommunikation scheint nicht wesentlich mit dem Erfolg dieser Kommunikationsart einherzugehen.

Anzahl der Programmmitgliedschaften   Die *Anzahl der Programmmitgliedschaften* kann als ein Indikator für die Komplexität der Matrixorganisation gelten, da ein Teil der Mitarbeiter neben der Zugehörigkeit zur Fachabteilung teilweise in mehreren Programmen gleichzeitig eingesetzt wird und hier spezifische Prozesse und Regeln gelten (vgl. Abschnitt 5).

Die *Anzahl der Programmmitgliedschaften* scheint jedoch in keinem bedeutsamen Zusammenhang mit der eingeschätzten *Angemessenheit der formellen Kom-*

munikation (z.B. Besprechungen, Meetings) zu stehen. Es zeigen sich hier auch keine bedeutsamen Unterschiede zwischen der Einschätzung der *Angemessenheit formeller Kommunikation* und *informeller Kommunikation*.

Die Einschätzung der *Angemessenheit der Kommunikation* in Bezug auf *formelle synchrone Formen* der Kommunikation, wie mündliche Besprechungen und Meetings, scheint in keinem direkten Zusammenhang mit der *Anzahl an Programmmitgliedschaften* bzw. steigender struktureller Komplexität zu stehen. Mit steigender *Anzahl an Programmmitgliedschaften* ergeben sich also keine schlechteren Beurteilungen der *Angemessenheit der Kommunikation* hinsichtlich der Angemessenheit formeller synchroner Besprechungen oder Meetings.

Überraschenderweise ergibt ein sich ein negativer Zusammenhang zwischen *Anzahl der Programmmitgliedschaften* und der *Angemessenheit der formellen asynchronen Kommunikation*: Mit steigender Zugehörigkeit zu mehreren Programmen beurteilen die Befragten die *Angemessenheit formeller asycnhroner*, also schriftlicher Kommunikation (bspw. E-Mails, Berichte) negativer. Dies könnte durch eine Überbeanspruchung durch eine Informationsüberflutung (Reinmann-Rothmeier & Mandl, 1998a) verursacht werden, auch durch die Verwendung von mehreren IT-Systemen gleichzeitig, die sich von Programm zu Programm und zur Fachabteilung unterscheiden. Da auf die asynchrone Kommunikation systemgebunden zugegriffen wird, ist dieser moderierende Einfluß möglich.

Hinsichtlich der *informellem Kommunikation* zeigt sich entgegen der Erwartung kein Zusammenhang mit der *Anzahl der Programmmitgliedschaften*. Die Annahme, dass die Zugehörigkeit zu mehreren Programmen mehr Kontakte und damit eine bessere informelle Kommunikation mit sich bringt, bestätigt sich also nicht. Allein der Einsatz in mehreren Programmen erhöht die Einschätzung der Angemessenheit der informellen Kommunikation nicht.

Die Erwartungen zu den Zusammenhängen zwischen der *Anzahl an Programmmitgliedschaften* und der *Angemessenheit der Kommunikation* haben sich weitgehend nicht bestätigt. Dieser Bedingungsfaktor erweist sich lediglich in Bezug auf die empfundene *Angemessenheit formeller asynchroner Kommunikation* als bedeutsam.

Räumliche Nähe Die *räumliche Nähe* zeigt sich erwartungskonform in Bezug auf die empfundene *Angemessenheit der formellen synchronen* (bspw. Meetings) und *asynchronen* (bspw. Schriftverkehr) *Kommunikation* als unbedeutender Bedingungsfaktor. Dieser Befund erscheinen nachvollziehbar und deckt sich mit theoretischen Überlegungen, dass formelle Formen der Kommunikation, wie Besprechungen oder auch E-Mail-Verkehr, nicht auf zufällige Begegnungen und damit verbunden, auf räumliche Nähe angewiesen sind (vgl. Abschnitt 2.3.1.4).

Entgegen der Erwartungen steht die *räumliche Nähe* in keinem direkten Zusammenhang mit der Einschätzung der *Angemessenheit informeller Kommunikation*, welche auf zufällige Begegnungen angewiesen ist (vgl. Abschnitt 2.3.1.4). Für die Befunde von Allen und Henn (2007), dass mit wachsender Entfernung die Kommunikationshäufigkeit abnimmt, ergeben sich in dieser Untersuchung keine stützenden Belege.

Zeit für Interaktion und Gelegenheit für Wissenserwerb   Die *Zeit für Interaktion* und die *Gelegenheit für Wissenserwerb* zeigen beide starke Korrelationen mit der *Angemessenheit der formellen synchronen Kommunikation*, sowohl in der Abteilung als auch im Programm.

Dabei sind die Korrelationen der *Gelegenheit für Wissenserwerb* generell stärker als die der *Zeit für Interaktion*. Dies könnte an der notwendigen Vor- und Nachbereitung der formellen Kommunikation liegen. Die formellen Besprechungen finden nicht unvorbereitet statt, es sind vor und vor allem nach dem Austausch eine Menge an zusätzlichen Informationen zu verarbeiten und in die eigene Arbeit einzuarbeiten, diese Lernvorgänge bei der Wissensaneignung scheinen zeitintensiv zu sein (vgl. dazu auch 2.3.1.4).

Mit der Einschätzung der *Angemessenheit der formellen asynchronen Kommunikation* korrelieren beide Variablen, *Zeit für Interaktion* und die *Gelegenheit für Wissenserwerb*, ebenso, wenn auch ein wenig schwächer als mit der formellen synchronen Kommunikation. Auch hier scheint die Zeit für Suche, Vorbereitung, Aufbereitung und Verständnis eine notwendige Voraussetzung zu sein.

Im Vergleich hierzu überraschend schwach ist der Zusammenhang der *Zeit für Interaktion* und der *Gelegenheit für Wissenserwerb* mit der *Angemessenheit der informellen Kommunikation*. Die Befragten scheinen hier die informelle, ungeplante Kommunikation entweder nicht mit "offizieller" Vorbereitung in Verbindung zu bringen, oder sie benötigen für die informelle Kommunikation keine oder wenig Vorbereitungszeit im Vergleich zur formellen Kommunikation.

7.3.2 Zusammenhang der technischen Bedingungsfaktoren und der Angemessenheit der Kommunikation

C4) Inwieweit besteht ein Zusammenhang zwischen den *technischen Bedingungsfaktoren* und der Einschätzung der *Angemessenheit der Kommunikation in der Abteilung* und *im Programm*?

Im Folgenden werden die Zusammenhänge der technischen Bedingungsfaktoren, also der *Systemperformanz* und der *Systemqualität*, mit der *Angemessenheit der Kommunikation* dargestellt (vgl. Tabelle 7.8).

Tabelle 7.8: Korrelation - Technische Bedingungsfaktoren mit der Angemessenheit der Kommunikation

	SynKom-A	SynKom-P	AysnKom	InformKom
Systemperformanz	.41 (.00)	.44 (.00)	.63 (.00)	.07 (.42)
Systemqualität	.50 (.00)	.51 (.00)	.58 (.00)	.14 (.16)

Anmerkungen. Pearsons r. In Klammer Signifikanz (zweiseitig getestet). *SynKom-A*: Angemessenheit der formellen synchronen Kommunikation in der Abteilung; *SynKom-P*: Angemessenheit der formellen synchronen Kommunikation im Programm; *AsynKom*: Angemessenheit der formellen asynchronen Kommunikation; *InformKom*: Angemessenheit der informellen Kommunikation

Die *Systemperformanz* korreliert mit der *Angemessenheit der formellen synchronen Kommunikation* sowohl in der Abteilung (r=.41, p<.05) als auch im Programm (r=.44, p<.05) mittelstark. Mit der *Angemessenheit der formellen asynchronen Kommunikation* (z.B. schriftlichen Berichten) korreliert zeigt sich ein starker Zusammenhang (r=.63, p<.05), während sich zwischen *Systemperformanz* und *Angemessenheit der informellen Kommunikation* ein sehr schwacher Zusammenhang ergibt (r=.07, n.s.).

Die *Systemqualität* korreliert mit der *Angemessenheit der formellen synchronen Kommunikation* sowohl in der Abteilung (r=.50, p<.05) als auch im Programm (r=.51, p<.05) stark. Auch mit der *Angemessenheit der formellen asynchronen Kommunikation* ergibt sich ein starker Zusammenhang (r=.58, p<.05). Hinsichtlich der *Angemessenheit der informellen Kommunikation* ergibt sich ein schwacher Zusammenhang (r=.14, n.s.).

**Resümee und Diskussion für den Zusammenhang der technischen Bedingungs-
faktoren und der Angemessenheit der Kommunikation** Die Annahme, dass
technische Bedingungen bedeutsame förderliche Bedingungsfaktoren in Bezug auf
die *Angemessenheit der Kommunikation* darstellen können, kann zu weiten Teilen
bestätigt werden: Auf Ebene der technischen Bedingungsfaktoren korrelieren, wie
erwartet (vgl. Abschnitt 2.3.2), die *Systemperformanz* und *Systemqualität* mit der
Angemessenheit der formellen synchronen Kommunikation in der Abteilung und
im Programm mittelstark. Dies könnte mit der Dokumentation der Ergebnisse formeller Besprechungen in den IT-Systemen und der Nutzung dieser IT-Systeme für
Vor- und Nachbereitung von Meetings zusammenhängen und zeigt, dass ein inte-
grativer Ansatz des Wissensmanagements mit Einbeziehung auch der technischen
Systeme sinnhaft ist (vgl. Schüppel, 1996).

Mit der *Angemessenheit der formellen asynchronen Kommunikation* korrelieren sowohl die *Systemperformanz* als auch die *Systemqualität* stark. Die wichtige
Rolle der *Systemperformanz*, also einer nachvollziehbaren Strukturierung und der
Schnelligkeit der Systeme, bestätigt hier die übertragenen Befunde von Friedrich
et al. (2001) und Janetzko (2002).

Die *Systemperformanz* und *Systemqualität* korrelieren, ebenfalls wie erwartet,
schwach mit der *Angemessenheit der informellen Kommunikation*. Informelle Kommunikation scheint also, wie auch von Allen (1984) und Allen und Henn (2007)
beschrieben, ohne Rückgriff auf technische Systeme statt.

7.3.3 Zusammenhang der individuellen Bedingungsfaktoren und der Angemessenheit der Kommunikation

C5) Inwieweit besteht ein Zusammenhang zwischen *individuellen Bedingungsfaktoren* und der Einschätzung der *Angemessenheit der Kommunikation in der Abteilung* und *im Programm*?

Die Zusammenhänge der individuellen Bedingungsfaktoren der *Motivation der
Wissensanwendung*, der *empfundenen Autonomie* und der *Erfahrung in der Abteilung* und der *Erfahrung im Programm* werden im Folgenden vorgestellt (Tabelle
7.15).

Die *Motivation der Wissensanwendung* korreliert mit der *Angemessenheit der
formellen synchronen Kommunikation in der Abteilung* mittelstark (r=.35, p<.05),
mit der *Angemessenheit der formellen synchronen Kommunikation im Programm*

schwach (r=.28, p<.05).

Mit der *Angemessenheit der formellen asynchronen Kommunikation* ist die Korrelation schwach und statistisch nicht signifikant. Hinsichtlich der *Motivation der Wissensanwendung* und der *Angemesenheit der informellen Kommunikation* ergibt sich ein schwacher, aber statistisch signifikanter Zusammenhang (r=.29, p<.05).

Tabelle 7.9: Korrelation - Individuelle Bedingungsfaktoren mit der Angemessenheit der Kommunikation

	SynKom-A	*SynKom-P*	*AysnKom*	*InformKom*
Motivation	.35 (.00)	.28 (.00)	.17 (.09)	.29 (.00)
Autonomie	.23 (.01)	.15 (.08)	.06 (.52)	.30 (.00)
Erfahrung Abteilung	-.13 (.13)	-.27 (.00)	-.34 (.00)	.18 (.03)
Erfahrung Programm	-.09 (.29)	-.28 (.00)	-.32 (.00)	.14 (.09)

Anmerkungen. Pearsons r. In Klammer Signifikanz (zweiseitig getestet). *SynKom-A*: Angemessenheit der formellen synchronen Kommunikation in der Abteilung; *SynKom-P*: Angemessenheit der formellen synchronen Kommunikation im Programm; *AsynKom*: Angemessenheit der formellen asynchronen Kommunikation; *InformKom*: Angemessenheit der informellen Kommunikation

Der individuelle Bedingungsfaktor der *empfundenen Autonomie* steht in einem schwachen Zusammenhang mit der *Angemessenheit der formellen synchronen Kommunikation in der Abteilung*. Dieser Zusammenhang erweist sich als statistisch signifikant (r=.23, p<.05), während sich der ebenfalls schwache Zusammenhang mit der *Angemessenheit der synchronen formellen Kommunikation im Programm* als nicht signifikant erweist.

Die Korrelation der *empfundenen Autonomie* mit der *Angemessenheit der formellen asynchronen Kommunikation* ist sehr schwach und statistisch nicht signifikant, während die Korrelation mit der *Angemessenheit der informellen synchronen Kommunikation* mittelstark ist (r=.30, p<.05).

Neben motivationalen Bedingungsfaktoren wird auch die Erfahrung der Mitarbeiter in ihrem Zusammenhang mit der *Angemessenheit der Kommunikation* betrachtet. Dabei wird entsprechend der Matrixstruktur zwischen der Erfahrung in der Fachabteilung und der im Programm unterschieden:

Sowohl die *Erfahrung in der Abteilung* als auch die *Erfahrung im Programm* korrelieren schwach negativ und statistisch nicht signifikant mit der *formellen synchronen Kommunikation in der Abteilung*. Mit der *formellen synchronen Kommunikation im Programm* hingegen sind die immer noch schwachen Korrelationen der *Erfahrung in der Abteilung* (r=-.27, p<.05) und der *Erfahrung im Programm* (r=-.28, p<.05) statistisch signifikant.

Ebenso korrelieren die *Erfahrung in der Abteilung* (r=-.34, p<.05) und die *Erfahrung im Programm* (r=-.32, p<.05) beide mittelstark und negativ mit der *Angemessenheit der formellen asynchronen Kommunikation*. Die *Erfahrung in der Abteilung* (r=.18, p<.05) korreliert schwach mit der *Angemessenheit der informellen synchronen Kommunikation*, während die *Erfahrung im Programm* schwächer und statistisch nicht signifikant mit der *Angemessenheit der informellen synchronen Kommunikation* korreliert.

Resümee und Diskussion des Zusammenhangs der individuellen Bedingungsfaktoren und der Angemessenheit der Kommunikation Zusammengefasst zeigen die individuellen Bedingungsfaktoren schwächere Zusammenhänge mit der *Angemessenheit der Kommunikation* als erwartet.

Die sehr schwache Korrelation der *Motivation der Wissensanwendung* und der *empfundenen Autonomie* mit der *Angemessenheit der formellen asynchronen Kommunikation* ist theoretisch nachvollziehbar, da die formalisierte Niederlegung von Informationen in Speichersystemen von den Führungskräften und Prozessen verlangt wird und somit eher fremdgesteuert scheint (vgl. zum Einfluß der Führung bei der Nutzung von IT-Systemen Duerr et al., 2004).

Die nur schwache Korrelation sowohl der *Motivation der Wissensanwendung* als auch der *empfundenen Autonomie* mit der *Angemessenheit der informellen Kommunikation* ist wegen der eher selbstgesteuerten und freiwilligen Natur der informellen Kommunikation (vgl. Abschnitt 2.3.3.1 und 5.2) nicht den Erwartungen entsprechend.

Die *Erfahrung in der Abteilung* und die *Erfahrung im Programm* korrelieren beide sehr schwach negativ und statistisch nicht signifikant mit der *Angemessenheit der formellen synchronen Kommunikation in der Abteilung*. Mit der *Angemessenheit der formellen synchronen Kommunikation im Programm* ergibt sich ein negativer schwacher, statistisch signifikanter Zusammenhang mit der Erfahrung.

Entgegen der Annahme, dass die *Erfahrung* in einem positiven Zusammenhang mit der *Angemessenheit der Kommunikation* steht, lässt sich ein statistisch signifikanter, negativer Zusammenhang hinsichtlich der *Angemessenheit synchroner formeller Kommunikation im Programm* erkennen . Je höher die *Erfahrung in Abteilung* oder *Programm* ist, desto niedriger ist die Einschätzung der *Angemessenheit der formellen synchronen Kommunikation im Programm*. Dieser überraschende Befund mag darauf zurückzuführen sein, dass erfahrene, langjährige Mitarbeiter aufgrund ihrer Erfahrung die Kommunikationsprozesse und die langfristigen Auswirkungen besser einschätzen können als neue Mitarbeiter.

Ebenfalls zeigen sich negative Zusammenhänge der *Erfahrung in der Abteilung* und der *Erfahrung im Programm* mit der Einschätzung der *Angemessenheit der formellen asynchronen Kommunikation*. Auch dieser Befund widerspricht also den Erwartungen aus Abschnitt 5.2. Eine mögliche Interpretation dieses Ergebnisses ist auch hier, dass den Mitarbeitern erst mit zunehmender Erfahrung klar wird, dass (eigentlich) hilfreichere Informationen in den IT-Systemen vorhanden sein müssten, jedoch nicht mehr auffindbar sind beziehungsweise nicht verständlich abgelegt wurden (zur Problematik der Verständlichkeit und Nützlichkeit objektivierten Wissens vgl. Abschnitt 2.3.2, auch unter dem Stichwort der Orientation Barrier nach Bromme et al. (2004)).

Die schwache positive Korrelation der *Erfahrung in Abteilung* und der *Erfahrung im Programm* mit der *Angemessenheit der informellen Kommunikation* entspricht den Erwartungen, die Dauer der Zugehörigkeit zu einer Funktion sollte die Anzahl der bekannten Personen und somit der potentiellen Gesprächspartner positiv beeinflussen. Die Korrelation ist allerdings schwach.

Eine mögliche potentielle Erklärung ist, dass der Zusammenhang nicht linear verläuft, sondern in der ersten Zeit der Zugehörigkeit schnell neue Ansprechpartner gefunden werden, während nach mehreren Jahren Zugehörigkeit zur Organisationseinheit kaum neue Kontakte entstehen. Diesen kurvilinearen Zusammenhang kann eine Korrelation nicht abbilden.

7.3.4 Gemeinsamer Zusammenhang der organisatorischen, technischen und individuellen Bedingungsfaktoren und der Angemessenheit der Kommunikation

C6) Inwiefern bestehen gemeinsame Zusammenhänge der organisationalen, technischen und individuellen Bedingungsfaktoren mit der *Angemessenheit der Kommunikation in der Abteilung* und *im Programm*?

Nachdem in den vorigen Abschnitten die Zusammenhänge der unabhängigen und abhängigen Variablen einzeln analysiert wurden, soll im Folgenden der gemeinsame Einfluß auf die Angemessenheit der Kommunikation ermittelt werden, um die relative Stärke der Effekte zu erfahren und für moderierende Einflüssee zu kontrollieren. Hierfür werden multivariate Regressionen berechnet. Eine Übersicht über die bivariaten Ergebnisse bietet nochmals zusammenfassend Tabelle 7.10.

Tabelle 7.10: Zusammenfassung der bivariaten Ergebnisse für die Angemessenheit der Kommunikation

	SynKom-A	SynKom-P	AysnKom	InformKom
Unterstützung d. Führung	+	+	+	+
Anzahl Programme	n.s.	n.s.	-	n.s.
räumliche Nähe	n.s.	n.s.	n.s.	n.s.
Zeit für Interaktion	+	+	+	+
Gelegenheit f. Wissenserwerb	+	+	+	+
Systemperformanz	+	+	+	+
Systemqualität	+	+	+	n.s.
Motivation	+	+	n.s.	+
Autonomie	+	n.s.	n.s.	+
Erfahrung Abteilung	n.s.	-	+	+
Erfahrung Programm	n.s.	-	+	n.s.

Anmerkungen. *SynKom-A*: Angemessenheit der formellen synchronen Kommunikation in der Abteilung; *SynKom-P*: Angemessenheit der formellen synchronen Kommunikation im Programm; *Asyn-Kom*: Angemessenheit der formellen asynchronen Kommunikation; *InformKom*: Angemessenheit der informellen Kommunikation; n.s. - nicht signifikant; + positiver Zusammenhang (p<.05); - negativer Zusammenhang (p<.05)

7.3.4.1 Gemeinsamer Zusammenhang der organisatorischen, technischen und individuellen Bedingungsfaktoren und der Angemessenheit der formellen synchronen Kommunikation

In Tabelle 7.11 ist das Regressionsmodell der organisatorischen, technischen und individuellen Bedingungsfaktoren auf die *Angemessenheit der formellen synchronen Kommunikation in der Abteilung* dargestellt. Die *Anzahl der Programmmitgliedschaften*, die *räumliche Nähe*, die *Zeit für Interaktion*, die *Systemperformanz*, die *Motivation der Wissensanwendung*, die *empfundene Autonomie* und die *Erfahrung in der Abteilung* haben keinen statistisch signifikanten Einfluß auf die *Angemessenheit der formellen synchronen Kommunikation*. Die *Unterstützung durch die Führungskraft*, die *Gelegenheit für Wissenserwerb* und die *Systemqualität* besitzen einen statistisch signifikanten Effekt auf die unabhängige Variable. Die Modellgüte ist im mittleren Bereich, das R^2_{korr} beträgt .46.

Tabelle 7.11: Organisatorische, technische und individuelle Bedingungsfaktoren mit der Angemessenheit der formellen synchronen Kommunikation in der Abteilung

	$\hat{\beta}$	SE	t	$p(>|t|)$
(Intercept)	-0.90	0.49	-1.82	.07
Organisationale Ebene				
Unterstützung durch Führungskraft	**0.34**	0.07	4.66	.00
Zeit für Interaktion	0.06	0.08	0.69	.49
Gelegenheit f. Wissenserwerb	**0.20**	0.08	2.67	.01
Anzahl Programme	0.00	0.14	0.06	.95
räumliche Nähe	0.10	0.15	1.56	.12
Technische Ebene				
Systemperformanz	0.06	0.10	0.65	.52
Systemqualität	**0.23**	0.10	2.64	.01
Individuelle Ebene				
Motivation der Wissensanwendung	0.08	0.07	1.15	.25
Autonomie	0.09	0.06	1.45	.15
Erfahrung Abteilung	0.09	0.04	1.31	.19

Anmerkungen. Residual standard error: 0.67 on 130 degrees of freedom. Multiple R-squared: 0.50, Adjusted R-squared: 0.46. F-statistic: 12.8 on 10 and 130 DF, p-value: .00. Statistisch signifikante Werte sind **fett** dargestellt.

Tabelle 7.12: Organisatorische, technische und individuelle Bedingungsfaktoren mit der Angemessenheit der formellen synchronen Kommunikation im Programm

	$\hat{\beta}$	SE	t	$p(>|t|)$
(Intercept)	0.26	0.39	0.66	.51
Organisationale Ebene				
Unterstützung durch Führungskraft	**0.19**	0.06	2.79	.01
Zeit für Interaktion	-0.03	0.07	-0.36	.72
Gelegenheit f. Wissenserwerb	**0.23**	0.07	3.27	.00
Anzahl Programme	-0.06	0.11	-0.88	.38
räumliche Nähe	0.01	0.13	0.09	.93
Technische Ebene				
Systemperformanz	0.04	0.08	0.42	.68
Systemqualität	**0.23**	0.09	2.76	.01
Individuelle Ebene				
Motivation der Wissensanwendung	0.01	0.05	0.13	.90
Autonomie	**0.46**	0.05	7.63	.00
Erfahrung Programm	-0.07	0.03	-1.04	.30

Anmerkungen. Residual standard error: 0.55 on 131 degrees of freedom. Multiple R-squared: 0.56, Adjusted R-squared: 0.53. F-statistic: 17 on 10 and 131 DF, p-value: .00. Statistisch signifikante Werte sind **fett** dargestellt.

Im Regressionsmodell der organisationalen, technischen und individuellen Bedingungsfaktoren auf die *formelle synchrone Kommunikation im Programm* (Tabelle 7.12) sind die *Gelegenheit für Wissenserwerb*, ($\hat{\beta}$=.23, p<.05), die *Unterstützung durch die Führungskraft* ($\hat{\beta}$=.19, p<.05), die *Systemqualität* ($\hat{\beta}$=.23, p<.05) und die *empfundene Autonomie* ($\hat{\beta}$=.46, p<.05) statistisch signifikante Bedingungsfaktoren. Das Modell erklärt gute 53 Prozent der Varianz (R^2_{korr}). Die Abbildungen 7.3 und 7.4 zeigen die statistisch signifikanten Zusammenhänge für die *Angemessenheit der formellen Kommunikation in der Abteilung* und *im Programm* in der Übersicht.

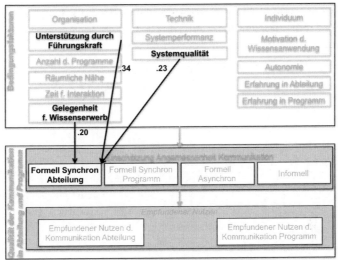

Regressionskoeffizienten, p<.05. Statistisch signifikante Faktoren sind **fett** dargestellt.

Abbildung 7.3: Graphische Darstellung der Regressionskoeffizienten für die Angemessenheit der formellen synchronen Kommunikation in der Abteilung

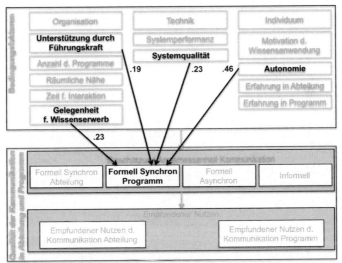

Regressionskoeffizienten, p<.05. Statistisch signifikante Faktoren sind **fett** dargestellt.

Abbildung 7.4: Graphische Darstellung der Regressionskoeffizienten für die Angemessenheit der der formellen synchronen Kommunikation im Programm

7.3.4.2 Gemeinsamer Zusammenhang der organisatorischen, technischen und individuellen Bedingungsfaktoren und der Angemessenheit der formellen asynchronen Kommunikation

Die statistisch signifikanten Bedingungsfaktoren im Regressionsmodell der *Angemessenheit der formellen asynchronen Kommunikation* (Tabelle 7.13) unterscheiden sich von denen der Regressionsmodelle der *formalen synchronen Kommunikation* deutlich.

Tabelle 7.13: Organisatorische, technische und individuelle Bedingungsfaktoren mit der Angemessenheit der formellen asynchronen Kommunikation

	$\hat{\beta}$	SE	t	$p(>|t|)$
(Intercept)	0.89	0.42	2.14	.03
Organisationale Ebene				
Unterstützung durch Führungskraft	**0.31**	0.06	4.30	.00
Zeit für Interaktion	0.03	0.07	0.35	.73
Gelegenheit f. Wissenserwerb	0.07	0.07	0.95	.34
Anzahl Programme	-0.10	0.11	-1.47	.14
räumliche Nähe	-0.03	0.13	-0.45	.65
Technische Ebene				
Systemperformanz	**0.33**	0.09	3.74	.00
Systemqualität	**0.19**	0.09	2.18	.03
Individuelle Ebene				
Motivation der Wissensanwendung	-0.07	0.06	-1.01	.32
Autonomie	0.00	0.05	0.04	.97
Erfahrung Abteilung	0.02	0.05	0.19	.85
Erfahrung Programm	-0.11	0.05	-1.07	.29

Anmerkungen. Residual standard error: 0.56 on 128 degrees of freedom. Multiple R-squared: 0.55, Adjusted R-squared: 0.51. F-statistic: 14.04 on 11 and 128 DF, p-value: .00. Statistisch signifikante Werte sind **fett** dargestellt.

Einen statistisch signifikanten Effekt haben der *Führungseinfluss* ($\hat{\beta}$=.31, p<.05), die *Systemperformanz* ($\hat{\beta}$=.33, p<.05) und die *Systemqualität* ($\hat{\beta}$=.19, p<.05). Die *Anzahl der Programmmitgliedschaften*, die *räumliche Nähe*, die *Zeit für Interaktion*, die *Gelegenheit für Wissenserwerb*, die *Motivation der Wissensanwendung*, die *Autonomie*, die *Erfahrung in der Abteilung* und *im Programm* sind statistisch nicht signifikant. Das Modell erklärt gute 51 Prozent der Varianz (R^2_{korr}). Abbildung 7.5

zeigt die statistisch signifikanten Zusammenhänge mit der *Angemessenheit der formellen asynchronen Kommunikation* im Überblick.

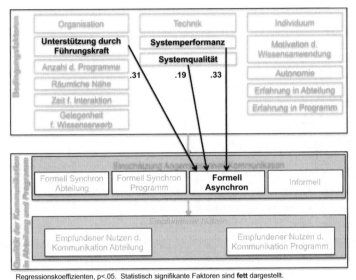

Abbildung 7.5: Graphische Darstellung der Regressionskoeffizienten für die Angemessenheit der der formellen asynchronen Kommunikation

7.3.4.3 Gemeinsamer Zusammenhang der organisatorischen, technischen und individuellen Bedingungsfaktoren und der Angemessenheit der informellen Kommunikation

Das Regressionsmodell der organisationalen und individuellen Bedingungsfaktoren auf die *Angemessenheit der informellen Kommunikation* ist in Tabelle 7.14 abgebildet. Das Modell erklärt nur 21 Prozent der Varianz (R^2_{korr}), statistisch signifikante Bedingungsfaktoren sind die *empfundene Autonomie* ($\hat{\beta}=.19$, p<.05) und die *Erfahrung in der Abteilung* ($\hat{\beta}=.31$, p<.05). Abbildung 7.6 zeigt die Zusammenhänge mit der *Angemessenheit der informellen Kommunikation* im Überblick.

Tabelle 7.14: Organisatorische, technische und individuelle Bedingungsfaktoren mit der Angemessenheit der informellen Kommunikation

	$\hat{\beta}$	SE	t	$p(>|t|)$
(Intercept)	0.06	0.61	-0.09	.93
Organisationale Ebene				
Unterstützung durch Führungskraft	0.11	0.09	1.26	.21
Zeit für Interaktion	0.18	0.10	1.79	.08
Gelegenheit f. Wissenserwerb	0.16	0.10	1.79	.08
Anzahl Programme	0.08	0.17	1.00	.32
räumliche Nähe	-0.10	0.19	-1.24	.22
Technische Ebene				
Systemperformanz	0.09	0.12	0.82	.41
Systemqualität	-0.03	0.13	-0.29	.77
Individuelle Ebene				
Motivation der Wissensanwendung	0.10	0.08	1.15	.25
Autonomie	**0.19**	0.07	2.39	.02
Erfahrung Abteilung	**0.31**	0.07	2.44	.02
Erfahrung Programm	-0.04	0.07	-0.31	.76

Anmerkungen. Residual standard error: 0.83 on 130 degrees of freedom. Multiple R-squared: 0.27, Adjusted R-squared: 0.21. F-statistic: 4.38 on 11 and 130 DF, p-value: .00. Statistisch signifikante Werte sind **fett** dargestellt.

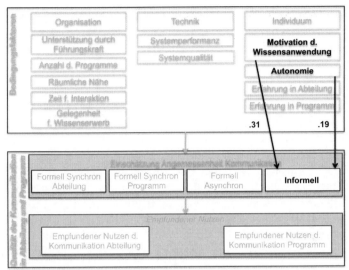

Regressionskoeffizienten, p<.05. Statistisch signifikante Faktoren sind **fett** dargestellt.

Abbildung 7.6: Graphische Darstellung der Regressionskoeffizienten für die Angemessenheit der informellen Kommunikation

7.3.4.4 Resümee und Diskussion des gemeinsamen Zusammenhangs der Bedingungsfaktoren auf die Angemessenheit der Kommunikation

Die Analyse des gemeinsamen Einflußes der Bedingungsfaktoren gibt Hinweise darauf, dass diese in einem gemeinsamen Zusammenhang mit der Angemessenheit der Kommunikation stehen. Die *Gelegenheit für Wissenserwerb*, die *Unterstützung durch die Führungskraft* und die *Systemqualität* stehen in einem Zusammenhang mit der *Angemessenheit der formellen synchronen Kommunikation in der Abteilung* . Dies ist vor allem bei der *Unterstützung durch die Führung* nachvollziehbar, da bei geplanten Besprechungen eine direkte oder indirekte Anweisung durch den Vorgesetzten und Sanktionen bei Nichterscheinen wahrscheinlich sind (vgl. zum Einfluß der Führung Abschnitt 3.2.1.2). Die *Gelegenheit für Wissenserwerb* könnte, unter gleichzeitiger Kontrolle der *Zeit für Interaktion*, einen Hinweis darauf geben, dass für eine hochwertig empfundene formelle Kommunikation Vor- und Nachbereitungszeit und Möglichkeiten des Wissenserwerbs notwendig sind, um die Inputs zu verarbeiten und in eigenes, idiosynkratisches Wissen umzuwandeln (wie schon in Abschnitt 7.3.1.4 diskutiert).

Die *Systemqualität* kann einen Hinweis darauf geben, dass die *formelle synchrone Kommunikation* im Entwicklungsbereich auch stark von objektiviertem Wissen, wie beispielsweise Bauunterlagen, Dokumenten etc. abhängig ist, die in der Vorbereitung und Durchführung der Besprechung hilfreich sein können, analog zu Strube et al. (2005) (vgl. auch Abschnitt 2.2.2).

Bei der *Angemessenheit der formellen synchronen Kommunikation im Programm* ist im Gegensatz zur Abteilung auch der Zusammenhang mit der *empfundenen Autonomie* statistisch signifikant, diese ist der stärkste Bedingungsfaktor. Dies könnte ein Hinweis darauf sein, dass bei der Kommunikation im Programm durch das Projektmanagement öfter eine Einflußnahme über die Art der Problemlösung genommen wird, und ein Fehlen dieser Interventionen bei den Mitarbeitern als Wegfall einer Störquelle empfunden werden. Dies stützt die These von Davis und Lawrence (1977), dass die Matrixorganisation die Zielkonflikte zwischen Abteilung und Programm teilweise auf die Mitarbeiter verlagert, und somit bei diesen zum Teil eine Überforderung auslösen kann (vgl. hierzu die Abschnitte 3.1.6, 3.2.1.3, 3.2.3.1).

Die *Angemessenheit der formellen asynchronen Kommunikation* wird stark durch die *Unterstützung durch die Führung*, die *Systemperformanz* und die *Systemqualität* beeinflußt. Die schriftliche Dokumentation und eine "ordentliche" Ablagesystematik scheinen eine wichtige Führungsaufgabe im Hinblick auf die Angemessenheit des objektivierten Wissens zu sein, analog zu den Ergebnissen von Duerr et al. (2004) (vgl. dazu auch Abschnitt 2.3.1.2). Die Systeme sollten, wie schon von Friedrich et al. (2001) dargestellt, zudem schnell und zuverlässig sein (*Systemperformanz*), und es sollte bereits hochwertige, der Problemlösung dienliche Information im IT-System gespeichert sein (vgl. Abschnitt 2.3.2).

Bei der *Angemessenheit der informellen Kommunikation* haben nur die *empfundene Autonomie* und die *Erfahrung in der Abteilung* einen statistisch signifikanten Effekt, die Modellgüte ist aber insgesamt schwach. Die *empfundene Autonomie*, also selbst entscheiden zu können, wann und mit wem zur Aufgabenlösung kommuniziert werden soll, ist offensichtlich entscheidend für die informelle Kommunikation. Die *Erfahrung in der Abteilung* entscheidet über die Größe des Netzwerks und die Kenntnis der Expertisegebiete der Kollegen, was durch die Struktur der Matrixorganisation unterstützt werden sollte.

Eine steigende Zahl von *Programmmitgliedschaften* hat einen positiven Einfluß auf die *Häufigkeit der informellen Kommunikation*, ob dies aufgrund eines größeren Netzwerkes oder wegen der Notwendigkeit aufgrund der Überforderung durch zwei oder mehrere offizielle Berichtswege geschieht, bleibt aber unklar.

7.3.5 Zusammenfassung und Diskussion des Untersuchungsteils C

Zusammenfassend betrachtet zeigen die organisationalen, technischen und individuellen Bedingungsfaktoren nicht alle die angenommene Wirkung auf die Angemessenheit der Kommunikation.

Die *Unterstützung durch die Führungskraft* scheint für *formelle synchrone wie asynchrone Kommunikation* wichtig zu sein, mit der *Angemessenheit der informellen Kommunikation* ist der Zusammenhang schwächer. Die in Abschnitt 5.2 getroffene Annahme über einen positiven Zusammenhang der *Unterstützung durch die Führung* wird hier bestätigt.

Die *Anzahl der Programmmitgliedschaften* als Komplexitätsindikator der Matrixorganisation scheint auf die *Angemessenheit der formellen synchronen Kommunikation* wenig zu wirken, überraschend ist der negative Zusammenhang mit der *Angemessenheit der asynchronen Kommunikation.* Hier ist ein Erklärungsansatz, dass die Mitarbeiter mit der Arbeit in mehreren Programmen mit differierenden IT-Systemen und Vorschriften überfordert sind. Die theoretischen Annahmen von Friedrich et al. (2001), dass Verständlichkeit und Benutzerorientierung in IT-Systemen wichtig sind, scheinen bei Nutzung von mehreren IT-Systemen folglich noch wichtiger zu sein.

Überraschenderweise steht die *räumliche Nähe* in keinem Zusammenhang mit der *Angemessenheit der informellen Kommunikation,* hier wäre nach den Annahmen aus Abschnitt 2.3.1.4 ein positiver Zusammenhang zu vermuten gewesen. *Zeitliche Ressourcen* stehen in einem positiven Zusammenhang mit der *Angemessenheit der formellen synchronen, asynchronen* und *informellen Kommunikation.*

Auf technischer Ebene ist der Zusammenhang der *Systemperformanz* und *Systemqualität* mit der *Angemessenheit der formellen asynchronen Kommunikation* wie erwartet (Abschnitt 3.2.2 und 5.2) stark. Ebenso stark ist der Zusammenhang der *Systemperformanz* und *Systemqualität* mit der *formellen synchronen Kommunikation in der Abteilung* und der *formellen synchronen Kommunikation im Programm*, was so nicht zu erwarten war. Dies könnte einen Hinweis darauf liefern, wie wichtig die IT- und Anwendungssysteme für die Vor- und Nachbereitung der offiziellen Meetings sind.

Die individuellen Bedingungsfaktoren zeigen nur zum Teil die erwarteten Zusammenhänge: Die *Motivation der Wissensanwendung* und (in Teilen) die *empfundene Autonomie* zeigen schwache, positive Zusammenhänge mit der *Angemessenheit der formellen synchronen und informellen Kommunikation*, jedoch entgegen der Annahme sehr schwache und statistisch nicht signifikante mit der *Angemessenheit der formellen asynchronen Kommunikation.*

Betrachtet man den gemeinsamen Zusammenhang der Bedingungsfaktoren auf die Angemessenheit der Kommunikationsarten (vgl. als Übersicht auch Abbildung 7.3 und 7.4), so bestätigt sich für die *formelle synchrone Kommunikation* die Wichtigkeit der *Unterstützung durch die Führung* und der *Systemqualität*, die sowohl in Abteilung als auch Programm starke Effekte auf die Einschätzung der *Angemessenheit* haben.

Interessant ist, dass im Programm die *empfundene Autonomie* den stärksten Einfluss hat, was darauf hindeuten könnte, dass speziell bei der Kommunikation im Programm die Programmleitung eine fachliche Autonomie für erfolgreiche Kommunikation zulassen muss. Bei der empfundenen *Angemessenheit der formellen asynchronen Kommunikation* sind die *Unterstützung durch die Führung*, die *Systemperformanz* und die *Systemqualität* wesentliche Bedingungsfaktoren (vgl. als Übersicht auch Abbildung 7.5).

7.4 Untersuchungsteil D - Zusammenhang der Angemessenheit der Kommunikation mit dem empfundenen Nutzen der Kommunikation

In den vorigen Abschnitten wurden die Zusammenhänge zwischen organisationalen, technischen und individuellen Bedingungsfaktoren mit der Angemessenheit der formellen synchronen, formellen asynchronen und informellen Kommunikation untersucht. Als bestimmendes Merkmal der Kommunikation ist allerdings nicht nur die *Angemessenheit der Kommunikation*, sondern vor allem auch der *empfundene Nutzen der Kommunikation* im Gesamten anzusehen.

Die Formen der *Angemessenheit der Kommunikation* stellen dabei eine Voraussetzung für den *empfundenen Nutzen der Kommunikation* dar. Im Folgenden wird deshalb der Zusammenhang der *Angemessenheit der formellen synchronen, formellen asynchronen und informellen Kommunikation* mit dem *empfundenen Nutzen der Kommunikation* analysiert, wobei auch von Interesse ist, welche der drei Unterarten der Kommunikation den stärksten Einfluß auf den empfundenen Nutzen hat.

Einen Überblick über die Korrelationen der Angemessenheit der formellen synchronen, asynchronen und informellen Kommunikation mit dem empfundenen Nutzen der Kommunikation bietet Tabelle 7.15. Die Ergebnisse werden detailliert in den zugehörigen Unterkapiteln dargestellt.

Tabelle 7.15: Korrelationen - Angemessenheit der Kommunikation mit dem empfundenen Nutzen der Kommunikation

Pearsons r	EmpfNut-A	EmpfNut-P
Angemessenheit der formellen synchronen Kommunikation in der Abteilung (z.b. Besprechungen)	.71 (.00)	.56 (.00)
Angemessenheit der formellen synchronen Kommunikation im Programm (z.b. Besprechungen)	.48 (.00)	.68 (.00)
Angemessenheit der formellen asynchronen Kommunikation (z.b. Berichte)	.56 (.00)	.65 (.00)
Angemessenheit der informellen Kommunikation (z.b. Kaffeeküche)	.13 (.14)	.11 (.20)
Häufigkeit der informellen Kommunikation in der Abteilung (z.b. Kaffeeküche)	.23 (.00)	.08 (.35)
Häufigkeit der informellen Kommunikation im Programm (z.b. Kaffeeküche)	.04 (.64)	.25 (.00)

Anmerkungen. Pearsons r; in Klammer Signifikanz (zweiseitig getestet). EmpfNut-A - Empfundener Nutzen der Kommunikation in der Abteilung; EmpfNut-P - Empfundener Nutzen der Kommunikation im Programm.

7.4.1 Zusammenhang der Angemessenheit der formellen synchronen Kommunikation mit dem empfundenen Nutzen der Kommunikation

D1) Inwieweit besteht zwischen der *formellen synchronen Kommunikation in der Abteilung* und *im Programm* und dem *empfundenen Nutzen der Kommunikation in der Abteilung* und *im Programm* ein Zusammenhang?

In Tabelle 7.15 sind die Korrelationen der *Angemessenheit der formellen synchronen Kommunikation* mit dem *empfundenen Nutzen der Kommunikation in der Abteilung* und dem *empfundenen Nutzen der Kommunikation im Programm* dargestellt.

Die *Angemessenheit der formellen synchronen Kommunikation in der Abteilung* korreliert mit dem *empfundenen Nutzen der Kommunikation in der Abteilung* stark (r=.71, p<.05), ebenso mit dem *empfundenen Nutzen der Kommunikation im Programm* (r=.56, p<.05).

Die *Angemessenheit der formellen synchronen Kommunikation im Programm* korreliert mit dem *empfundenen Nutzen der Kommunikation im Programm* ebenfalls stark (r=.68, p<.05), mit dem *empfundenen Nutzen der Kommunikation in der Abteilung* etwas schwächer und im mittleren Bereich (r=.48, p<.05).

Es zeigt sich also ein starker Zusammenhang zwischen der *Angemessenheit der formellen synchronen Kommunikation* und dem *empfundenen Nutzen der Kommunikation* in der jeweiligen Organisationseinheit (Abteilung und Programm), unter einer vergleichenden Perspektive ist zu sehen, dass der Effekt innerhalb der Abteilung bzw. des Programms um etwa .2 stärker korreliert als zwischen Programm und Abteilung.

7.4.2 Zusammenhang der Angemessenheit der formellen asynchronen Kommunikation und dem empfundenen Nutzen der Kommunikation

D2) Inwieweit besteht zwischen der *formellen asynchronen Kommunikation* und dem *empfundenen Nutzen der Kommunikation in der Abteilung* und *im Programm* ein Zusammenhang?

In Tabelle 7.15 sind die Korrelationen der *Angemessenheit der formellen asynchronen Kommunikation* mit dem *empfundenen Nutzen der Kommunikation in der Abteilung* und dem *empfundenen Nutzen der Kommunikation im Programm* dargestellt.

Die *Angemessenheit der formellen asynchronen Kommunikation* korreliert sowohl mit dem *empfundenen Nutzen der Kommunikation in der Abteilung* (r=.56, p<.05) als auch mit dem *empfundenen Nutzen der Kommunikation im Programm* (r=.65, p<.05) stark.

7.4.3 Zusammenhang der Angemessenheit der informellen Kommunikation mit dem empfundenen Nutzen der Kommunikation

> D3) Inwieweit besteht zwischen der *informellen Kommunikation* und dem *empfundenen Nutzen der Kommunikation in der Abteilung* und *im Programm* ein Zusammenhang?

Die *Angemessenheit der informellen Kommunikation* korreliert mit dem *empfundenen Nutzen der Kommunikation in der Abteilung* und dem *empfundenen Nutzen der Kommunikation im Programm* sehr schwach und statistisch nicht signifikant (Tabelle 7.15).

Die *Angemessenheit der informellen Kommunikation* misst allerdings die informelle Kommunikation in Abteilung und Programm. Da die Korrelationen der *Angemessenheit der informellen Kommunikation* mit dem *empfundenen Nutzen der Kommunikation* sehr schwach sind, werden in der Tabelle zusätzlich noch zwei Items, die in die Skala der *Angemessenheit der informellen Kommunikation* einfliessen, zusätzlich ausgewertet: Die *Häufigkeit der informellen Kommunikation in der Abteilung* und die *Häufigkeit der informellen Kommunikation im Programm*.

Die *Häufigkeit der informellen Kommunikation in der Abteilung* korreliert mit dem *empfundenen Nutzen der Kommunikation in der Abteilung* schwach ($r=.23$, $p<.05$), mit dem *empfundenem Nutzen der Kommunikation im Programm* sehr schwach und statistisch nicht signifikant (Tabelle 7.15). Die *Häufigkeit der informellen Kommunikation im Programm* korreliert mit dem *empfundenen Nutzen der Kommunikation im Programm* schwach ($r=.25$, $p<.05$), mit dem *empfundenem Nutzen der Kommunikation in der Abteilung* sehr schwach und statistisch nicht signifikant.

Die *Häufigkeit der informellen Kommunikation in der Abteilung* zeigt also einen schwachen Zusammenhang mit dem *empfundenen Nutzen der Kommunikation in der Abteilung*, und einen sehr schwachen Zusammenhang mit dem *empfundenen Nutzen der Kommunikation im Programm*. Derselbe Effekt zeigt sich im Programm (die *Häufigkeit der informellen Kommunikation im Programm* korreliert schwach mit dem *empfundenen Nutzen der Kommunikation im Programm*, aber sehr schwach mit dem *empfundenen Nutzen der Kommunikation in der Abteilung*). Dies spricht für die folgende Untersuchung dafür, die informelle Kommunikation, wie die formale Kommunikation, aufgeteilt nach Abteilung und Programm zu untersuchen.

7.4.4 Gemeinsamer Zusammenhang der formellen synchronen, formellen asynchronen und informellen Kommunikation und des empfundenen Nutzens der Kommunikation

D4) Welche der drei Unterarten hat den stärksten Einfluß auf den *empfundenen Nutzen der Kommunikation in der Abteilung* und den *empfundenen Nutzen der Kommunikation im Programm?*

In den vorigen Abschnitten wurde der Zusammenhang der *Angemessenheit der formellen synchronen, formellen asynchronen* und *informellen Kommunikation* mit dem *empfundenen Nutzen der Kommunikation in der Abteilung* und *im Programm* für jeden Bedingungsfaktor einzeln untersucht. Im Folgenden (Tabelle 7.16) sollen alle Faktoren gemeinsam in ihrem Zusammenhang mit dem *empfundenen Nutzen der Kommunikation* untersucht werden, um die Effektstärke und den gegenseitigen Einfluß untersuchen zu können. Dabei werden für den *empfundenen Nutzen der Kommunikation in der Abteilung* und den *empfundenen Nutzen der Kommunikation im Programm* getrennte Regressionen gerechnet.

Tabelle 7.16: Angemessenheit der Kommunikation und empfundener Nutzen der Kommunikation in der Abteilung

	$\hat{\beta}$	SE	t	$p(>|t|)$
(Intercept)	0.11	0.29	0.37	.71
Angemessenheit der formellen synchronen Kommunikation in der Abteilung (z.B. Besprechungen)	**0.57**	0.09	6.94	.00
Angemessenheit der formellen synchronen Kommunikation im Programm (z.B. Besprechungen)	0.00	0.11	0.04	.97
Angemessenheit der formellen asynchronen Kommunikation (z.B. Berichte)	**0.23**	0.09	3.19	.00
Angemessenheit der informellen Kommunikation (z.B. Kaffeeküche)	0.01	0.06	0.19	.85

Anmerkungen. Residual standard error: 0.70 on 139 degrees of freedom. Multiple R-squared: 0.53, Adjusted R-squared: 0.52. F-statistic: 39.92 on 4 and 139 DF, p-value: .00. Statistisch signifikante Werte sind **fett** dargestellt.

Das Regressionsmodell für den *empfundenen Nutzen der Kommunikation in der Abteilung* zeigt einen statistisch signifikanten Effekt der *Angemessenheit der formellen synchronen Kommunikation in der Abteilung* ($\hat{\beta}$=.57, p<.05) und der *Angemessenheit der formellen asynchronen Kommunikation* ($\hat{\beta}$=.23, p<.05) auf die Zielvariable. Die Zusammenhänge der *Angemessenheit der formellen synchronen Kommunikation im Programm* und der *Angemessenheit der informellen Kommunikation* sind statistisch nicht signifikant. Die Modellgüte ist gut (R^2_{korr}=.52).

Da die Analyse in Abschnitt 7.4.3 ergeben hat, dass es ratsam ist, die informelle Kommunikation getrennt nach Abteilung und Programm zu betrachten, wird in Tabelle 7.17 statt der *Angemessenheit der informellen Kommunikation* die *Häufigkeit der informellen Kommunikation in der Abteilung* und die *Häufigkeit der informellen Kommunikation im Programm* verwendet.

Tabelle 7.17: Angemessenheit der Kommunikation, Häufigkeit der informellen Kommunikation und empfundener Nutzen der Kommunikation in der Abteilung

	$\hat{\beta}$	SE	t	p(>|t|)
(Intercept)	0.07	0.28	0.23	.82
Angemessenheit der formellen synchronen Kommunikation in der Abteilung (z.B. Besprechungen)	**0.53**	0.10	6.45	.00
Angemessenheit der formellen synchronen Kommunikation im Programm (z.B. Besprechungen)	0.03	0.11	0.36	.72
Angemessenheit der formellen asynchronen Kommunikation (z.B. Berichte)	**0.30**	0.23	3.21	.00
Häufigkeit der informellen Kommunikation in der Abteilung (z.B. Kaffeeküche)	**0.15**	0.06	2.25	.03
Häufigkeit der informellen Kommunikation im Programm (z.B. Kaffeeküche)	-0.13	0.06	-1.82	.07

Anmerkungen. Residual standard error: 0.69 on 137 degrees of freedom. Multiple R-squared: 0.54, Adjusted R-squared: 0.52 . F-statistic: 32.12 on 5 and 137 DF, p-value: .00. Statistisch signifikante Werte sind **fett** dargestellt.

Die *Angemessenheit der formellen synchronen Kommunikation in der Abteilung* hat dann weiterhin einen starken Effekt auf den *empfundenen Nutzen der Kommunikation in der Abteilung* ($\hat{\beta}$=.53, p<.05), ebenso die *Angemessenheit der formellen asynchronen Kommunikation* ($\hat{\beta}$=.30, p<.05). Der Effekt der *Häufigkeit der informellen Kommunikation in der Abteilung* ist nun ebenfalls statistisch signifikant ($\hat{\beta}$=.15, p<.05), während die *Angemessenheit der formellen synchronen Kommunikation im Programm*, die *Häufigkeit der informellen Kommunikation im Programm* und die *Effektivität informeller Kommunikation* keinen statistisch signifikanten Effekt haben. Die Modellgüte sinkt leicht durch die Korrektur des R^2 auf .52.

Die *Angemessenheit der formellen synchronen Kommunikation im Programm* ($\hat{\beta}$=.41, p<.05) und die *Angemessenheit der formellen asynchronen Kommunikation* ($\hat{\beta}$=.24, p<.05) haben einen statistisch signifikanten Einfluß auf den *empfundenen Nutzen der Kommunikation im Programm* (Tabelle 7.18). Die *Angemessenheit der formellen synchronen Kommunikation in der Abteilung* und die *Angemessenheit der informellen Kommunikation* haben keinen statistisch signifikanten Einfluß. Das Modell erklärt 45 Prozent der Varianz (R^2_{korr}).

Tabelle 7.18: Angemessenheit der Kommunikation und empfundener Nutzen der Kommunikation im Programm - 1

	$\hat{\beta}$	SE	t	p(>|t|)
(Intercept)	0.29	0.28	1.02	.31
Angemessenheit der formellen synchronen Kommunikation in der Abteilung (z.B. Besprechungen)	0.13	0.09	1.52	.13
Angemessenheit der formellen synchronen Kommunikation im Programm (z.B. Besprechungen)	**0.41**	0.11	4.43	.00
Angemessenheit der formellen asynchronen Kommunikation (z.B. Berichte)	**0.24**	0.09	2.99	.00
Angemessenheit der informellen Kommunikation (z.B. Kaffeeküche)	-0.00	0.06	-0.06	.95

Anmerkungen. Residual standard error: 0.68 on 137 degrees of freedom. Multiple R-squared: 0.47, Adjusted R-squared: 0.45. F-statistic: 30.11 on 4 and 137 DF, p-value: .00. Statistisch signifikante Werte sind **fett** dargestellt.

Wird analog zur Kommunikation in der Abteilung die *Angemessenheit der infor-*

mellen Kommunikation durch die *Häufigkeit der informellen Kommunikation in der Abteilung* und die *Häufigkeit der informellen Kommunikation im Programm* ersetzt (Tabelle 7.19), so haben sowohl die *Angemessenheit der formellen synchronen Kommunikation in der Abteilung* ($\hat{\beta}$=.17, p<.05), der *Angemessenheit der formellen synchronen Kommunikation im Programm* ($\hat{\beta}$=.37, p<.05), die *Angemessenheit der formellen asynchronen Kommunikation* ($\hat{\beta}$=.23, p<.05) als auch die *Häufigkeit der informellen Kommunikation im Programm* ($\hat{\beta}$=-.17, p<.05) und die *Häufigkeit der informellen Kommunikation im Programm* ($\hat{\beta}$=.16, p<.05) einen statistisch signifikanten Einfluß auf die Zielvariable. Die Modellgüte beträgt moderate .46 (R^2_{korr}).

Tabelle 7.19: Angemessenheit der Kommunikation und empfundener Nutzen der Kommunikation im Programm - 2

	$\hat{\beta}$	SE	t	p(>|t|)
(Intercept)	0.35	0.28	1.28	.20
Angemessenheit der formellen synchronen Kommunikation in der Abteilung (z.B. Besprechungen)	**0.17**	0.09	1.96	.05
Angemessenheit der formellen synchronen Kommunikation im Programm (z.B. Besprechungen)	**0.37**	0.11	4.01	.00
Angemessenheit der formellen asynchronen Kommunikation (z.B. Berichte)	**0.23**	0.09	2.93	.00
Häufigkeit der informellen Kommunikation in der Abteilung (z.B. Kaffeeküche)	**-0.17**	0.06	-2.25	.03
Häufigkeit der informellen Kommunikation im Programm (z.B. Kaffeeküche)	**0.16**	0.06	2.20	.03

Anmerkungen. Residual standard error: 0.67 on 135 degrees of freedom. Multiple R-squared: 0.48, Adjusted R-squared: 0.46. F-statistic: 24.51 on 5 and 135 DF, p-value: .00. Statistisch signifikante Werte sind **fett** dargestellt.

7.4.5 Gemeinsamer Zusammenhang der Bedingungsfaktoren und der formellen synchronen, formellen asynchronen und informellen Kommunikation und des empfundenen Nutzens der Kommunikation

Mit den obigen Regressionsmodellen wird ein direkter Effekt der *Angemessenheit der formellen synchronen, formellen asynchronen* und *informellen Kommunikation* auf den *empfundenen Nutzen der Kommunikation in der Abteilung* und *im Programm* untersucht. Es ist aber davon auszugehen, dass die Bedingungsfaktoren, wie im Untersuchungsmodell (Abbildung 5.1) dargestellt, nicht nur indirekt über die *Angemessenheit der Kommunikation*, sondern auch direkt in einem Zusammenhang mit dem *empfundenen Nutzen der Kommunikation* stehen. In Tabelle 7.20 zeigt sich, dass sich durch das Hinzufügen der organisationalen, technischen und individuellen Bedingungsfaktoren die erklärte Varianz leicht erhöht (R^2_{korr}=.60). Einen statistisch signifikanten Effekt zeigen die *räumliche Nähe* ($\hat{\beta}$=.19, p<.05), die *Zeit für Interaktion* ($\hat{\beta}$=.20, p<.05), die *Angemessenheit der formellen synchronen Kommunikation in der Abteilung* ($\hat{\beta}$=.39, p<.05) und die *Häufigkeit der informellen Kommunikation in der Abteilung* ($\hat{\beta}$=.18, p<.05).

Die *Anzahl der Programme*, die *Gelegenheit für Wissenserwerb*, die *Unterstützung durch die Führungskraft*, die *Systemperformanz*, die *Systemqualität*, die *Motivation der Wissensanwendung*, die *empfundene Autonomie*, die *Erfahrung in der Abteilung*, die *Angemessenheit der formellen synchronen Kommunikation im Programm* und die *empfundene Effektivität informeller Kommunikation* haben keinen statistisch signifikanten Effekt auf die Zielvariable.

Abbildung 7.7 zeigt die statistisch signifikanten Zusammenhänge mit dem *empfundenen Nutzen der Kommunikation in der Abteilung* in der graphischen Übersicht.

Die *Angemessenheit der formellen synchronen Kommunikation im Programm* ($\hat{\beta}$=.44, p<.05) und die *Häufigkeit der informellen Kommunikation im Programm* ($\hat{\beta}$=.19, p<.05) haben einen statistisch signifikanten Einfluß auf den *empfundenen Nutzen der Kommunikation im Programm* (Tabelle 7.21). Das R^2_{korr} beträgt .52. Die Abbildung 7.8 zeigt die statistisch signifikanten Zusammenhänge mit dem *empfundenen Nutzen der Kommunikation im Programm* in der graphischen Übersicht.

Tabelle 7.20: Modell der organisationalen, technischen und individuellen Bedingungsfaktoren, der Angemessenheit der Kommunikation und des empfundenen Nutzens der Kommunikation in der Abteilung

	$\hat{\beta}$	SE	t	$p(>|t|)$
(Intercept)	-0.85	0.47	-1.81	.07
Organisationale Ebene				
Unterstützung durch Führungskraft	0.12	0.08	1.70	.09
Zeit für Interaktion	**0.20**	0.08	2.78	.00
Gelegenheit f. Wissenserwerb	-0.13	0.09	-1.87	.06
Anzahl Programme	-0.02	0.34	-0.31	.75
Räumliche Nähe	**0.19**	0.15	3.09	.00
Technische Ebene				
Systemperformanz	0.11	0.11	1.28	.20
Systemqualität	0.06	0.11	0.82	.42
Individuelle Ebene				
Motivation der Wissensanwendung	-0.00	0.07	-0.06	.95
Autonomie	-0.02	0.06	-0.35	.73
Erfahrung Abteilung	0.01	0.04	0.10	.92
Qualität der Kommunikation				
Angemessenheit der formellen synchronen Kommunikation in der Abteilung (z.B. Besprechungen)	**0.39**	0.09	4.93	.00
Angemessenheit der formellen asynchronen Kommunikation (z.B. Berichte)	0.14	0.11	1.58	.12
Häufigkeit der informellen Kommunikation in der Abteilung (z.B. Kaffeeküche)	**0.18**	0.06	2.48	.01
Empfundene Effektivität informeller Kommunikation	-0.11	0.07	-1.47	.14

Anmerkungen. Residual standard error: 0.63 on 118 degrees of freedom. Multiple R-squared: 0.64, Adjusted R-squared: 0.60. F-statistic: 15.2 on 14 and 118 DF, p-value: .00. Statistisch signifikante Werte sind **fett** dargestellt.

Tabelle 7.21: Modell der organisationalen, technischen und individuellen Bedingungsfaktoren, der Angemessenheit der Kommunikation und des empfundenen Nutzens der Kommunikation im Programm

	$\hat{\beta}$	SE	t	$p(>|t|)$
(Intercept)	0.15	0.45	0.34	.74
Organisationale Ebene				
Unterstützung durch Führungskraft	0.07	0.08	0.94	.35
Zeit für Interaktion	0.13	0.08	1.59	.11
Gelegenheit f. Wissenserwerb	0.01	0.09	0.15	.88
Anzahl Programme	-0.06	0.33	-0.81	.42
räumliche Nähe	0.04	0.16	0.53	.60
Technische Ebene				
Systemperformanz	0.09	0.11	0.91	.36
Systemqualität	0.09	0.11	1.08	.28
Individuelle Ebene				
Motivation der Wissensanwendung	-0.00	0.07	-0.03	.98
Autonomie	-0.15	0.07	-1.93	.06
Erfahrung Programm	-0.03	0.04	-0.39	.70
Qualität der Kommunikation				
Angemessenheit der formellen synchronen Kommunikation im Programm (z.B. Besprechungen)	**0.44**	0.12	4.28	.00
Angemessenheit der formellen asynchronen Kommunikation (z.B. Berichte)	0.09	0.12	0.88	.38
Häufigkeit der informellen Kommunikation im Programm (z.B. Kaffeeküche)	**0.19**	0.06	2.45	.02
Empfundene Effektivität informeller Kommunikation	-0.11	0.07	-1.37	.17

Anmerkungen. Residual standard error: 0.64 on 117 degrees of freedom. Multiple R-squared: 0.57, Adjusted R-squared: 0.52. F-statistic: 10.97 on 14 and 117 DF, p-value: .00. Statistisch signifikante Werte sind **fett** dargestellt.

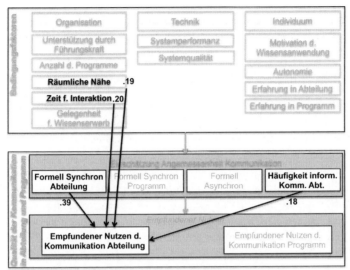

Regressionskoeffizienten, p<.05. Statistisch signifikante Faktoren sind **fett** dargestellt.

Abbildung 7.7: Graphische Darstellung der Regressionskoeffizienten auf den empfundenen Nutzen der Kommunikation in der Abteilung

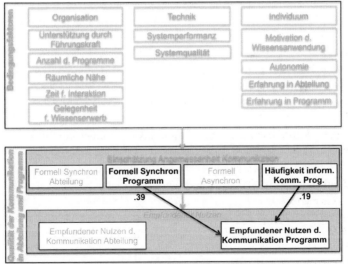

Regressionskoeffizienten, p<.05. Statistisch signifikante Faktoren sind **fett** dargestellt.

Abbildung 7.8: Graphische Darstellung der Regressionskoeffizienten auf den empfundenen Nutzen der Kommunikation im Programm

7.4.6 Zusammenfassung und Diskussion des Zusammenhangs der Angemessenheit der formellen synchronen, formellen asynchronen und informellen Kommunikation mit dem empfundenen Nutzen der Kommunikation

Die *Angemessenheit der formellen synchronen, formellen asynchronen und informellen Kommunikation* beinflußen den *empfundenen Nutzen der Kommunikation in der Abteilung* und den *empfundenen Nutzen der Kommunikation im Programm* in unterschiedlicher Stärke. Betrachtet man allein die Wirkung dieser Arten der Kommunikation, ist das erste zentrale Ergebnis, dass sich die angenommenen Zusammhänge zwischen der *Angemessenheit der Kommunikation* und dem *empfundenen Nutzen der Kommunikation* bestätigen.

Die *Angemessenheit der formellen synchronen Kommunikation* ist zweitens nur innerhalb der Organisationseinheit ein statistisch signifikanter Bedingungsfaktor für den *empfundenen Nutzen der Kommunikation* (also die *Angemessenheit der formellen synchronen Kommunikation in der Abteilung* für den *empfundenen Nutzen der Kommunikation in der Abteilung* und vice versa für das Programm).

Drittens besteht zwischen der *Angemessenheit der formellen asynchronen Kommunikation* sowohl beim*empfundenen Nutzen der Kommunikation in der Abteilung* als auch *im Programm* ein deutlicher Zusammenhang.

Zudem zeigt sich, dass die informelle Kommunikation, anders als im ursprünglichen Ansatz dieser Arbeit, wie die formelle synchrone Kommunikation in Abteilung und im Programm unterschieden werden muss (vgl. Abschnitt 7.3). Die *Häufigkeit der informellen Kommunikation in der Abteilung* beziehungsweise *im Programm* hat nur in der jeweiligen, passenden Matrixdimension (Abteilung bzw. Programm) einen statistisch signifikanten Effekt auf den *empfundenen Nutzen der Kommunikation*.

Wird der Einfluß der Arten der Kommunikation unter der Wirkung der moderierenden organisationalen, technischen und individuellen Bedingungsfaktoren betrachtet, zeigen sich noch deutlichere Unterschiede der statistisch signifikanten Bedingungsfaktoren zwischen dem *empfundenen Nutzen der Kommunikation in der Abteilung* und dem *empfundenen Nutzen der Kommunikation im Programm*.

Beim *empfundenen Nutzen der Kommunikation in der Abteilung* sind sowohl die *räumliche Nähe* als auch die *Zeit für Interaktion* statistisch signifikante Bedingungsfaktoren, während der Effekt der *Angemessenheit der formellen asynchronen Kommunikation* statistisch nicht signifikant ist. Beim *empfundenen Nutzen der Kommunikation im Programm* hingegen haben nur die *Angemessenheit der formellen synchronen Kommunikation im Programm* und die *Häufigkeit der informellen Kommunikation im Programm* einen statistisch signifikanten Effekt.

Die Wirkung der strukturorganisatorischen Bedingungsfaktoren scheint somit beim *empfundenen Nutzen der Kommunikation in der Abteilung* ceteris paribus höher zu sein als beim *empfundenen Nutzen der Kommunikation im Programm*. Dies könnte durch andere Bedürfnisse beim Problemlösungsprozess und daraus resultierend einer anderen Zusammensetzung der Kommunikationsvorgänge verursacht sein. Für den *empfundenen Nutzen der Kommunikation in der Abteilung* ist die *formelle synchrone Kommunikation in der Abteilung* der stärkste Bedingungsfaktor, mit einem etwa doppelt so starken Effekt wie die *Häufigkeit der informellen Kommunikation*.

Beim *empfundenen Nutzen der Kommunikation im Programm* ist zu beobachten, dass die organisationalen Bedingungsfaktoren der *Zeit für Interaktion* und der *räumlichen Nähe* nicht mehr statistisch signifikant sind, die Effektgrößen der *Angemessenheit der formellen synchronen Kommunikation im Programm* und der *Häufigkeit der informellen Kommunikation*. Speziell der Unterschied der Wichtigkeit des Faktors der räumlichen Nähe könnte Hinweise darauf geben, dass für die fachliche Abstimmung in der Fachabteilung doch mehr informelle Kommunikation notwendig ist als für die Abstimmung im Programm, analog zu den Ergebnissen von Allen (1984), der die Wichtigkeit informeller Kommunikation hervorhebt. Die bedingte direkte Wiederverwendbarkeit von Wissen, wie von Schnauffer et al. (2004) hervorgehoben, kann hier ebenso einen Einfluß haben, da bei der Lösung der komplexen Probleme direkte, schnelle, informelle Kommunikation mit erfahrenen Kollegen notwendig ist, um eine kontextspezifische Interpretation der bisherigen Informationen vornehmen und eine Lösung finden zu können.

Betrachtet man die gemeinsamen Effekte der Angemessenheitsskalen auf den *empfundenen Nutzen der Kommunikation*, so zeigt sich, dass sowohl die *Angemessenheit der formellen synchronen, formellen asynchronen* als auch die *Häufigkeit der informellen Kommunikation* einen statistisch signifikanten Effekt haben, wobei die *formelle synchrone Kommunikation* den stärksten Effekt besitzt. Fügt man zur Kontrolle die Bedingungsfaktoren als intervenierende Variablen hinzu, so ändern sich die Effekte deutlich.

Somit wird beim *empfundenen Nutzen der Kommunikation* der Unterschied zwischen der *Abteilung* und dem *Programm* besonders deutlich. Während in der Abteilung die *räumliche Nähe*, die *Zeit für Interaktion* und die *Häufigkeit der informellen Kommunikation in der Abteilung* deutliche Hinweise auf die Wichtigkeit informeller Kommunikation liefern und damit die Erkenntnisse von beispielsweise Allen (1984), Davenport und Prusak (1998) und Allen und Henn (2007) stützen (vgl. dazu Abschnitt 2.2.2), scheint der *empfundene Nutzen der Kommunikation im Programm* stärker von der *Angemessenheit der formellen synchronen Kommunikation* und der *Häufigkeit der informellen Kommunikation im Programm* abhängig zu sein. Strukturelle Aspekte wie *räumliche Nähe* und *Zeitressourcen* scheinen weniger von Bedeutung zu sein. Hier könnte ein grundlegender Unterschied zwischen der Kommunikation und der Arbeitsweise zwischen der Fachabteilung und dem Programm wieder deutlich werden, die Programmtätigkeiten wären demnach besser planbar und über formelle Kommunikation austauschbar, während die Fachfunktionsarbeit öfter direkte, informelle Kontakte benötigten würde.

7.5 Untersuchungsteil E - Zusammenhang des empfundenen Nutzens der Kommunikation und der Wissensnutzung

Im letzten Teil der Analyse wird der Zusammenhang zwischen dem *empfundenen Nutzen der Kommunikation in der Abteilung* und dem *empfundenen Nutzen der Kommunikation im Programm* und der *Wissensnutzung* untersucht. Zudem werden moderierende Effekte der organisationalen, technischen und individuellen Bedingungsfaktoren auf diesen Zusammenhang analysiert.

E1) Inwieweit besteht zwischen dem *empfundenen Nutzen der Kommunikation in der Abteilung, im Programm* und der *Wissensnutzung* ein Zusammenhang?

E2) Inwieweit wird der Zusammenhang zwischen dem *empfundenen Nutzen der Kommunikation in der Abteilung, im Programm* und der *Wissensnutzung* von organisationalen, technischen und individuellen Bedingungsfaktoren moderiert?

Da, wie schon in Abschnitt 7.4.4 für den *empfundenen Nutzen der Kommunikation* beschrieben, eine ausschließliche, indirekte Wirkung der organisationalen und individuellen Bedingungsfaktoren über die *Angemessenheit* und den *empfundenen Nutzen der Kommunikation* auf die *Wissensnutzung* unwahrscheinlich ist, werden in der Regression in Tabelle 7.22 diese Faktoren zur Kontrolle moderierender Effekte in das Modell integriert.

Die *Zeit für Interaktion* ($\hat{\beta}$=.22, p<.05) hat einen positiven, statistisch signifikanten Effekt auf die *Wissensnutzung*, ebenso wie die *Systemqualität* ($\hat{\beta}$=.29, p<.05) und der *empfundene Nutzen der Kommunikation im Programm* ($\hat{\beta}$=.28, p<.05). Einen negativen, statistisch signifikanten Effekt hat die *Anzahl der Programme*

($\hat{\beta}$=-.18, p<.05). Die anderen Faktoren zeigen keinen statistisch signifikanten Effekt. Die Modellgüte beträgt nun R^2_{korr} .63. Abbildung 7.8 gibt eine graphische Übersicht über die signifikanten Zusammenhänge mit der *Wissensnutzung*.

Tabelle 7.22: Modell der organisationalen, technischen und individuellen Bedingungsfaktoren, des empfundenen Nutzens der Kommunikation und der Wissensnutzung

	$\hat{\beta}$	SE	t	p(>|t|)
(Intercept)	0.76	0.45	1.70	.09
Organisationale Ebene				
Unterstützung durch Führungskraft	0.01	0.07	0.16	.87
Zeit für Interaktion	**0.22**	0.07	3.06	.00
Gelegenheit f. Wissenserwerb	-0.01	0.08	-0.19	.85
Anzahl Programme	**-0.18**	0.12	-3.00	.00
Räumliche Nähe	-0.07	0.14	-1.08	.28
Technische Ebene				
Systemperformanz	0.02	0.09	0.31	.76
Systemqualität	**0.29**	0.09	3.78	.00
Individuelle Ebene				
Motivation der Wissensanwendung	0.05	0.06	0.79	.43
Autonomie	-0.06	0.05	-0.10	.32
Erfahrung Abteilung	-0.11	0.05	-1.22	.23
Erfahrung Programm	0.07	0.05	0.81	.42
Qualität der Kommunikation				
Empfundener Nutzen Kom. Abteilung	0.12	0.07	1.50	.14
Empfundener Nutzen Kom. Programm	**0.28**	0.07	3.82	.00

Anmerkungen. Residual standard error: 0.57 on 118 degrees of freedom. Multiple R-squared: 0.66, Adjusted R-squared: 0.63. F-statistic: 17.99 on 13 and 118 DF, p-value: .00. Statistisch signifikante Werte sind **fett** dargestellt.

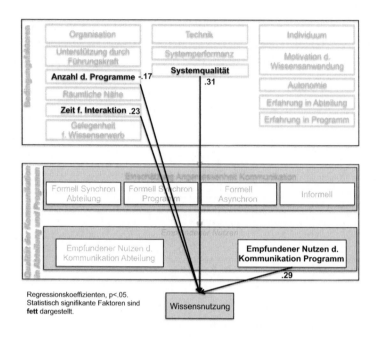

Abbildung 7.9: Graphische   Darstellung   der   Regressionskoeffizienten   auf   die
Wissensnutzung

7.5.1 Zusammenfassung und Diskussion - Zusammenhang des empfundenen Nutzens der Kommunikation und der Wissensnutzung

Betrachtet man den Zusammenhang des *empfundenen Nutzens der Kommunika-tion in der Abteilung* und des *empfundenen Nutzens der Kommunikation im Pro-gramm* mit der *Wissensnutzung* unter dem moderierenden Einfluß der organisa-tionalen, technischen und individuellen Bedingungsfaktoren, zeigt die Regression eine gute Modellgüte von 63 Prozent (R^2_{korr}). Interessant ist, dass hier die *Anzahl der Programmmitgliedschaften* negativ wirkt, ein Ansteigen der *Anzahl der Pro-grammmitgliedschaften* ceteris paribus zu einem Sinken der Bewertung der *Wis-sensnutzung* führt. Dies könnte durch Überforderung der Mitarbeiter durch die Ar-beit in mehreren Projekten verursacht sein (vgl. Abschnitt 3.1.6). Dieses Ergebnis ist konform zu den Ergebnissen der Meta-Analyse von Helm et al. (2007), die her-ausstellten, dass stark hierarchische Organisationen, die bei zwei Führungsebenen vorliegen können, negative Auswirkungen auf die Wissensarbeit haben.

Die *Zeit für Interaktion*, die *Systemqualität* und der *empfundene Nutzen der Kommunikation im Programm* haben einen positiven, statistisch signifikanten Einfluß auf die *Wissensnutzung*.

Der *empfundene Nutzen der Kommunikation in der Abteilung* hat dagegen keinen statistisch signifikanten Effekt auf die *Wissensnutzung*. Für die Wissensnutzung scheinen also die Zeit sich über Lösungen auszutauschen und die Hochwertigkeit des in den IT-Systemen gespeicherten objektivierten Wissens (vgl. Abschnitt 2.3.1.4 und 2.3.2) neben dem *empfundenen Nutzen der Kommunikation im Programm* sehr wichtig zu sein. Die tatsächliche Anwendung des Wissens scheint von den Mitarbeitern fast ausschließlich mit der Kommunikation im Programm in Verbindung gebracht zu werden.

8 Zusammenfassung und Gesamtdiskussion

Zielsetzung der vorliegenden Studie war es, wesentliche Bedingungsfaktoren der Wissenskommunikation in der Matrixorganisation zu identifizieren und in ihren Zusammenhängen mit der Wissenskommunikation und Wissensnutzung zu analysieren. Das Ziel war, Einblicke in die Einzelzusammenhänge der Bedingungsfaktoren und der Qualität der Wissenskommunikation zu erhalten, um für dieses Thema auf diesem Detaillevel zu sensibilisieren. Über diese zentralen Einflüsse auf die Wissenskommunikation hinaus sollte ergänzend das eigentliche Ergebnis der Wissenskommunikation, die Wissensnutzung, in die Analyse eingeschlossen werden. Die in Kapitel 7 vorgestellten Befunde werden im Folgenden zusammenfassend dargestellt und diskutiert. Zudem wird auf Limitierungen dieser Arbeit eingegangen und es werden die Konsequenzen der Befunde für die Forschung und Praxis dargestellt.

8.1 Zusammenfassung und Diskussion der zentralen Befunde

Zusammengefasst lassen sich in den fünf Untersuchungsteilen aus Kapitel 5 die in der Folge dargestellten Erkenntnisse gewinnen.

8.1.1 Untersuchungsteil A und B - Zur Einschätzung der Bedingungsfaktoren und der Qualität der Kommunikation

In der vorliegenden Arbeit werden Bedingungsfaktoren der Wissenskommunikation auf organisationaler, technischer und individueller Ebene unterschieden, die in Matrixorganisationen besonders begünstigt oder beeinträchtigt scheinen (vgl. Kapitel 3). In Untersuchungsteil A wurden die Einschätzungen der befragten Mitarbeiter zu diesen Bedingungsfaktoren untersucht. Zudem richtete sich ein zweiter Untersuchungsteil (B) auf die Frage, wie die Qualität der Kommunikation von den Befragten in der Matrixorganisation überhaupt empfunden wird. Die zentralen Befunde zu den Einschätzungen dieser beiden Untersuchungsteile werden im

Folgenden dargestellt und diskutiert.

Die empirische Untersuchung dieser Bedingungsfaktoren im Feld ergibt ein heterogenes Bild. Die Bedingungsfaktoren differieren in ihrer Einschätzung durch die Mitarbeiter sehr stark. Während die Einschätzungen der *Unterstützung durch die Führung*, der *Zeit für Interaktion*, der *Systemqualität*, der *Motivation der Wissensanwendung* und der *empfundenen Autonomie* mittlere bis hohe Werte aufweisen, werden die *Gelegenheit für Wissenserwerb* und die *Systemperformanz* deutlich niedriger eingeschätzt. Diese starken Unterschiede der Bewertung waren so nicht angenommen worden, und geben einen Hinweis, dass die Matrixorganisation nicht nur positive Folgen für die Bedingungsfaktoren der Kommunikation hat.

Auf organisationaler Ebene schätzen die Befragten die *Unterstützung durch die Führungskraft* und die *Zeit für Interaktion* deutlich positiver ein, als auf Basis der theoretischen Annahmen zu vermuten war (vgl. Abschnitt 5.2).

Die Werte für die *Gelegenheit für Wissenserwerb* werden niedriger als erwartet eingeschätzt, ebenso niedrig die Einschätzung der *Systemperformanz*. Speziell diese Einschätzung kann eventuell auf die strukturellen Gegebenheiten der Matrixorganisation mit der Aufsplitterung der IT-Systeme auf Abteilungen und Programme zurückgeführt werden, die allerdings auch typisch für den untersuchten Fall und die Ausgestaltung der IT-Systeme ist (vgl. Kapitel 4).

Die Annahme, dass die *Motivation der Wissensanwendung* und die *empfundene Autonomie* in Matrixorganisationen von den Mitarbeitern eher hoch eingeschätzt werden (vgl. Abschnitt 5.2), wird in der vorliegenden Studie nicht bestätigt.

Dieses eher heterogene Bild mag ein Hinweis darauf sein, dass sich die Ausprägung organisationaler, technischer und individueller Bedingungsfaktoren der Wissenskommunikation nicht allein aus strukturellen Begebenheiten der Matrixorganisation bestimmen lassen. Vielmehr müssen spezifische Charakteristika der jeweiligen Organisation und des jeweiligen Arbeitsbereiches in ihrem Zusammenspiel mit diesen organisationalen, technischen und individuellen Bedingungsfaktoren mit berücksichtigt werden.

Die Ausprägungen der Einschätzungen der *Angemessenheit der formellen synchronen, formellen asynchronen* und *informellen Kommunikation* werden im Folgenden dargestellt. Dabei werden die Einschätzungen für die Angemessenheit der Kommunikation auch zwischen der Einschätzung für die Abteilung und das Programm unterschieden.

Es wurde angenommen, dass in der Matrixorganisation insbesondere die informelle Kommunikation begünstigt erscheint (vgl. Abschnitt 5.2). Die Befunde liefern dafür stützende Hinweise: So wurde, neben generellen Unterschieden in der Bewertung der *Angemessenheit der formellen synchronen, formellen asynchronen* und *informellen Kommunikation*, die *Angemessenheit der informellen Kommuni-*

kation tendenziell positiver eingeschätzt als die formellen Formen der Kommunikation, wobei die *Angemessenheit der formellen asynchronen Kommunikation* insgesamt in der Tendenz am geringsten eingeschätzt wird.

Ersteres kann als stützender Befund für die Annahme aus Abschnitt 5.2 gewertet werden, dass die informelle Kommunikation in der Matrixorganisation begünstigt wird. Bei der Einschätzung der *Angemessenheit der formellen synchronen Kommunikation* ergeben sich Hinweise auf einen leichten Unterschied zwischen der Abteilung und dem Programm, beim *empfundenen Nutzen der Kommunikation* ist dieser noch deutlicher ausgeprägt.

Der Ansatz, die *Qualität der Wissenskommunikation* beziehungsweise die *Angemessenheit der Kommunikation* und den *empfundenen Nutzen der Kommunikation* getrennt nach Abteilung und Programm zu untersuchen, scheint sich damit für die Untersuchung der Matrixorganisation als sinnvoll zu erweisen.

8.1.2 Untersuchungsteil C und D - Zu den Zusammenhängen zwischen den Bedingungsfaktoren und der Qualität der Kommunikation

Ausgehend von einer Betrachtung, wie Bedingungsfaktoren der Wissenskommunikation und deren Qualität in der Matrixorganisation eingeschätzt werden, beschäftigte sich die Studie auch mit den Zusammenhängen zwischen den Bedingungsfaktoren und der *Qualität der Kommunikation* (Abschnitt 7.3). Auch bei diesen Zusammenhängen ist der Unterschied zwischen den Dimensionen der Matrixorganisation, der Fachabteilung und dem Programm, von Interesse.

Dabei kann die vorliegende Untersuchung aufzeigen, dass spezifische organisationale, technische und individuelle Bedingungsfaktoren der Wissenskommunikation in Zusammenhang mit der wahrgenommen Angemessenheit verschiedener Kommunikationsformen stehen. Folgende förderliche Bedingungen lassen sich dabei in Bezug auf verschiedene Formen der Wissenskommunikation festhalten.

Bedingungsfaktoren für die Angemessenheit der Kommunikation Auf Ebene des Zusammenhangs der Bedingungsfaktoren mit der *Angemessenheit der formellen synchronen, formellen asynchronen* und *informellen Kommunikation* (Untersuchungsteil C) bestätigen sich die aus von Rosenstiel (2007) und der Studie von Helm et al. (2007) abgeleiteten Annahmen, dass sowohl die Führung, die zeitlichen Ressourcen als auch die IT-Systeme wichtige Bedingungsfaktoren der Wissenskommunikation in der Matrixorganisation sind.

Einen zentralen Bedingungsfaktor stellt den Ergebnissen zu Folge die *Unterstützung durch die Führung* dar, sowohl im Hinblick auf die *Angemessenheit der formellen synchronen Kommunikation in der Abteilung* als auch für die *Angemessenheit der formellen synchronen Kommunikation im Programm*.

Die *Zeit für Interaktion* zeigt ebenso starke Zusammenhänge mit der *formellen synchronen* und *asynchronen Kommunikation*, und es ergibt sich daraus ein Hinweis, dass diese eine zweite zentrale Voraussetzung für die Kommunikation in der Matrixorganisation ist. Beide Befunde stützen somit die Ergebnisse aus der Metastudie von Helm et al. (2007), die diese Faktoren ebenfalls als einflußreich identifiziert haben.

Entgegen der Annahme aus Abschnitt 5.2 besteht kein Zusammenhang der *räumlichen Nähe* mit der *Angemessenheit der informellen Kommunikation*.

Die *Systemperformanz* und die *Systemqualität* stehen erwartungsgemäß in einem starken Zusammenhang mit der Einschätzung der *Angemessenheit der formellen asynchronen Kommunikation*. Nicht so deutlich zu erwarten war der starke positive Zusammenhang der *Systemqualität* mit der *Angemessenheit der formellen synchronen Kommunikation in der Abteilung* und *im Programm*. Eine mögliche Erklärung hierfür ist die Verwendung von objektivierten Wissensbeständen, also Dokumenten aus IT-Systemen, zur Vor- und Nachbereitung der formellen synchronen Kommunikation wie beispielsweise Besprechungen.

Die *individuellen Bedingungsfaktoren* zeigen teilweise die erwarteten Zusammenhänge (Abschnitt 5.2) mit der *Angemessenheit der formellen synchronen* und der *informellen Kommunikation*. Jedoch ist der Zusammenhang speziell mit der informellen Kommunikation nicht so stark wie erwartet, die individuellen Bedingungsfaktoren scheinen nicht so bedeutsam wie erwartet zu sein.

Bei der gemeinsamen Betrachtung der Zusammenhänge der organisationalen, technischen und individuellen Bedingungsfaktoren mit der *Angemessenheit der Kommunikation* über eine Regression bestehen die starken Zusammenhänge der *Unterstützung durch die Führung* und der *Systemqualität* fort.

Dass sich die *Unterstützung durch die Führung* und die *Systemqualität* als relevante Bedingungsfaktoren erweisen unterstützt die theoretische Position von Davis und Lawrence (1977), dass eine Matrixorganisation nicht nur aus der Struktur, sondern auch aus daran angepasstem Verhalten, Systemen und Kultur besteht, richtig ist. Nur das adäquate, situationsangemessene Verhalten der Führungskräfte (vgl. dazu auch von Rosenstiel, 2007) und eine unterstützende IT-Infrastruktur können die Kommunikation in beiden Dimensionen der Matrixorganisation zugleich befördern.

Somit liefert die vorliegende Studie zusammengefasst nicht nur Hinweise darauf, dass organisationale, technische und individuelle Bedingungsfaktoren in Beziehung zur Qualität der Wissenskommunikation stehen, sondern auch darauf, dass in Bezug auf die Qualität der Wissenskommunikation auch verschiedene Arten der Wissenskommunikation zu unterscheiden sind. Zudem liefert die Studie auch Hinweise darauf, dass sich diese Beziehungen in unterschiedlichen Organisationsdimensionen der Matrixorganisation auch unterschiedlich darstellen:

Unterschiede in den Zusammenhängen nach Abteilung und Programm Organisationale, technische und individuelle Bedingungsfaktoren der Matrixorganisation stehen sowohl in der Abteilung als auch im Programm in Zusammenhang mit der Einschätzung der *Angemessenheit der Kommunikation* und des *empfundenen Nutzens der Kommunikation*, wobei aber speziell die individuellen Bedingungsfaktoren nicht so einflußreich wie angenommen sind.

Ebenso sind Zusammenhänge zwischen der *Angemessenheit der formellen synchronen, formellen asynchronen und informellen Kommunikation in der Abteilung* und *im Programm* und dem *empfundenen Nutzen der Kommunikation in der Abteilung* und *im Programm* festzustellen, wobei die organisationalen, technischen und individuellen Bedingungsfaktoren teilweise als intervenierende Variablen auf diese Zusammenhänge wirken.

Die *Anzahl der Programmmitgliedschaften*, die als ein Indikator im Sinne der Komplexität einer Matrixorganisation verwendet wird, zeigt insgesamt schwache Zusammenhänge mit der *Angemessenheit der Kommunikation*. Auffällig ist der schwach negative Zusammenhang der *Anzahl der Programmmitgliedschaften* mit der *Angemessenheit der formellen asynchronen Kommunikation*. Dies könnte darauf hinweisen, dass der zeitgleiche Einsatz in mehreren Programmen mit ihren unterschiedlichen IT-Systemen und Prozessen zur Datenverarbeitung aufgrund dieser Unterschiedlichkeit als umständlich und überfordernd, auch aufgrund der Komplexität, wahrgenommen wird (vgl. Abschnitte 2.3.2 und 7.1).

Die *Unterstützung durch die Führung* scheint, wie in Abschnitt 2.3.1.2 vermutet, ein zentraler Erfolgsfaktor für erfolgreiche *formelle Kommunikation* in der Matrixorganisation zu sein. Die *Unterstützung durch die Führung*, die *Gelegenheit für Wissenserwerb* und die *Systemqualität* sind für die *Angemessenheit der formellen synchronen Kommunikation in der Abteilung* wichtige Bedingungsfaktoren. Die *Unterstützung durch die Führung*, die *Gelegenheit für Wissenserwerb*, die *Systemqualität* und die *empfundene Autonomie* sind für *die Angemessenheit der formellen synchronen Kommunikation im Programm* starke Bedingungsfaktoren. Ebenso wichtig scheinen, wohl für die Vor- und Nachbereitung der Besprechungen, die *Gelegenheit für Wissenserwerb* zu sein, und mit der *Systemqualität* die Qualität des in den IT-Systemen gespeicherten, objektivierten Wissens.

Die *Unterstützung durch die Führung*, die *Systemqualität* und die *Systemper-*

formanz sind für die *Angemessenheit der formellen asynchronen Kommunikation* die bestimmende Bedingungsfaktoren. Dies stützt die These, dass ein wesentlicher Aspekt der Führung die Sicherstellung einer strukturierten und qualitätsvollen Nutzung der IT-Systeme ist (vgl. Abschnitt 2.3.1.2).

Zusammenhang der Angemessenheit und des empfundenen Nutzens der Kommunikation   In Untersuchungsteil D wird der Zusammenhang zwischen der *Angemessenheit der formellen synchronen, formellen asynchronen* und *informellen Kommunikation* in der Abteilung und im Programm mit dem *empfundenen Nutzen der Kommunikation in der Abteilung* und dem *empfundenen Nutzen der Kommunikation im Programm* untersucht. Der Zusammenhang der *formellen synchronen Kommunikation* mit dem *empfundenen Nutzen der Kommunikation* ist dabei in der gleichen Organisationseinheit (bspw. der *Abteilung*) deutlich stärker als in der zweiten Dimension der Matrixdimension (bspw. hier das *Programm*). Der Zusammenhang der *Angemessenheit der formellen asynchronen Kommunikation* mit dem *empfundenen Nutzen der Kommunikation in der Abteilung* und dem *empfundenen Nutzen der Kommunikation im Programm* ist ebenfalls stark. Die Zusammenhänge der *Häufigkeit der informellen Kommunikation in der Abteilung* und der *Häufigkeit der informellen Kommunikation im Programm* mit dem *empfundenen Nutzen der Kommunikation in der Abteilung* und dem *empfundenen Nutzen der Kommunikation im Programm* sind schwach.

Werden die Zusammenhänge in einem Modell gemeinsam analysiert, ändert sich dieses Bild. Die *Angemessenheit der formellen synchronen Kommunikation in der Abteilung* beziehungsweise *im Programm* und die *Angemessenheit der informellen Kommunikation in der Abteilung* bzw. *im Programm* sind wichtige Bedingungsfaktoren für den *empfundenen Nutzen der Kommunikation in der Abteilung* bzw. *im Programm*.

Die *räumliche Nähe* als auch die *Zeit für Interaktion* sind relevante Bedingungsfaktoren für den *empfundenen Nutzen der Kommunikation in der Abteilung*, im Gegensatz zum *empfundenen Nutzen der Kommunikation im Programm*, wo diese Faktoren nicht so bedeutend sind.

In der Literatur ist die *räumliche Nähe* als zentrale Voraussetzung für die Kommunikation komplexer Sachverhalte (vgl. Abschnitt 2.3.1.4 und Allen & Henn, 2007) genannt. Während die räumliche Nähe für die Einschätzung der *Angemessenheit der informellen Kommunikation* kein bedeutender Bedingungsfaktor ist, ergibt die Analyse Hinweise, dass sie für den *empfundenen Nutzen der Kommunikation in der Abteilung* von Bedeutung sein könnte.

Dies könnte einen Hinweis darauf bieten, dass in der gesamthaften Einschätzung des Nutzens der Kommunikation in der Fachabteilung und Kontrolle aller Drittvariablen die *räumliche Nähe* neben der *Angemessenheit der formellen synchronen Kommunikation in der Abteilung*, der *Zeit für Interaktion* und der *Häufigkeit der informellen Kommunikation in der Abteilung* eben doch einflußreich ist.

Zudem zeigt sich im Unterschied zwischen den bedeutsamen Bedingungsfaktoren zwischen der Abteilung und dem Programm, dass in der Matrixorganisation in diesen organisationalen Dimensionen Unterschiede im Kommunikationsverhalten und somit wahrscheinlich der kommunizierten Inhalte auftreten. Möglich ist, dass die kommunizierten Inhalte in der Fachabteilung komplexer sind und deshalb eine direkte, persönliche Kommunikation mit hinreichend Zeit für diese notwendig ist (vgl. zum Zusammenhang der Komplexität der kommunizierten Inhalte und dem Kommunikationsweg hierzu die Abschnitte 2.1.3.2 und 2.2.2).

Resümee   Es kann in dieser Untersuchung gezeigt werden, dass die *Qualität der Kommunikation*, operationalisiert über die *Angemessenheit* und den *empfundenen Nutzen der Kommunikation*, sich in den Zusammenhängen mit den Bedingungsfaktoren zwischen der Abteilung und dem Programm unterscheidet. Die Unterteilung der Wissenskommunikation in *formelle synchrone, formelle asynchrone* und *informelle Kommunikation* ist für das Verständnis der Wissenskommunikation hilfreich, da sich die Voraussetzungen als auch die Auswirkungen der formellen und informellen Kommunikation unterscheiden.

So sind bei der *Angemessenheit der formellen synchronen Kommunikation in der Abteilung* und der *Angemessenheit der formellen synchronen Kommunikation im Programm* die *Unterstützung durch die Führung*, die *Gelegenheit für Wissenserwerb* und die *Systemqualität* wichtige Bedingungsfaktoren.

Beim *empfundenen Nutzen der Kommunikation* unterscheiden sich Abteilung und Programm deutlicher als bei der *Angemessenheit der formellen synchronen Kommunikation*: In der *Abteilung* sind die *räumliche Nähe* und die *Zeit für Interaktion*, neben der *Angemessenheit der formellen synchronen Kommunikation in der Abteilung* und der *Häufigkeit der informellen Kommunikation in der Abteilung* wichtige Bedingungsfaktoren, im *Programm* haben diese Faktoren (ausser der Häufigkeit der informellen Kommunikation im Programm) keinen statistisch signifikanten Effekt.

Überraschend ist der geringe Einfluß der *informellen Kommunikation*. Ihr Effekt ist für den *empfundenen Nutzen der Kommunikation in der Abteilung* und *im Programm* etwa halb so groß wie der Effekt der *Angemessenheit der formellen asynchronen Kommunikation*. Dies widerspricht den Annahmen aus den vorigen Kapiteln (vgl. zur Wichtigkeit der informellen Kommunikation in Produktentwicklungsprozessen die Abschnitte 2.2.2 und 5.2), dass bei komplexen Themen wie Entwicklungsprozessen die informelle Kommunikation den wichtigsten Kommu-

nikationsweg darstellt, und somit auch den Aussagen von Allen und Hauptman
(1987) und Allen und Henn (2007).

8.1.3 Zum Zusammenhang zwischen der Qualität der Kommunikation und der Wissensnutzung

Dem Zusammenhang zwischen der Qualität der Kommunikation und der tatsäch-
lichen Nutzung des Wissens als gewünschtem Ergebnis des Kommunikationsprozesses widmen sich die folgenden Abschnitte. Die Qualität der Wissenskommunikation stellt eine wesentliche Voraussetzung für die Wissensnutzung dar (vgl.
Kapitel 5). Operationalisiert über den *empfundenen Nutzen der Kommunikation in
der Abteilung* und *im Programm* kann ein Teil der Varianz der Skala der *Wissensnutzung* erklärt werden. Werden die organisationalen, technischen und individuellen Bedingungsfaktoren noch als intervenierende Variablen in die Untersuchung
eingeschlossen, so wird das Modell noch aussagekräftiger.

In Untersuchungsteil E zeigen die Befunde positive Zusammenhänge zwischen
dem *empfundenen Nutzen der Kommunikation in der Abteilung* und dem *empfundenen Nutzen der Kommunikation im Programm* mit der *Wissensnutzung* auf.
Kontrolliert man zusätzlich für intervenierende Effekte der organisationalen, technischen und individuellen Bedingungsfaktoren, so zeigt sich, dass die *Anzahl der
Programmmitgliedschaften* einen negativen Effekt auf die *Wissensnutzung hat,*
während die *Zeit für Interaktion* und die *Systemqualitä*t in einem positiven Zusammenhang mit der *Wissensnutzung* stehen. Zudem ist der *empfundene Nutzen
der Kommunikation im Programm* ein wichtiger Faktor für die Einschätzung der
Wissensnutzung.

Eine mögliche Erklärung für den negativen Effekt der *Anzahl der Programmmitgliedschaften* kann die Überforderung der Mitarbeiter bei Einsatz in mehreren
Programmen darstellen, da zudem die *Zeit für Interaktion* ebenso einen Effekt auf
die *Wissensnutzung* besitzt. Für die *Wissensnutzung* ergibt sich ein Hinweis, dass
zudem eine Zugriffsmöglichkeit auf qualitativ hochwertige Informationen in den
IT-Systemen wichtig ist, was sich durch den starken Effekt der *Systemqualität* darstellt.

Für die *Kommunikation im Programm* ergibt sich somit eher der Hinweis, dass
diese auf die *Wissensnutzung* im Hinblick auf das tatsächliche Produkt der Kom-
munikation ausgerichtet zu sein, und ist auch weit stärker auf *formelle, asynchrone
Kommunikationswege* ausgerichtet. Über diese müssen dann die Lösungen aus den
Fachabteilungen einfliessen. Wenn man sich die Produkterstellung als vielstufigen
Prozess vorstellt (vgl. Abschnitt 2.2.2) in dessen Verlauf von unterschiedlichen
Personen und Funktionen nach und nach Informationen und Wissen hinzugefügt

und angereichert werden, so scheint die Kommunikation in der Abteilung eher in den kleinen Zwischenschritten dieses Prozesses und der Lösung der fachspezifischen Probleme zu liegen (zur Arbeit als Entwicklungsingenieur vgl. Abschnitt 2.2.2), wobei die Ergebnisse in Zeichnungs-, Modellform oder in Berichten niedergelegt werden, worauf sie großteils in formeller, objektivierter Form im Programm kommuniziert und angewendet werden. Der Lösungsprozess in der Abteilung wäre demnach eher kreativ und schwerer in offizielle Pläne, Regelungen und Meetings zu fassen, während die Kommunikationsinhalte im Programm expliziert sind, und "nur" noch koordiniert und zu einem Ganzen zusammengefasst werden müssen.

Somit ist die "erfolgreiche" *Wissensnutzung* nach der Einschätzung der Mitarbeiter fast ausschließlich über die *Kommunikation im Programm* zu erklären, unter den Randbedingungen der hinreichenden Zeitressourcen (*Zeit für Interaktion*), der in den IT-Systemen gespeicherten Informationen (*Systemqualität*) und einer Vermeidung von Überkomplexität durch Einbindung in mehrere Programme (*Anzahl von Programmmitgliedschaften*). Das Wissen der Abteilungen scheint in formalisierter, objektivierter Form zu genügen, der Faktor des empfundenen Nutzens der Kommunikation in der Abteilung hat keinen statistisch signifikanten Effekt. Wie im nachfolgenden Teil zu den Implikationen der Studie (Abschnitt 8.2) ausführlicher dargestellt wird, ergibt sich der Hinweis, dass die Kommunikation in der Abteilung die Grundlagen für die Lösung fachspezifischer Probleme schafft, die Erstellung des Gesamtprodukts - und damit die Wissensnutzung - aber im Programm vorgenommen wird, wobei hauptsächlich auf formelle Kommunikation zurückgegriffen wird.

8.1.4 Limitierungen der Studie

Die Arbeit unterliegt als Feldstudie einigen methodischen Einschränkungen (vgl. Bortz & Döring, 2005), auf die im Folgenden näher eingegangen wird. Die externe Validität ist als Feldstudie für ähnliche Untersuchungsfelder hoch (Bortz & Döring, 2005), doch ist der Kontext der Studie durch die Branche, also beispielsweise die Organisationsumwelt und Organisationskultur, wiederum sehr spezifisch, was eine Verallgemeinerung über die Luft- und Raumfahrtbranche und große Unternehmen hinaus schwierig macht. Andererseits ist die Untersuchung der Fragestellung in einem Laborexperiment nicht möglich, da die Nachstellung des komplexen Entwicklungsprozesses mit mehreren Hundert beteiligten Personen nicht praktikabel ist, eine Feldstudie bietet zudem die Gelegenheit, die Untersuchung in einem vom Untersuchenden möglichst unbeeinflussten, "natürlichen" Umgebung stattfinden zu lassen (Bortz & Döring, 2005).

Eine generelle Generalisierbarkeit der Studie aufgrund der Durchführung als

Feldstudie ist allerdings nicht gegeben, da das Setting des Untersuchungsgegenstands mit allen Umwelteinflüssen speziell ist. Jedoch kann, unter sehr vorsichtiger Interpretation, der Versuch einer Generalisierung in einer ähnlichen Population, also auf wissensintensive Entwicklungsvorgänge in Großunternehmen mit technisch anspruchsvollen Produkten vorgenommen werden.

Die Durchführung der Befragung hat eine hohe Beteiligung von knapp 86 Prozent ergeben, was als sehr hoch einzuschätzen ist (vgl. Schnell et al., 2011). Es wurde in der Planung und Durchführung der Befragung darauf geachtet, Erkenntnisse der empirischen Sozialforschung zur Erhöhung der Rücklaufquote zu beachten (vgl. Abschnitt 6). Trotz der hohen Beteiligung sind noch Selbstselektionseffekte bezüglich der Teilnahme, also systematische Unterschiede zwischen an der Studie teilnehmenden und nicht teilnehmenden Mitarbeitern, möglich:

Es besteht bei hochmotivierten Personen die Tendenz, sich eher an Umfragen zu beteiligen (Schnell, 2002), folglich könnte hier ein systematischer Effekt vorliegen, der auch auf die untersuchten Variablen einwirkt[1]. Durch die hohe Rücklaufquote von 86 Prozent und den Versuch, die Wichtigkeit der Studie auch für die Befragten selbst hervorzuheben (vgl. Abschnitt 6), wird diese Limitierung als irrelevant für diese Studie angesehen. Ebenso sind Selektionseffekte aufgrund der Lesekompetenz ("funktionaler Analphabetismus", Schnell et al., 2011), die als Limitierung schriftlicher Befragungen genannt werden (Schnell et al., 2011), aufgrund der untersuchten Population (Ingenieure) mit hoher Wahrscheinlichkeit nicht störend.

In dieser Arbeit werden sowohl die Zusammenhänge von einzelnen Variablen untereinander als auch der Zusammenhang mehrerer unabhängiger und intervenierender Variablen auf eine abhängige Variable untersucht. Da die Erhebung nur zu einem Zeitpunkt stattfand, ist keine Aussage über Kausalitäten möglich. Die Zusammenhänge müssen unter diesem Zusammenhang sehr vorsichtig interpretiert werden, eine Replikation mit mehreren Erhebungszeitpunkten könnte Auskunft über zeitliche Variationen und somit Hinweise auf kausale Zusammenhänge bieten.

Die Daten dieser Untersuchung basieren auf einer einzelnen Befragung, somit ist ein "common method bias" (Podsakoff, MacKenzie & Lee, 2003, S. 881) aufgrund der auf Selbstauskünften basierenden Daten möglich, da die Antwortenden beispielsweise bewusst oder unbewusst versuchen, Konsistenz über ihre Antworten hinweg zu erzeugen (Podsakoff et al., 2003). Zudem ist es möglich, dass die Befragten implizite Theorien über den Zweck der Studie entwickeln (Podsakoff et al., 2003). Diese Fehlerquellen sind nicht auszuschliessen, doch wurde über die

---

[1]Dies würde die Annahme des Missing at Randoms, also der Unabhängigkeit des datengenerierenden Prozesses von den interessierenden Variablen, gefährden (Schnell, 1986).

Fragebogenkonstruktion versucht, diese Störquellen zu verhindern. Zudem sind in dieser Studie subjektive Eindrücke von Konstrukten wie der Einschätzung der Angemessenheit der Kommunikation oder des empfundenen Nutzens der Kommunikation Untersuchungsgegenstände, diese können von außen nur sehr schwer gemessen werden (bspw. über Beobachtungen), weshalb eine Befragung der sinnvollste Weg scheint.

Aufgrund der Erhebungsmethode mittels eines Fragebogens sind *"item characteristic effects"* (Podsakoff et al., 2003, S. 882), also Artefakte aufgrund der fehlerhaften Interpretation des Items, und *"item context effects"* (Podsakoff et al., 2003, S. 882), also Artefakte, die aufgrund der Interpretation des Kontexts des Items erfolgen, möglich. Es wurde versucht, diese Fehler über eine sorgfältige Konstruktion des Fragebogens zu vermeiden.

Aus forschungspragmatischen Gründen[2] konnten zwei der verwendeten Konstrukte, die Motivation und die Autonomie, nicht mit den bewährten Skalen von Deci, Connell und Ryan (1989) erhoben werden. Es wurde als Ersatz für jedes der Konstrukte ein Einzelitem verwendet, das aus den Skalen von Deci et al. (1989) abgeleitet ist. Bei der Motivation konnte kein Item für die Motivation im Allgemeinen, sondern nur eines für die Motivation der Wissensanwendung verwendet werden. Somit sind die Ergebnisse zu Motivation und Autonomie mit großer Vorsicht zu interpretieren.

8.2 Implikationen für Forschung und Praxis

Diese Arbeit kann Erkenntnisse sowohl in theoretischer, methodischer als auch praktischer Hinsicht aufzeigen, somit können können mehrere Implikationen sowohl für die Forschung als auch die Praxis abgeleitet werden.

8.2.1 Theoretische Implikationen

Die bisherige Forschung zur Wissenskommunikation konzentrierte sich stark auf qualitativ ausgewertete Einzelfallstudien und untersuchte organisationale Bedingungen wenig im Detail. Die Forschung zur Matrixorganisation berücksichtigte zum Teil die Kommunikation, aber nicht unter dem Blickwinkel der Wissenskommunikation. Die Kombination von Beiträgen aus der organisationswissenschaftlichen Forschung zur Matrixorganisation, der organisationspsychologischen Forschung, des Organisationalen Lernens und des Wissensmanagements ist in die-

---

[2]Sowohl die Personalabteilung als auch der Betriebsrat waren mit einer vollständigen Erhebung der Arbeitsmotivation und empfundenen Autonomie nicht einverstanden.

ser Kombination neu und dient dem Zweck, die Wissenskommunikation in komplexen, dualen Führungs- und Organisationsstrukturen zu untersuchen. Durch die möglichst breite Erfassung organisationaler, technischer und individueller Bedingungsfaktoren sollte sowohl deren Ausprägung als auch ihr Zusammenhang mit der Qualität der Kommunikation untersucht werden. Dieser Ansatz erscheint nach den Ergebnissen dieser Arbeit vielversprechend und sollte durch weitere Studien vertieft werden.

Ein erstes forschungsrelevantes Ergebnis ist, dass die Forschung zu Wissenskommunikation (und auch Wissensmanagement im Allgemeinen) sich auch stärker mit den organisationalen Bedingungen beschäftigen sollte, um die Zusammenhänge der Bedingungsfaktoren mit den einzelnen Teilen des Wissensaustauschs und der Wissensnutzung näher zu erfassen. Zudem scheint es ratsam, die Organisationsform der Matrixorganisation, die in der Praxis immer noch verbreitet ist, verstärkt zu untersuchen, da diese spezifische Eigenschaften mit sich bringt, die sich in der Kommunikation von Wissen auswirken.

Die Unterscheidung der Wissenskommunikation in mehrere Arten, also in formelle synchrone, formelle asynchrone und informelle Kommunikation, zeigt interessante Unterschiede in den Bedingungsfaktoren, aber auch in ihrer Wirkung auf. Zukünftige Forschung kann sich an dieser Aufteilung, die sich unter anderem auch auf Allen (1984) stützt, orientieren, um die Arten der Wissenskommunikation, deren spezifische Bedingungsfaktoren und deren Auswirkung auf die Wissensnutzung besser verstehen zu können.

8.2.2 Methodische Implikationen

Die bisherige Forschung zur Wissenskommunikation konzentrierte sich stark auf qualitativ ausgewertete Einzelfallstudien (vgl. hierzu auch Helm et al., 2007). Durch das Forschungsdesign dieser Arbeit wird ein quantitativer Ansatz zur Erfassung der abhängigen und unabhängigen Variablen gewählt, um Aussagen über Zusammenhänge zwischen diesen treffen zu können. Durch die Erhebung in einer Organisation sind Störeinflüsse, die bei Erhebung in unterschiedlichen Organisationen auftreten können, ausgeschlossen. Jedoch hat diese Methode den Nachteil, dass die externe Validität niedrig ist.

Weitere Implikationen für die Forschung sind teilweise aus den Limitierungen dieser Studie abzuleiten. Da nur ein Forschungs- und Entwicklungsbereich in einer Organisation als Untersuchungsgegenstand zur Verfügung stand, sollte die Forschung in anderen Organisationen repliziert werden, um kontextspezifische Limitierungen zu vermeiden. Zudem wäre eine Erhebung in verschiedenen organisationsstrukturellen Settings wie Matrix-, Projekt- und Funktionalorganisationen hilfreich für den Vergleich der Kommunikation in diesen Strukturen und den Einfluß der Matrixorganisation. Generell sind Replikationsstudien in anderen Organisationen mit starkem Forschungs- und Entwicklungsaufwand anzuraten, um branchentypische Effekte dieser Studie aufzudecken.

Innerhalb des Forschungs- und Entwicklungsbereichs könnten qualitative und inhaltliche Unterschiede in den einzelnen Fachabteilungen genauer erfasst werden, ebenso unterschiedliche Zeitpunkte innerhalb des Entwicklungsprozesses (vgl. Abschnitt 4). So fand Körbs (1990) für die Sinnhaftigkeit einer Matrixorganisation im Luftfahrtbereich heraus, dass diese vor allem in den Phasen der Vorentwicklung und Entwicklung sinnvoll ist. Eine nähere Untersuchung der Teilphasen dieser Abschnitte im Produktentwicklungsprozess könnte Unterschiede zwischen den Kommunikationsvorgängen aufzeigen, vor allem auch über die unterschiedlichen Inhalte, die in der Dimension der Abteilung und der Dimension des Programms kommuniziert werden.

Untersuchungen auf Individualebene können sich ebenso positiv auf den Wissenstand auswirken: Eine detaillierte Untersuchung der Kommunikationsmuster, wer mit wem kommuniziert, über welche Themen (fachlich-inhaltlich oder koordinierend) und mittels welches Mediums, könnte zusätzliche Informationen über die Wahl der einzelnen Kommunikationswege bei spezifischen Problemen geben. Diese Methode könnte ebenso Beobachtung und Selbst- und Fremd-Befragung kombinieren, und somit den single-method-bias dieser Studie zumindest teilweise vermeiden.

Um kausale Zusammenhänge zu erfassen, ist ein Forschungsdesign mit einer Erhebung zu mehreren Zeitpunkten und Änderungen im organisationsstrukturellen Umfeld als Art "Quasi-Experiment" (vgl. dazu Schnell et al., 2011) unumgänglich.

8.2.3 Praktische Implikationen

Für die Praxis zeigen die Ergebnisse dieser Studie, dass die Matrixorganisation, wie von Davis und Lawrence dargestellt, die Summe aus Struktur, Systemen, Kultur und Verhalten ist, und somit sowohl das Führungsverhalten als auch das zur Verfügung stellen adäquater IT-Systeme für beide Dimensionen der Matrix essentiell für den Erfolg der Matrixorganisation sind.

Das *Führungsverhalten* als zentraler Bedingungsfaktor für Organisationserfolg (vgl. von Rosenstiel (2007)) sollte somit auf die duale Führungsstruktur ausgerichtet werden. Führung ist also nicht als "reine" Kontrollfunktion, sondern durch vorbildliches Verhalten einerseits, und Prozesse des Erlaubens und Unterstützens andererseits (vgl. (Reinmann-Rothmeier & Mandl, 1999; Sié & Yakhlef, 2013)) eine notwendige Bedingung für gute Wissenskommunikation in der Matrixorganisation.

Eine steigende *Anzahl der Programmmitgliedschaften* scheint vor allem mit der informellen Kommunikation im Programm negativ in Zusammenhang zu stehen. Die Einbindung in mehrere Programme gleichzeitig scheint für die Mitarbeiter nachteilig zu sein, wohl vor allem durch Zeitrestriktionen. Während die formelle Kommunikation zentral geplant wird, ist die informelle Kommunikation eben per definitionem ungeplant, bei Zeitknappheit scheint hier als Erstes ein Mangel an Zeit zu entstehen und wahrgenommen zu werden.

Die *räumliche Nähe* scheint für den *empfundenen Nutzen der Kommunikation in der Abteilung* ein wichtiger Bedingungsfaktor zu sein, im Gegensatz zum *empfundenen Nutzen der Kommunikation im Programm*. Es wäre demnach für Organisationen mit Matrixorganisationen anzuraten, die Arbeitsplätze der Mitarbeiter eher nach Fachabteilungen zu strukturieren, und nicht nach Programmen, da hier die *räumliche Nähe* und somit die Möglichkeit zur informellen Kommunikation wichtiger erscheint.

Die *Zeit für Interaktion* und *Gelegenheit für Wissenserwerb* sind, wie schon in der Meta-Studie von Helm et al. (2007) gezeigt, zentral für Wissenskommunikation. Wichtig ist hier, dass sowohl die direkte *Zeit für Interaktion* vorhanden sein sollte, als auch die *Gelegenheit zum Wissenserwerb*, die für die Vor- und Nachbereitung formeller Kommunikationsvorgänge, und somit Lernvorgänge, zentral scheint.

Die *Systemperformanz* und *Systemqualität* sind erwartungsgemäß für die Einschätzung der *Angemessenheit der formellen asynchronen Kommunikation*, und somit den Austausch objektivierten Wissens, wichtig. Doch die *Systemqualität* bleibt auch im Gesamtmodell für die *Wissensnutzung* ein bedeutsamer Faktor. Speziell in sehr komplexen Entwicklungsprozessen wie der Luftfahrtindustrie ist objektiviertes Wissen in Form von beispielsweise Zeichnungen und Berichten ein essentieller Bestandteil der Produktentstehung, somit ist eine Empfehlung an die Praxis, die Qualität und Zugänglichkeit der Informationen in den IT-Systemen sicherzustellen.

Dies zeigt, dass eine Matrixorganisation erstens sinnvoll ist, da in diesen beiden Dimensionen (in dieser Arbeit Abteilung und Programm) unterschiedliche Inhalte auf unterschiedliche Art kommuniziert werden, und zweitens eine Erfassung dieser Unterschiede sich an der Struktur der Matrixorganisation orientieren muss, um realitätsnah abzubilden (analog zu der Auffassung von Davis und Lawrence (1977)).

A Anhang

A.1 Skalenzusammensetzung

Tabelle A.1: Skalenzusammenstellung

Skalenname	α	Var.	Variablentext
Unterstützung durch Führung	0,743	kom31	Der Austausch von Wissen und Erfahrungen wird bei BEREICH explizit erwartet.
		kom33	Mein Abteilungsleiter animiert und unterstützt uns, mit anderen Abteilungen und Programmen effektiv zusammen zu arbeiten.
		kom34	Mein Vorgesetzter fragt mich nach meiner Meinung, bevor er neue Lösungswege vorschlägt.?
Zeit für Interaktion	.861	gen21	Ich habe ausreichend Gelegenheit, von Kollegen zu lernen
		gen22	Ich habe ausreichend Gelegenheit, Unterstützung von Kollegen zu erhalten
		gen23	Ich habe ausreichend Gelegenheit, mein Wissen an Kollegen weiterzugeben
Gelegenheit für Wissenserwerb	.828	gen11	Ich habe ausreichend Gelegenheit, mir neues Wissen anzueignen .. durch Fortbildungen
		gen12	Ich habe ausreichend Gelegenheit, mir neues Wissen anzueignen .. durch Job Rotation
		gen13	Ich habe ausreichend Gelegenheit, mir neues Wissen anzueignen .. durch die Teilnahme an Konferenzen
		gen14	Ich habe ausreichend Gelegenheit, mir neues Wissen anzueignen .. durch das Lesen wissenschaftlicher Veröffentlichungen

Skalenname	α	Var.	Variablentext
		gen15	Ich habe ausreichend Gelegenheit, mir neues Wissen anzueignen .. durch selbstgesteuertes Lernen am Arbeitsplatz
		gen16	Ich habe ausreichend Gelegenheit, mir neues Wissen anzueignen .. durch sonstige Maßnahmen
Systemperformanz	.867	dok23	Fachinformationen sind bei uns im System klar strukturiert.
		dok27	Fachinformationen finde ich im System schnell.
		dok33	Wissen (frühere Erfahrungen, Lösungsansätze) ist bei uns im System klar strukturiert.
		dok37	Wissen (frühere Erfahrungen, Lösungsansätze) finde ich im System schnell.
Systemqualität	.898	dok21	Fachinformationen die ich im System für meine Arbeit finde, sind hilfreich.
		dok22	Fachinformationen sind verständlich dargestellt.
		dok24	Fachinformationen, die ich im System für meine Arbeit finde, sind relevant.
		dok31	Wissen (frühere Erfahrungen, Lösungsansätze) das ich im System für meine Arbeit finde, ist hilfreich.
		dok32	Wissen (frühere Erfahrungen, Lösungsansätze) ist verständlich dargestellt.
		dok34	Wissen (frühere Erfahrungen, Lösungsansätze) das ich im System für meine Arbeit finde ist relevant.
		dok42	Die Formen der Informations- und Wissensdokumentation, die wir bei BEREICH, einsetzen, sind verpflichtend zu nutzen.
		dok43	Die Formen der Informations- und Wissensdokumentation, die wir bei BEREICH, einsetzen, werden von allen relevanten Kollegen bereitwillig verwendet.

Skalenname	α	Var.	Variablentext
Motivation		nut13	Ich bin motiviert, neu erworbenes Wissen in meiner alltäglichen Arbeit anzuwenden.
Autonomie		nut13	Ich kann frei entscheiden, wie ich meine Aufgaben angehe.
Angemessenheit formelle synchrone Kommunikation Abteilung	.749	kom24	Es gibt angemessene offizielle Gelegenheiten zur Wissenskommunikation in unserer Abteilung (z. B. Diskussionsrunden, Projektgruppen).
		kom26	Besprechungen sind in unserer Abteilung ein effizientes Mittel der Wissenskommunikation.
		gen34	Meetings innerhalb meiner Abteilung unterstützen den Austausch relevanter Probleme und Lösungsansätze.
Angemessenheit formelle synchrone Kommunikation Programm	.676	kom14	Es gibt angemessene Gelegenheiten zur Wissenskommunikation in unserem Programm (z. B. Diskussionsrunden, Projektgruppen).
		kom16	Besprechungen sind in unserem Programm ein effizientes Mittel der Wissenskommunikation.
		gen35	Meetings innerhalb meines Programms unterstützen den Austausch relevanter Probleme und Lösungsansätze.
Angemessenheit der formellen asynchronen Kommunikation	.885	dok11	Bei BEREICH werden Informationen und Wissen ausreichend dokumentiert in Bezug auf aktuelle Forschungsergebnisse
		dok12	Bei BEREICH werden Informationen und Wissen ausreichend dokumentiert in Bezug auf aktuelle Produktentwicklungen (z. B. Team, Zeitpläne, Kosten, Kritische Pfade)
		dok13	Bei BEREICH werden Informationen und Wissen ausreichend dokumentiert in Bezug auf frühere Produktentwicklungen (z. B. Entwicklungsergebnisse, Entwicklungshindernisse und Strategien zum Umgang mit Hindernissen)

Skalenname	α	Var.	Variablentext
		dok14	Bei BEREICH werden Informationen und Wissen ausreichend dokumentiert in Bezug auf produktspezifische Verfahrensstrategien (z. B. was hat sich bewährt und was nicht?)
		dok15	Bei BEREICH werden Informationen und Wissen ausreichend dokumentiert in Bezug auf standardisierte Verfahren und Prozesse
		dok16	Bei BEREICH werden Informationen und Wissen ausreichend dokumentiert in Bezug auf spezifische Aufgabenbereiche einzelner Mitarbeiter
		dok17	Bei BEREICH werden Informationen und Wissen ausreichend dokumentiert in Bezug auf spezifische Expertise einzelner Mitarbeiter
Angemessenheit informelle Kommunikation	.768	kom51	Ich tausche mich regelmäßig informell (z.B. beim Mittagessen) mit Kolleginnen und Kollegen meiner Fachabteilung über fachliche Probleme aus.
		kom52	Ich tausche mich regelmäßig informell (z.B. beim Mittagessen) mit Kolleginnen und Kollegen meines Programms über fachliche Probleme aus.
		kom53	Informelle Treffen mit Kollegen wie z.B. beim Mittagessen verschaffen mir gute Informationen, die ich für meine Arbeit benötige
Empfundener Nutzen Kommunikation Abteilung	.904	kom21	Relevantes Wissen wird ausreichend zwischen den Mitarbeitern meiner Abteilung ausgetauscht.
		kom22	Wissen, das für meine gesamte Abteilung relevant ist, wird allen Beteiligten immer verfügbar gemacht.
		kom23	Relevantes Wissen wird ausreichend zwischen den Führungskräften und Mitarbeitern meiner Abteilung ausgetauscht.

Skalenname	α	Var.	Variablentext
Empfundener Nut-zen Kommunikation Programm	.863	kom11	Relevantes Wissen wird ausreichend zwischen den Mitarbeitern meines Programms ausgetauscht.
		kom12	Wissen, das für das gesamte Programm relevant ist, wird allen Beteiligten immer verfügbar gemacht.
		kom13	Relevantes Wissen wird ausreichend zwischen Führungskräften und Mitarbeitern meines Programms ausgetauscht.
Wissensnutzung	.952	nut21	Dokumentiertes Wissen wird immer angemessen berücksichtigt in Entscheidungsprozessen.
		nut22	Dokumentiertes Wissen wird immer angemessen berücksichtigt in neuen Projekten.
		nut23	Dokumentiertes Wissen wird immer angemessen berücksichtigt in anderen relevanten Situationen.
		nut31	Frühere Erfahrungen (z. B. Lessons Learned, Kritische Punkte) werden immer angemessen berücksichtigt in Entscheidungsprozessen.
		nut32	Frühere Erfahrungen (z. B. Lessons Learned, Kritische Punkte) werden immer angemessen berücksichtigt in neuen Projekten.
		nut33	Frühere Erfahrungen (z. B. Lessons Learned, Kritische Punkte) werden immer angemessen berücksichtigt in anderen relevanten Situationen.

A.2 Q-Q-Plots zur Überprüfung der Normalverteilung

Im Folgenden sind die Q-Q Plots der Skalen abgebildet, die eine Abschätzung zur Normalverteilung der Skalen ermöglichen.

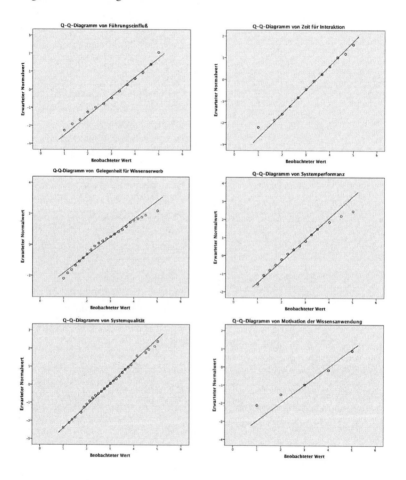

Abbildung A.1: QQ-Normalverteilungsplots der Skalen - 1

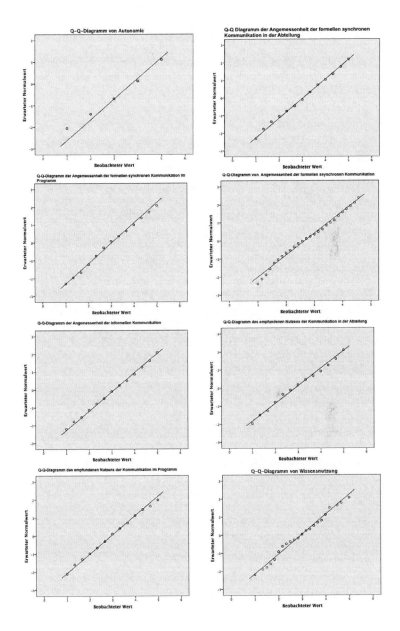

Abbildung A.2: QQ-Normalverteilungsplots der Skalen - 2

A.3 Residuenanalyse - Q-Q Plots

Im Folgenden sind Q-Q Plots der Regressionsmodelle dargestellt. Diese ermöglichen, wie in Kapitel 6.5 dargestellt, eine Einschätzung systematischer Tendenzen in den Residuen (Faraway, 2005, 64).

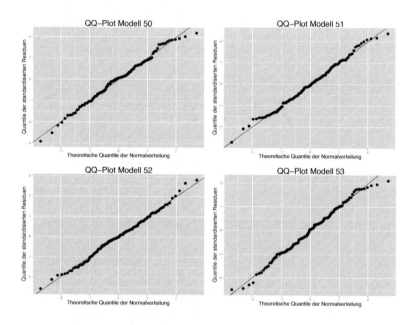

Abbildung A.3: Residuenanalyse Untersuchungsteil C - Q-Q Plots

Anmerkungen. Modell 50: Tabelle 7.11; Modell 51: Tabelle 7.12; Modell 52: Tabelle 7.13; Modell 53: Tabelle 7.14

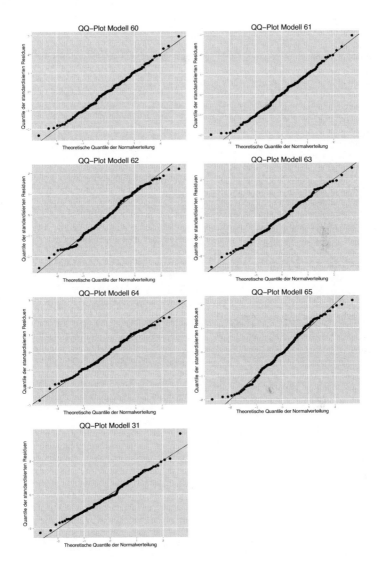

Abbildung A.4: Residuenanalyse Untersuchungsteil D und E - Q-Q Plots

Anmerkungen. Modell 60: Tabelle 7.16; Modell 61: Tabelle 7.17; Modell 62: Tabelle 7.18; Modell 63: Tabelle 7.19; Modell 64: Tabelle 7.20; Modell 65: Tabelle 7.21; Modell 31: Tabelle 7.22

A.4 Korrelationstabelle der Skalen

Tabelle A.2: Korrelationstabelle

	1	2	3	4	5	6	7	8	9	10	11	12	13
1													
2	.40**												
3	.32**	.45**											
4	.37**	.31**	.41**										
5	.44**	.46**	.33**	.68**									
6	.42**	.45**	.40**	.33**	.15								
7	.26**	.27*	.06	.06	.07	.23**							
8	.63**	0.40**	.47**	.41**	.50**	.35***	.23**						
9	.43**	.40**	.49**	.44**	.51**	.28***	.14	.72**					
10	.53**	.38**	.45**	.63**	.58**	.28***	.07	.56**	.63**				
11	.32**	.27**	.27***	.08	.13	.29***	.30**	.19*	.17*	.12			
12	.63**	.39**	.32**	.46**	.44**	.28***	.18*	.71**	.48**	.56**	.12		
13	.46**	.39**	.43***	.44**	.45**	.28***	.14	.56**	.68**	0.60**	.11	.61**	
14	.55**	0.60**	.42**	.51**	.62**	.24*	.12	.40**	.53**	.56**	.24*	.50**	.63**

Anmerkungen. 1 Unterstützung d. Führung; 2 Zeit für Interaktion; 3 Gelegenheit f. Wissenserwerb; 4 Systemperformanz; 5 Systemqualität; 6 Motivation d. Wissensanwendung; 7 Empfundene Autonomie; 8 Ang. form. synchrone Kom. Abt.; 9 Ang. form. synchrone Kom. Prog.; 10 Ang. form. asynchrone Kom.; 11 Ang. inform. Kom.; 12 Empf. Nutzen Kom. Abt.; 13 Empf. Nutzen Kom. Prog.; 14 Wissensnutzung; Ang. - Angemessenheit; form. - formelle; Kom. - Kommunikation; Abt. - Abteilung; Prog. - Programm; ** Die Korrelation ist auf dem Niveau von .01 (2-seitig) signifikant * Die Korrelation ist auf dem Niveau von .05 (2-seitig) signifikant.

Literaturverzeichnis

AIRBUS Industries. *AP1020 Airbus Design Organisation Signatories Roles, Responsibilities, Competence and Experience Requirements* (Tech. Rep.).

European Aviation Safety Agency. *Commission Regulation (EC) No. 1702/2003, Part 21* (Tech. Rep.). http://easa.europa.eu/regulations/regulation-EC-1702-2003.php.

Ackermann, M., Dimmeler, D., Iten, P. L., Meister, D. & Wehner, T. (2000). Wissensmanagement in der Praxis: Umfrageergebnisse und Trends. *Harburger Beiträge zur Soziologie und Psychologie der Arbeit*.

Al-Alawi, A. I., Al-Marzooqi, N. Y. & Mohammed, Y. F. (2007). Organizational culture and knowledge sharing: critical success factors. *Journal of Knowledge Management*, *11*(2), 22-42.

Allen, T. J. (1984). *Managing the flow of technology*. Cambridge, Mass.: MIT Press. ✗

Allen, T. J. (1986). Organizational Structure, Information Technology, and R&D Productivity. *IEEE Transactions on Engineering Management*, *33*(4), 212-217.

✗ Allen, T. J. & Hauptman, O. (1987). The Influence of Communication Technologies on Organizational Structure: A Conceptual Model for Future Research. *Communication Research*, *14*(5), 575-587.

✗Allen, T. J. & Henn, G. (2007). *The organization and architecture of innovation |managing the flow of technology*. London: Routledge.

Alvesson, M. & Kärreman, D. (2001). Odd Couple: Making Sense of the Curious Concept of Knowledge Management. *Journal of Management Studies*, *38*(7), 995–1018.

Ansoff, H. I. (1987). *Corporate strategy*. London: Penguin Books.

Argote, L. & Ingram, P. (2000). Knowledge Transfer: A Basis for Competitive Advantage in Firms. *Organizational Behavior and Human Decision Processes*, *82*(1), 150 - 169.

Argote, L., Ingram, P., Levine, J. M. & Moreland, R. L. (2000). Knowledge Transfer in Organizations: Learning from the Experience of Others. *Organizational Behavior and Human Decision Processes*, *82*(1), 1 - 8.

Argyris, C. (1975). Das Individuum und die Organisation. In K. Türk (Hrsg.), *Organisationstheorie* (S. 215-233). Hamburg: Hoffmann u. Campe.

Argyris, C. & Schön, D. A. (2008). *Die Lernende Organisation: Grundlagen, Methode, Praxis* (Bd. 3. Auflage). Stuttgart: Schäffer-Poeschel.

Aulinger, A., Fischer, D. & Pfriem, R. (2001). Wissen managen – Ein weiterer Beitrag zum Mythos des Wissens? Oder: Emotionale Intelligenz und Intuition im Wissensmanagement. In G. Schreyögg (Hrsg.), *Wissen in Unternehmen. Konzepte, Maßnahmen, Methoden* (S. 69-87). Berlin: Erich Schmidt Verlag.

Ballstaedt, S. P. (1997). *Wissensvermittlung. Die Gestaltung von Lernmaterial.* Weinheim: Beltz.

Ballstaedt, S. P., Mandl, H., Schnotz, W. & Tergan, S. O. (1981). *Texte verstehen. Texte gestalten.* München: Urban & Schwarzenberg.

Bartlett, C. A. & Ghoshal, S. (1990). Matrix management: Not a structure, a frame of mind. *Harvard Business Review, 90*(4), 138-145.

Baumbach, C. & Schulze, A. (2003). Knowledge Management – Results of a Benchmarking Study. In K. Mertins, P. Heisig & J. Vorbeck (Hrsg.), *Knowledge Management – Concepts and Best Practices* (S. 225–250). Berlin: Springer.

Bell, D. (1973). *The Coming Of Post-industrial Society.* Harper.

Benser, B. (2010). Matrixorganisationen in Deutschland - wie sie funktionieren und wie nicht. In B. Benser (Hrsg.), *Matrixorganisationen in Deutschland: Erfolge, Misserfolge und Strategien.* Saarbrücken: Südwestdeutscher Verlag für Hochschulschriften.

Bortz, J. & Döring, N. (2005). *Forschungsmethoden und Evaluation für Human- und Sozialwissenschaftler.* Heidelberg: Springer Medizin Verlag.

Bortz, J. & Döring, N. (2009). *Forschungsmethoden und Evaluation für Human- und Sozialwissenschaftler.* Heidelberg: Springer.

Bortz, J. & Schuster, C. (2010). *Statistik für Human- und Sozialwissenschaftler.* Berlin: Springer.

Brandstätter, H. & Brodbeck, F. C. (2004). Problemlösen und Entscheiden in Gruppen. In H. Schuler (Hrsg.), *Organisationspsychologie - Gruppe und Organisation* (S. 383-443). Göttingen: Hogrefe.

Brandstätter, V. & Frey, D. (2004). Motivation zu Arbeit und Leistung. In H. Schuler (Hrsg.), *Organisationspsychologie 1 - Grundlagen und Personalpsychologie* (S. 295-341). Göttingen: Hogrefe.

Bromme, R., Hesse, F. W. & Spada, H. (2005). Barriers and Biases in Computer-Mediated Knowledge Communication: Introduction and Overview. In R. Bromme, F. W. Hesse & H. Spada (Hrsg.), *Barriers and Biases in Computer-Mediated Knowledge Communication* (S. 1-14). Berlin: Springer.

Bromme, R., Jucks, R. & Rambow, R. (2004). Experten-Laien-Kommunikation im Wissensmanagement. In G. Reinmann & H. Mandl (Hrsg.), *Psychologie des Wissensmanagements: Perspektiven, Theorien und Methoden* (S. 176-188). Göttingen: Hogrefe.

Bromme, R., Jucks, R. & Runde, A. (2005). Barriers and Biases in Computer-Mediated Expert-Layperson-Communication. In R. Bromme, F. W. Hesse & H. Spada (Hrsg.),

Barriers and Biases in Computer-Mediated Knowledge Communication (S. 89-118). Berlin: Springer.

Brosius, F. (2011). *SPSS 19.* Heidelberg: mitp.

Bullinger, H.-J. (2004). Geleitwort. In H.-G. Schnauffer, B. Stieler-Lorenz & S. Peters (Hrsg.), *Wissen vernetzen. Wissensmanagement in der Produktentwicklung* (S. V-VIII). Berlin: Springer.

Bullinger, H.-J., Wörner, K. & Prieto, J. (1997). *Wissensmanagement heute, Daten, Fakten, Trends.* Stuttgart: Fraunhofer Institut für Arbeitswirtschaft und Organisation (IAO).

Bullinger, H.-J., Wörner, K. & Prieto, J. (1998). Wissensmanagement - Modelle und Strategien für die Praxis. In H. D. Bürgel (Hrsg.), *Wissensmanagement: Schritte zum intelligenten Unternehmen* (S. 21-39). Berlin: Springer.

Chandler, A. D. (1962). *Strategy and structure : chapters in the history of the industrial enterprise.* M.I.T., Cambridge, Mass.

Chandler, P. & Sweller, J. (1991). Cognitive Load Theory and the Format of Instruction. *Cognition and Instruction, 8*(4), 293-332.

Chase, W. & Simon, H. (1971). *Perception in Chess.* Department of Psychology, Carnegie-Mellon University.

Chi, M. T. H., Feltovich, P. J. & Glaser, R. (1981). Categorization and Representation of Physics Problems by Experts and Novices. *Cognitive Science, 5*(2), 121–152.

Clark, K. B. & Wheelwright, S. C. (1992). Organizing and Leading Heavyweight Development Teams. *California Management Review*, 9-28.

Cohen, J. (1977). *Statistical power analysis for the behavioral sciences.* New York: Academic Press.

Cohen, W. & Levinthal, D. (1990). Bridging epistemologies: the generative dance between organisational knowledge and organisational knowing. *Administrative Science Quarterly, 35*(1), 128-152.

Cortina, J. (1993). What is coefficient alpha? An examination of theory and applications. *Journal of Applied Psychology, 78*, 98–104.

Cress, U., Barquero, B., Buder, J. & Hesse, F. W. (2005). Social Dilemma in Knowledge Communication via shared databases. In R. Bromme, F. W. Hesse & H. Spada (Hrsg.), *Barriers and Biases in Computer-Mediated Knowledge Communication* (S. 143-167). Berlin: Springer.

Cross, R. & Baird, L. (2000). Technology is not enough: improving performance by building organisational memory. *MIT Sloan Management Review, 41*(3), 69-78.

Csikszentmihalyi, M. (1975). *Beyond boredom and anxiety.* San Francisco: Jossey-Bass.

Csikszentmihalyi, M. (1985). *Das flow-Erlebnis : jenseits von Angst u. Langeweile: im Tun aufgehen.* Stuttgart: Klett-Cotta.

Cyert, R. & March, J. (1963). *A Behavioral Theory of the Firm.* Englewood Cliffs (NJ): Prentice-Hall, Inc.

Davenport, T. & Prusak, L. (1998). *Working Knowledge.* Harvard Business Press.

Davenport, T. H. & Jarvenpaa, S. L. (1996). Improving processes for knowledge work. *Sloan Management Review, 34*(4), 53-65.

Davis, S. M. & Lawrence, P. R. (1977). *Matrix.* Addison-Wesley.

Deci, E. L. (1971). Effects of externally mediated rewards on intrinsic motivation. *Journal of Personality and Social Psychology, 18,* 105-115.

Deci, E. L. (1975). *Intrinsic Motivation.* New York: Plenum Press.

Deci, E. L., Connell, J. P. & Ryan, R. M. (1989). Self-determination in a work organization. *Journal of Applied Psychology, 74,* 580-590.

Deci, E. L. & Ryan, R. M. (1993). Die Selbstbestimmungstheorie der Motivation und ihre Bedeutung für die Pädagogik. *Zeitschrift für Pädagogik, 39*(2), 223-238.

Deci, E. L. & Ryan, R. M. (2000). The "What" and "Why" of Goal Pursuits: Human Needs and the Self-Determination of Behavior. *Psychological Inquiry, 11*(4), 227-268.

Denis, H. (1986). Matrix Structures, Quality of Working Life, and Engineering Productivity. *IEEE Transactions on Engineering Management, EM-33*(3), 148-156.

Deschler, S. (2007). *Multimediale Lernumgebungen im Weiterbildungsbereich einer Bundesbehörde - Einschätzung der Akzeptanz, Motivation und des Lernerfolgs einer videobasierten und textbasierten Lernumgebung.* Berlin: Logos.

Dierkes, M., Antal, A. B. & Nonaka, I. (2001). *Handbook of Organizational Learning and Knowledge.* Oxford University Press.

Dörner, D. (1979). *Problemlösen als Informationsverarbeitung.* Stuttgart: W. Kohlhammer.

Duden. (2007). *Duden - Das Herkunftswörterbuch : Etymologie der deutschen Sprache.* Mannheim: Dudenverlag.

Duerr, P., Rode, C. & Sprinkart, K.-P. (2004). Medienvermittelte Wissensdialoge. In R. Reinhardt & M. J. Eppler (Hrsg.), *Wissenskommunikation in Organisationen* (S. 198-223). Berlin: Springer.

E., W. & Snyder, W. (2000). Communities of practice: The organization frontier. *Harvard Manager, 4,* 55-62.

Edler, J. (2003). How German Companies Employ Knowledge Management. An OECD Survey on Usage, Motivations and Effects. In K. Mertins, P. Heisig & J. Vorbeck (Hrsg.), *Knowledge Management – Concepts and Best Practices* (S. 207–221). Berlin: Springer.

Engeln, W. (2006). *Methoden der Produktentwicklung.* München: Oldenbourg Industrieverlag.

Eppler, M. J. & Reinhardt, R. (2004). Zur Einführung: Das Konzept der Wissenskommunikation. In R. Reinhardt & M. J. Eppler (Hrsg.), *Wissenskommunikation in Organisationen* (S. 1-12). Berlin: Springer.

Ericsson, K. A. & Smith, J. (Hrsg.). (1991). *Toward a general theory of expertise : prospects and limits.* Cambridge u.a.: Cambridge Univ. Press.

Faraway, J. J. (2005). *Linear models with R.* Boca Raton [u.a.]: Chapman & Hall/CRC.

Fayol, H. (1959). *General and industrial management.* London: Pitman.

Fischer, F., Bruhn, J., Gräsel, C. & Mandl, H. (2002). Fostering collaborative knowledge construction with visualizazion tools. *Learning and Instruction, 12,* 213-232.

Fischer, G. & Ostwald, J. (2005). Knowledge Communication in Design Communities. In R. Bromme, F. W. Hesse & H. Spada (Hrsg.), *Barriers and Biases in Computer-Mediated Knowledge Communication* (S. 213-242). Berlin: Springer.

Fong, P. S. (2005). Co-creation of knowledge by multidisciplinary project teams. In P. E. Love, P. S. Fong & Z. Irani (Hrsg.), *Management of Knowledge in Project Environments* (S. 41-56). Amsterdam u.a.: Elsevier.

Ford, R. C. & Randolph, W. A. (1992). Cross-Functional Structures: A Review and Integration of Matrix Organization and Project Management. *Journal of Management, 18*(2), 267-294.

Frey, B. S. & Jegen, R. (2001). Motivation Crowding Theory. *Journal of Economic Surveys, 15*(5), 589–611.

Frey, D., Mandl, H. & von Rosenstiel, L. (2004). Introduction. In D. Frey, H. Mandl & L. von Rosenstiel (Hrsg.), *Knowledge and action* (S. 1-5). Göttingen: Hogrefe.

Frey, D., Schuster, B. & Brandstätter, V. (2004). Sozialpsychologische Grundlagen der Organisationspsychologie. In H. Schuler (Hrsg.), *Organisationspsychologie - Gruppe und Organisation* (S. 3-54). Göttingen: Hogrefe.

Frey, D. & von Rosenstiel, L. (2007). Vorwort. In D. Frey (Hrsg.), *Wirtschaftspsychologie.* Göttingen: Hogrefe.

Friedrich, H. F., Hron, A. & Hesse, F. W. (2001). A Framework for Designing and Evaluating Virtual Seminars. *European Journal of Education, 36*(2), 157-174.

Galbraith, J. R. (1971). Matrix Organisation Designs - How to combine functional and project forms. *Business Horizons,* 29-40.

Gebert, D. (2007). Psychologie der Innovation. In D. Frey (Hrsg.), *Wirtschaftspsychologie* (S. 783-808). Göttingen: Hogrefe.

Gerstenmaier, J. & Mandl, H. (1995). Wissenserwerb unter konstruktivistischer Perspektive. *Zeitschrift für Pädagogik, 41,* 867-888.

Groeben, N. (1998). *Die Verständlichkeit von Unterrichtstexten. Dimensionen und Kriterien rezeptiver Lernstadien.* Münster: Aschendorff.

Gruber, H. & Mandl, H. (1996). Expertise und Erfahrung. In H. Gruber & A. Ziegler (Hrsg.), *Expertiseforschung* (S. 18-34). Heidelberg: VS Verlag für Sozialwissenschaften.

Gueldenberg, S. & Helting, H. (2007). Bridging 'The Great Divide': Nonaka's Synthesis of 'Western' and 'Eastern' Knowledge Concepts Reassessed. *Organization, 14*(1), 101-122.

Hackman, J. & Oldham, G. (1980). *Work Redesign (Organization Development)*. Prentice Hall.

Hackman, J. R. & Morris, C. G. (1975). Group tasks, group interaction process, and group performance effectiveness: A review and proposed integration. In L. Berkowitz (Hrsg.), *Advance in experimental social psychology* (Bd. 8, S. 45-99). New York: Adademic Press.

Hall, J. & Sapsed, J. (2005). Influences of knowledge sharing and hoarding in project-based firms. In P. E. Love, P. S. Fong & Z. Irani (Hrsg.), *Management of Knowledge in Project Environments* (S. 57-80). Amsterdam u.a.: Elsevier.

Harvard Business Review. (1998). *Harvard Business Review on Knowledge Management.*

Haun, M. (2002). *Handbuch Wissensmanagement : Grundlagen und Umsetzung, Systeme und Praxisbeispiele.* Berlin u.a.: Springer.

Heckhausen, J. & Heckhausen, H. (2006). Motivation und Handeln: Einführung und Überblick. In J. Heckhausen & H. Heckhausen (Hrsg.), *Motivation und Handeln* (S. 1-9). Berlin: Springer.

Heisig, P. (2005). *Integration von Wissensmanagement in Geschäftsprozesse.* Berlin: Technische Universität Berlin.

Heisig, P. & Vorbeck, J. (2001). Benchmarking Survey Results. In K. Mertins, P. Heisig & J. Vorbeck (Hrsg.), *Knowledge Management: Best Practices in Europe* (S. 97–123). Berlin: Springer.

Helm, R., Meckl, R. & Sodeik, N. (2007). Systematisierung der Erfolgsfaktoren von Wissensmanagement auf Basis der bisherigen empirischen Forschung. *Zeitschrift für Betriebswirtschaft, 77,* 211-241.

Henn GmbH. (2013). *BMW Projekthaus. URL: http://www.henn.com/en/research/die-agora-im-unternehmen, zuletzt aufgerufen am 16.08.2013.*

Henninger, M. & Balk, M. (2009). Grundlagen der Kommunikation. In M. Henninger & H. Mandl (Hrsg.), *Handbuch Medien- und Bildungsmanagement.* Weinheim: Beltz.

Hislop, D. (2010). Knowledge management as an ephemeral management fashion? *Journal of Knowledge Management, 14*(6), 779–790.

Hofmann, T. (2013). *Das Konzept der preisorientierten Qualitätsbeurteilung: Eine produkt- und kulturübergreifende kausalanalytische Betrachtung.* Wiesbaden: Gabler Verlag.

Holsapple, C. W. & Joshi, K. D. (2000). An Investigation of Factors that Influence the Management of Knowledge in Organizations. *Journal of Strategic Information Systems*, 9(2-3), 235–261.

Hungenberg, H. (2011). *Strategisches Management in Unternehmen: Ziele - Prozesse - Verfahren* (Bd. 6. Auflage). Wiesbaden: Gabler.

Hyman, M. R. (2000). Mail Surveys of Faculty and Acquaintances-of-the-Researcher Bias. *The Journal of Social Psychology*, 140(2), 255-257.

Janetzko, D. (2002). Und was bringt uns das? Grundlagen der Evaluation des Lernens im Internet. In U. Scheffer & F. W. Hesse (Hrsg.), *E-Learning. Die Revolution des Lernens gewinnbringend einsetzen* (S. 101-116). Stuttgart: Klett-Cotta.

Janis, I. L. (1972). *Victims of groupthink. A psychological study of foreign policy decisions and fiascos*. Boston: Houghton Mifflin.

Janis, I. L. (1982). *Groupthink: Psychological studies of policy decisions and fiascoes*. Boston: Houghton Mifflin.

Janis, I. L. (1989). *Crucial decisions: Leadership in policymaking and crisismanagement*. Boston: Houghton Mifflin.

Jones, W. (1979). Generalizing Mail Survey Inducement Methods: Population Interactions with Anonymity and Sponsorship. *Public Opinion Quarterly*, 43, 102-112.

Joyce, W. F. (1986). Matrix Organization: A Social Experiment. *The Academy of Management Journal*, 29(3), pp. 536-561.

Kail, R. V. & Pellegrino, J. W. (1989). *Menschliche Intelligenz : Die drei Ansätze der Psychologie*. Heidelberg: Spektrum der Wissenschaften.

Kehr, H. M. (2004). *Motivation und Volition*. Göttingen: Hogrefe.

Kieser, A. (2001). Managementlehre und Taylorismus. In A. Kieser (Hrsg.), *Organisationstheorien* (Bd. 4. Auflage). Stuttgart: Kohlhammer.

Kieser, A. & Walgenbach, P. (2010). *Organisation*. Berlin: de Gruyter.

Kilian, D., Krismer, R., Loreck, S. & Sagmeister, A. (2007). *Wissensmanagement - Werkzeuge für Praktiker*. Wien: Linde international.

Kirsch, W. (1992). *Kommunikatives Handeln, Autopoiese, Rationalität : Sondierungen zu einer evolutionären Führungslehre*. Herrsching: Kirsch.

Kluge, A. & Schilling, J. (2004). Organisationales Lernen. In H. Schuler (Hrsg.), *Organisationspsychologie - Gruppe und Organisation* (S. 845-909). Göttingen: Hogrefe.

Kogut, B. & Zander, U. (1992). Knowledge of the Firm, combinative Capabilities, and the replication of technology. *Organization Science*, 3(3), 383-397.

Kohler, U. & Kreuter, F. (2012). *Datenanalyse mit Stata : allgemeine Konzepte der Datenanalyse und ihre praktische Anwendung*. München: Oldenbourg.

Kolmogoroff, A. (1936). Zur Theorie der Markoffschen Ketten. *Mathematische Annalen*, *112*, 155-160.

Körbs, H.-T. (1990). *Die Matrixorganisation: ihr Lebenszyklus im Phasenverlauf von Luftfahrtprojekten*. Gesamthochschule Hagen.

Kosiol, E. (1962). *Organisation der Unternehmung*. Wiesbaden: Gabler.

Krcmar, H. (2009). *Informationsmanagement*. Berlin: Springer.

Kuhl, J. (1996). Wille und Freiheitserleben: Formen der Selbststeuerung. In *Enzyklopädie der Psychologie* (S. 665-765).

Kuper, H. (2009). Organisationales Lernen, Wissensmanagement und Lernende Organisation. In O. Zlatkin-Troitschanskaia, K. Beck, D. Sembill, R. Nickolaus & R. Mulder (Hrsg.), *Lehrprofessionalität: Bedingungen, Genese, Wirkungen und ihre Messung* (S. 555-566). Beltz.

Langer, I., Schulz von Thun, F. & Tausch, R. (1981). *Sich verständlich ausdrücken*. München: Reinhardt.

Larson, E. W. & Gobeli, D. H. (1987). Matrix Management: Contradictions and Insights. *California Management Review*, *29*(4), 126-138.

Larson, E. W. & Gobeli, D. H. (1988). Organizing for product development projects. *Journal of Product Innovation Management*, *5*(3), 180 - 190.

Laslo, Z. & Goldberg, A. I. (2001). Matrix Structures and Performance: The Search for Optimal Adjustment to Organizational Objectives. *IEEE Transactions on Engineering Management*, *48*(2), 144-156.

Lehner, F. (2012). *Wissensmanagement: Grundlagen, Methoden und technische Unterstützung*. München: Hanser.

Lilliefors, H. W. (1967). On the Kolmogorov-Smirnov Test for Normality with Mean and Variance Unknown. *Journal of the American Statistical Association*, *62*(318), pp. 399-402.

limesurvey.org. (2011). *http://www.limesurvey.org/de/ueber-limesurvey/features*.

Luhmann, N. (1973). *Zweckbegriff und Systemrationalität : über die Funktion von Zwecken in sozialen Systemen*. Suhrkamp, Frankfurt am Main.

Luister, T. & Ehrmann, A. (2007). *Projektmanagement im Kulturbetrieb*. München: GRIN Verlag.

Maier, G. W., Prange, C. & von Rosenstiel, L. (2004). Psychological Perspectives of Organizational Learning. In M. Dierkes, A. B. Antal, J. Child & I. Nonaka (Hrsg.), *Handbook of Organizational Learning and Knowledge* (S. 14-34). Oxford University Press.

Maier, G. W., Streicher, B., Jonas, E. & Frey, D. (2007). Innovation und Kreativität. In D. Frey (Hrsg.), *Wirtschaftspsychologie* (S. 809-855). Göttingen: Hogrefe.

Malik, F. (2001). Wissensmanagement - auch dieser Kaiser ist nackt. *Manager Magazin*(27.11.2001).

Mandl, H., Friedrich, H. F. & Hron, A. (1986). Psychologie des Wissenserwerbs. In B. Weidenmann, A. Krapp, M. Hofer, G. L. Huber & H. Mandl (Hrsg.), *Pädagogische Psychologie* (S. 143-218). Urban & Schwarzenberg, München.

Mandl, H. & Krause, U.-M. (2001). *Lernkompetenz für die Wissensgesellschaft.* München: Inst. für Pädagogische Psychologie und Empirische Pädagogik, Lehrstuhl Prof. Heinz Mandl.

March, J. G. (1991). Exploration and Exploitation in organisational learning. *Organization Science, 2,* 71-87.

Marshall, N. & Sapsed, J. (2000, 10-11 February). *The limits of disembodied knowledge: challenges in inter-project learning in the production of complex products and systems.*

McCollum, J. K. & Sherman, J. D. (1991). The Effects of Matrix Organization Size and Number of Project Assignments on Performance. *IEEE Transactions on Engineering Management, 38*(1), 75-78.

McDermott, R. (1999). Why Information Technology Inspired But Cannot Deliver Knowledge Management. *California Management Review, 41*(4), 103 - 117.

Mertins, K. & Finke, I. (2004). Kommunikation impliziten Wissens. In R. Reinhardt & M. J. Eppler (Hrsg.), *Wissenskommunikation in Organisationen* (S. 32-49). Berlin: Springer.

Mertins, K., Heisig, P. & Vorbeck, J. (2003). *Knowledge Management – Concepts and Best Practices.* Berlin: Springer.

Mertins, K. & Seidel, H. (2009). *Wissensmanagement im Mittelstand – Grundlagen - Lösungen - Praxisbeispiele.* Berlin: Springer.

Miller, D. B. (1986). *Managing Professionals in Research and Development.* San Francisco: Jossey-Bass.

Mühlethaler, B. (2005). *Wissensmanagement Stand der Forschung und Diskussionsschwerpunkte: Eine Analyse deutsch- und englischsprachiger Literatur.* Lizensiatsarbeit, Universität Bern.

Nonaka, I. (1994). A Dynamic Theory of Organizational Knowledge Creation. *Organization Science, 5*(1), 14 - 37.

Nonaka, I. (1998). The knowledge-creating company. In *Harvard Business Review on Knowledge Management* (S. 21-46). Harvard Business Press.

Nonaka, I. (2008). *The knowledge-creating company.* Harvard Business Press.

Nonaka, I. & Takeuchi, H. (1997). *Die Organisation des Wissens wie japanische Unternehmen eine brachliegende Ressource nutzbar machen.* Frankfurt am Main: Campus Verlag.

Nonaka, I., Toyama, R. & Byosière, P. (2001). A Theory of Organizational Knowledge Creation: Understanding the Dynamic Process of Creating Knowledge. In M. Dierkes, A. B. Antal & I. Nonaka (Hrsg.), *Handbook of Organizational Learning and Knowledge* (S. 489-517). Oxford University Press.

Nonaka, I., Toyama, R. & Hirata, T. (2008). *Managing Flow.* New York u.a.: Palgrave Macmillan.

Nordsieck, F. (1962, zuerst 1932). *Die schaubildliche Erfassung und Untersuchung der Betriebsorganisation.* Stuttgart: Poeschel.

North, K. (2011). *Wissensorientierte Unternehmensführung : Wertschöpfung durch Wissen.* Wiesbaden: Gabler.

North, K. & Romhardt, K. (2000). Wissensgemeinschaften. Keimzelle lebendigen Wissensmanagements. *Io management, 7/8,* 52-62.

Organ, D. W. (1988). *Organizational Citizenship Behavior: The good soldier syndrome.* Lexington, MA: Lexington Books.

Organ, D. W. (1990). The motivational basis of organizational citizenship behavior. In B. M. S. . L. L. Cummings (Hrsg.), *Research in organizational behavior* (Bd. 12, S. 43-72). Greenwich: JAI Press.

Osterloh, M. & Frey, B. S. (2000). Motivation, knowledge transfer, and organizational forms. *Organization Science, 11*(5), 538 - 550.

Osterloh, M., Frey, B. S. & Frost, J. (2001). Managing Motivation, Organization and Governance. *Journal of Management and Governance, 5*(3-4), 231-239.

Osterloh, M. & Frost, J. (2006). *Prozessmanagement als Kernkompetenz : wie Sie Business Reengineering strategisch nutzen können.* Wiesbaden: Gabler.

Pahl, G., Beitz, W., Feldhusen, J. & Grote, K.-H. (2007). *Konstruktionslehre : Grundlagen erfolgreicher Produktentwicklung ; Methoden und Anwendung.* Berlin [u.a.]: Springer.

Peters, T. J. (1979). Beyond the Matrix Organisation. *Business Horizons, 22*(10), 15-27.

Peters, T. J. & Waterman, R. H. (2004). *In Search of Excellence, Lessons from America«s Best-Run Companies.* Harper Business.

Platon. (1979). *Theaitet.* Berlin: Insel Verlag.

Podsakoff, P. M., Ahearne, M. & MacKenzie, S. B. (1997). Organizational citizenship behavior and the quantity and quality of work group performance. *82,* 262-270.

Podsakoff, P. M. & MacKenzie, S. B. (1994). Organizational citizenship behaviors and sales unit effectiveness. *Journal of Marketing Research, 3,* 351-363.

Podsakoff, P. M., MacKenzie, S. B. & Lee, J.-Y. (2003). Common Method Biases in Behavioral Research: A Critical Review of the Literature and Recommended Remedies. *Journal of Applied Psychology, 88*(5), 879-903.

Polanyi, M. (1966). *The tacit Dimension*. London: Routledge.

Probst, G. J. B., Raub, S. & Romhardt, K. (2010). *Wissen managen : wie Unternehmen ihre wertvollste Ressource optimal nutzen*. Wiesbaden: Gabler.

Quinn, J. B. (1985). Managing Innovations: Controlled Chaos. *Harvard Business Review*, 73-84.

Rehäuser, J. & Krcmar, H. (1996). Wissensmanagement im Unternehmen. In G. Schreyögg & P. Conrad (Hrsg.), *Managementforschung. 6. Wissensmanagement* (S. S. 1-40). Berlin: de Gruyter.

Reinhardt, R. & Eppler, M. J. (2004). *Kommunikation impliziten Wissens*. Berlin: Springer.

Reinmann, G. & Eppler, M. (2008). *Wissenswege. Methoden für das persönliche Wissensmanagement*. Bern: Verlag Hans Huber.

Reinmann, G. & Mandl, H. (Hrsg.). (2004). *Psychologie des Wissensmanagements : Perspektiven, Theorien und Methoden*. Göttingen: Hogrefe.

Reinmann, G. & Mandl, H. (2006). Unterrichten und Lernumgebungen gestalten. In A. Krapp & B. W. (Hrsg.) (Hrsg.), *Pädagogische Psychologie* (S. 613–658). Weinheim: Beltz.

Reinmann-Rothmeier, G. (2000). Communities und Wissensmanagement: Wenn hohe Erwartungen und wenig Wissen zusammentreffen. *Ludwig-Maximilians-Universität München, Lehrstuhl für Empirische Pädagogik und Pädagogische Psychologie, Forschungsbericht: 129*.

Reinmann-Rothmeier, G. (2001). Wissen managen: Das Münchener Modell. *Ludwig-Maximilians-Universität München, Lehrstuhl für Empirische Pädagogik und Pädagogische Psychologie, Forschungsbericht 131*.

Reinmann-Rothmeier, G. & Mandl, H. (1997a). Lehren im Erwachsenenalter. Auffassungen vom Lehren und Lernen. Prinzipien und Methoden. In F. E. Weinert & H. Mandl (Hrsg.), *Psychologie der Erwachsenenbildung* (S. 355-403). Göttingen: Hogrefe.

Reinmann-Rothmeier, G. & Mandl, H. (1997b). Wissensmanagement: Phänomene - Analyse - Forschung - Bildung. *Ludwig-Maximilians-Universität München, Lehrstuhl für Empirische Pädagogik und Pädagogische Psychologie, Forschungsbericht Nr. 83*.

Reinmann-Rothmeier, G. & Mandl, H. (1998a). Lernen in Unternehmen: Von einer gemeinsamen Vision zu einer effektiven Förderung des Lernens. In P. Dehnbostel, H.-H. Erbe & H. Novak (Hrsg.), *Berufliche Bildung im lernenden Unternehmen* (S. 195-216). Berlin: Edition Sigma.

Reinmann-Rothmeier, G. & Mandl, H. (1998b). Wissensmanagement - Eine Delphi-Studie. *Ludwig-Maximilians-Universität München, Lehrstuhl für Empirische Pädagogik und Pädagogische Psychologie, Forschungsbericht Nr. 90*.

Reinmann-Rothmeier, G. & Mandl, H. (1998c). Wissensvermittlung: Ansätze zur Förderung des Wissenserwerbs. In F. K. . H. Spada (Hrsg.), *Wissenspsychologie* (S. 457-500). Göttingen: Hogrefe.

Reinmann-Rothmeier, G. & Mandl, H. (1999). Individuelles Wissensmanagement: Strategien für den persönlichen Umgang mit Information und Wissen am Arbeitsplatz. *Ludwig-Maximilians-Universität München, Lehrstuhl für Empirische Pädagogik und Pädagogische Psychologie, Forschungsbericht 15.*

Reinmann-Rothmeier, G., Mandl, H., Erlach, C. & Neubauer, A. (2001). *Wissensmanagement lernen: ein Leitfaden zur Gestaltung von Workshops und zum Selbstlernen.* Weinheim [u.a.]: Beltz.

Rheinberg, F. (2002). *Motivation.* Stuttgart: Kohlhammer.

Riege, A. (2005). Three-dozen knowledge-sharing barriers managers must consider. *Journal of Knowledge Management, 9*(3), 18-35.

Rubin, D. B. (1976). Comparing Regressions when some predictor values are missing. *Technometrics, 18*(2), 201-205.

Rüttinger, B., von Rosenstiel, L. & Molt, W. (1974). *Motivation des wirtschaftlichen Verhaltens.* Stuttgart: Kohlhammer.

Schein, E. H. (1985). *Organizational Culture and Leadership. A Dynamic View,.* San Francisco: Jossey-Bass.

Schein, E. H. (1988). *Organizational Psychology.* Prentice-Hall.

Schein, E. H. (1993). How Can Organizations Learn Faster? The Challenge of Entering the Green Room. *Sloan Management Review, 34*(2), 85 - 92.

Schein, E. H. (1996). Three Cultures of Management: The Key to Organizational Learning. *Sloan Management Review, 38*(1), 9 - 20.

Scherer, A. G. (2001). Kritik der Organisation oder Organisation der Kritik? - Wissenschaftstheoretische Bermerkungen zum kritischen Umgang mit Organisationstheorien. In A. Kieser (Hrsg.), *Organisationstheorien* (S. 1-37). Stuttgart: Kohlhammer.

Schmitt, N. (1996). Uses and Abuses of Coefficient Alpha. *Psychological Assessment, 8*(4), 350-353.

Schnauffer, H.-G., Stieler-Lorenz, B. & Peters, S. (2004). *Wissen vernetzen. Wissensmanagement in der Produktentwicklung.* Berlin: Springer.

Schnauffer, H.-G., Voigt, S. & Staiger, M. (2004). Vom Charakter des Wissensmanagements in der Produktentwicklung - Typische Probleme mit einer anderen Brille betrachtet. In H.-G. Schnauffer, B. Stieler-Lorenz & S. Peters (Hrsg.), *Wissen vernetzen. Wissensmanagement in der Produktentwicklung* (S. 1-11). Berlin: Springer.

Schnauffer, H.-G., Voigt, S., Staiger, M. & Reinhardt, K. (2004). Die Hypertext-Organisation - Ansatz und Gestaltungsmöglichkeiten. In H.-G. Schnauffer, B. Stieler-Lorenz & S. Peters (Hrsg.), *Wissen vernetzen. Wissensmanagement in der Produktentwicklung* (S. 12-45). Berlin: Springer.

Schnell, R. (1986). *Missing Data Probleme in der empirischen Sozialforschung.* masch. Diss. Bochum.

Schnell, R. (1994). *Graphisch gestützte Datenanalyse.* München: Oldenbourg.

Schnell, R. (2002). Anmerkungen zur Publikation „Möglichkeiten und Probleme des Einsatzes postalischer Befragungen" von Karl-Heinz Reuband in der KZfSS 2001, 2, S. 307–333. *Kölner Zeitschrift für Soziologie und Sozialpsychologie, 54*(1), 147–156.

Schnell, R., Hill, P. B. & Esser, E. (2011). *Methoden der empirischen Sozialforschung.* München: Oldenbourg.

Schnotz, W. (2002). Wissenserwerb mit Texten, Bilder und Diagrammen. In L. Issing & P. Klimsa (Hrsg.), *Information und Lernen mit Multimedia* (S. 65-81). Weinheim: Beltz.

Schnotz, W. & Heiss, S. F. (2004). Die Bedeutung der Sprache im Wissensmanagement. In G. Reinmann & H. Mandl (Hrsg.), *Psychologie des Wissensmanagements: Perspektiven, Theorien und Methoden* (S. 41-52). Göttingen: Hogrefe.

Schnurer, K. (2005). *Kooperatives Lernen in virtuell-asynchronen Hochschulseminaren.* Berlin: Logos.

Schnurer, K. & Mandl, H. (2004). Wissensmanagement und Lernen. In G. Reinmann & H. Mandl (Hrsg.), *Psychologie des Wissensmanagements: Perspektiven, Theorien und Methoden* (S. 53-65). Göttingen: Hogrefe.

Scholl, W. & Heisig, P. (2003). Delphi Study on the Future of Knowledge Management – Overview of the Results. In K. Mertins, P. Heisig & J. Vorbeck (Hrsg.), *Knowledge Management – Concepts and Best Practices* (S. 179–190). Berlin: Springer.

Schreyögg, G. (2008). *Organisation : Grundlagen moderner Organisationsgestaltung ; mit Fallstudien.* Wiesbaden: Gabler.

Schreyögg, G. & Geiger, D. (2007). The Significance of Distinctiveness: A Proposal for Rethinking Organizational Knowledge. *Organization, 14*(1), 77-100.

Schreyögg, G. & Koch, J. (2007). *Grundlagen des Managements.* Wiesbaden: Gabler.

Schreyögg, G. & Noss, C. (1997). Zur Bedeutung des organisationalen Wissens für organisatorische Lernprozesse. In Wieselhuber & Partner (Hrsg.), *Handbuch Lernende Organisation - Unternehmens- und Mitarbeiterpotentiale erfolgreich erschliessen.* Wiesbaden: Gabler Verlag.

Schreyögg, G., Georg & Geiger, D. (2003). Kann die Wissensspirale Grundlage des Wissensmanagements sein? *Diskussionsbeiträge des Instituts für Management*(20).

Schulz von Thun, F. (1994). Psychologische Vorgänge in der zwischenmenschlichen Kommunikation. In B. Fittkau, H.-B. Müller-Wolf & F. Schulz von Thun (Hrsg.), *Kommunizieren lernen (und umlernen)* (S. 9-100). Aachen: Hahner Verlagsgesellschaft.

Schulz von Thun, F. (2001). *Miteinander Reden: Störungen und Klärungen - Allgemeine Psychologie der Kommunikation.* Berlin: Rowohlt Taschenbuch Verlag.

Schüppel, J. (1996). *Wissensmanagement : organisatorisches Lernen im Spannungsfeld von Wissens- und Lernbarrieren.* Wiesbaden: Dt. Univ.-Verl.

Seiler, T. B. & Reinmann, G. (2004). Der Wissensbegriff im Wissensmanagement: Eine strukturgenetische Sicht. In G. Reinmann & H. Mandl (Hrsg.), *Psychologie des Wissensmanagements: Perspektiven, Theorien und Methoden* (S. 11-23). Göttingen: Hogrefe.

Senge, P. M. (1990). *The fifth discipline : the art and practice of the learning organization.* New York: Crown Business.

Senge, P. M., Kleiner, A., Smith, B., Roberts, C. & Ross, R. (2008). *Das Fieldbook zur "Fünften Disziplin"* (Bd. 5). SchäfferPoeschel.

Shannon, C. & Weaver, W. (1949). *The Mathematical Theory of Communication.* Illinois: Urbana.

Sherman, J. D. & McCollum, J. K. (1991). R&D performance: Does matrix size and number of projects assigned affect it? *IEEE Potentials*, 23-25.

Shuell, T. J. (1986). Cognitive conceptions of learning. *Review of Educational Research, 56*(4), 411-436.

Sié, L. & Yakhlef, A. (2013). The passion for knowledge: Implications for its transfer. *Knowledge and Process Management, 20*(1), 12 - 20.

Smith, C. A., Organ, D. W. & Near, J. P. (1983). Organizational citizenship behavior: Its nature and antecedents. *Journal of Applied Psychology, 68.*

Spek, R. Van der & Carter, G. (2003). A Survey on Good Practices in Knowledge Management in European Companies. In K. Mertins, P. Heisig & J. Vorbeck (Hrsg.), *Knowledge Management – Concepts and Best Practices* (S. 191–206). Berlin: Springer.

Staehle, W. H. (1999). *Management: Eine verhaltenswissenschaftliche Perspektive.* Vahlen.

Stasser, G. & Titus, W. (1985). Pooling of unshared information in group decision making: Biased information sampling during discussion. *Journal of Personality and Social Psychology, 48*, 1467-1478.

Stasser, G. & Titus, W. (1987). Effects of information load and percentage of common information on the dissemination of unshared information during group discussion. *Journal of Personality and Social Psychology, 53*, 81-93.

Steiner, G. (2001). Lernen und Wissenserwerb. In A. Krapp & B. Weidenmann (Hrsg.), *Pädagogische Psychologie : ein Lehrbuch* (S. 137-205). Weinheim: Beltz.

Stieler-Lorenz, B., Paarmann, Y., Keindl, K. & Jacob, K. (2004). Kommunizierendes Lernen für den Wissensfluss - eine Methode zur Wissensgenerierung und zum Wissenstransfer. In H.-G. Schnauffer, B. Stieler-Lorenz & S. Peters (Hrsg.), *Wissen vernetzen. Wissensmanagement in der Produktentwicklung* (S. 1-11). Berlin: Springer.

Streich, R. & Brennholt, J. (2009). Kommunikation in Projekten. In M. Wastian, I. Braumandl & L. von Rosenstiel (Hrsg.), *Angewandte Psychologie für Projektmanager: Ein Praxisbuch für die erfolgreiche Projektleitung* (S. 61-82). Berlin [u.a.]: Springer.

Strikwerda, J. & Stoelhorst, J. (2009). The Emergence and Evolution of the Multidimensional Organization. *California Management Review, Vol. 51*(No. 4), 11-31.

Strube, G., Thalemann, S., Wittstruck, B. & Garg, K. (2005). Knowledge Sharing in teams of heterogeneous experts. In R. Bromme, F. W. Hesse & H. Spada (Hrsg.), *Barriers and Biases in Computer-Mediated Knowledge Communication* (S. 193-212). Berlin: Springer.

Su, C. (2012). Who Knows Who Knows What in the Group? The Effects of Communication Network Centralities, Use of Digital Knowledge Repositories, and Work Remoteness on Organizational Members' Accuracy in Expertise Recognition. *Communication Research, 39*(5), 614-640.

Sweller, J. (2003). Evolution of human cognitive architecture. *The Psychology of Learning and Motivation, 43*, 215-266.

Sy, T. & D'Annunzio, L. S. (2006). Challenges and Strategies of Matrix Organizations: Top-Level and Mid-Level Manager' s Perspectives. *Human Resource Planning, 28*(1), 39-48.

Szulanski, G. (2000). The Process of Knowledge Transfer: A Diachronic Analysis of stickiness. *Organizational Behavior and Human Decision Processes, 82*(1), 9-27.

Taylor, F. W. (1947). *Scientific Management.* Harper and Brothers Publishers.

Teuber, M.-O. & Wedemeier, D. J. (2013). *HWWI / Berenberg Städteranking 2013. Die 30 größten Städte Deutschlands im Vergleich.* Berenberg.

The R Foundation for Statistical Computing. (2013). *R.*

Thiel, M. (2002). *Wissenstransfer in komplexen Organisationen.* Wiesbaden: Deutscher Universitäts-Verlag.

Turner, S. G., Utley, D. R. & Westbrook, J. D. (1998). Project managers and functional managers: A case study of job satisfaction in a matrix organisation. *Project Management Journal, 29*(3), 1-19.

Vahs, D. (2009). *Organisation: Ein Lehr- und Managementbuch.* Schäffer-Poeschel.

von Rosenstiel, L. (2004). Management und Führung aus psychologischer Sicht. In G. Reinmann & H. Mandl (Hrsg.), *Psychologie des Wissensmanagements: Perspektiven, Theorien und Methoden* (S. 24-38). Göttingen: Hogrefe.

von Rosenstiel, L. (2007). *Grundlagen der Organisationspsychologie.* Schäffer-Poeschel.

von Rosenstiel, L. & Wegge, J. (2004). Führung. In H. Schuler (Hrsg.), *Organisationspsychologie - Gruppe und Organisation* (S. 493-558). Göttingen: Hogrefe.

Vries, R. E. de, Hooff, B. van den & Ridder, J. A. de. (2006). Explaining Knowledge Sharing : The Role of Team Communication Styles, Job Satisfaction, and Performance Beliefs. *Communication Research, 33*(2), 115-135.

Vroom, V. H. (1964). *Work and motivation.* New York: Wiley.

Walgenbach, P. (2004). Organisationstheorien. In H. Schuler (Hrsg.), *Organisationspsychologie - Gruppe und Organisation* (S. 605-652). Göttingen: Hogrefe.

Wall, W. (1984). Integrated Management in matrix organisations. *IEEE Transactions on Engineering Management, 31*(1), 30-36.

Wallace, D. P., Van Fleet, C. & Downs, L. J. (2011). The research core of the knowledge management literature. *International Journal of Information Management, 31*(1), 14 - 20.

Waterman, R. H., Peters, T. J. & Phillips, J. R. (1980). Structure is not organization. *Business Horizons, 23*(6), 14-26.

Watzlawick, P., Beavin, J. H. & Jackson, D. D. (2000). *Menschliche Kommunikation: Formen, Störungen, Paradoxien.* Bern: Verlag Hans Huber.

Weber, M. (2002). *Wirtschaft und Gesellschaft: Grundriss der verstehenden Soziologie.* Mohr.

Wegner, D. (1986). Transactive Memory: A contemporary analysis of the group mind. In B. Mullen & G. R. Goethals (Hrsg.), *Theories of group behaviour* (S. 185-208). New York: Springer-Verlag.

Weidenmann, B. (2006). Lernen mit Medien. In A. Krapp & B. Weidenmann (Hrsg.), *Pädagogische Psychologie* (S. 423-476). Weinheim: Beltz.

Wenger, E. (1999). *Communities of practice. Learning, meaning, and identity.* Cambridge: University Press.

Winkler, K. & Mandl, H. (2009). Wissensmanagement für Projekte. In M. Wastian, I. Braumandl & L. von Rosenstiel (Hrsg.), *Angewandte Psychologie für Projektmanager: Ein Praxisbuch für die erfolgreiche Projektleitung* (S. 83-96). Berlin [u.a.]: Springer.

Wright, P. H. (1994). *Introduction to Engineering.* New York u.a.: John Wiley & Sons.

Druck: KN Digital Printforce GmbH · Schockenriedstraße 37 · 70565 Stuttgart